讓，則朝廷尊崇而風化之本立矣。風化之流，自内而外，由近而遠，有不可禦者焉爾。

○漢光武建武十一年，趙王良從帝入夏城門，與中郎將張邯争道，叱邯旋車。又詰責門候，使前走數十步。司隸校尉鮑永劾奏：「良無藩臣禮，大不敬。」良尊戚貴重，而永劾之，朝廷肅然。永辟扶風鮑恢爲都官從事，恢亦抗直，不避彊禦。帝常曰：「貴戚且斂手以避二鮑。」

臣若水通曰：朝廷，四方之極，紀綱之所係焉者也。故一人足以壞之，趙王良之豪横是也。一人足以正之，鮑永之抗直是也。向使非永之肅正，則上無道揆，下無法守，其何以立極於四方哉。此二鮑之劾奏權貴，不避强禦，所以能肅清朝廷而森嚴堂陛也。嗚呼，賢哉。

校記：

〔一〕「位」，原作「傅」，據嘉靖本改。
〔二〕「擯」，原作「儐」，據周禮改。
〔三〕「不」，據嘉靖本及國語補。

湛若水著作選刊

聖學格物通

第二册

〔明〕湛若水／撰
戢斗勇　張永義／整理

上海古籍出版社

聖學格物通卷之二十五

慎言動下

○賈誼新書曰：言有四術：言敬以固，朝廷之言也；文言有序，祭祀之言也；屏風折聲，軍旅之言也；言若不足，喪紀之言也。

臣若水通曰：言一也，而有四術焉，何也？隨感而發，不可僭忒，天之理也。而或僭忒焉，是不能謹矣。故敬謹者，在人爲之爾。謹于心，謹在言前，天理渾存，隨感而見，各有攸當也。於言已發而始思謹焉，則駟不及舌矣。况人君一言，兆民賴之，天地臨之，鬼神司之，可不慎乎。

○賈誼曰：令行者，必謹於言。

臣若水通曰：言者，命令之所寓也。命令教誡必允而後出，則令出如流水，以順人心，其行也沛然莫之能禦矣。

○劉向說苑曰：師經鼓琴，衛文侯起儛，賦曰：「使我言而無見違。」師經曰：「若堯舜之爲君也，惟恐言而人不違；桀紂之爲君也，惟恐言而人違之。」

臣若水通曰：書云「予違汝弼，汝無面從，退有後言」，是堯舜恐人不違其言也。龍逢、比干以諫而死，是桀紂恐人之違其言也。恐人不違其言，則言必謹矣；恐人違其言，則言必不謹矣。孔子曰：「如其善而莫之違也，不亦善乎？如不善而莫之違也，不幾乎一言而喪邦乎？」蓋人君言動之際，實係興喪之源。一言而善，則舉天下蒙其福；一言而不善，則舉天下受其殃。君人者，誠不可不愼也。苟惟其言而莫予違，則一人附之，十人比之，讒諂面諛無所不至，禍天下可勝言哉。

○劉向曰：口者關也，舌者機也，出言不當，駟馬不能追也；口者關也，舌者兵也，出言不當，反自傷也。

臣若水通曰：出言如機，言失不可轉也。出言如兵，言失反自傷也。夫一言之失，不可轉而反自傷，豈不可懼也哉。劉向此言，真可爲人君愼言者之深警矣。

○韓愈擇言解曰：火洩於密，而爲用且大，能不違於道，可燔可炙，可鎔可甄，以利乎生物；及其放而不禁，反爲災矣。水發於深，而爲用且遠，能不違於道，可浮可載，可飲可灌，以濟乎生物；及其導而不防，反爲患矣。言起於微，而爲用且博，能不違於道，可化可令，可告可訓，以推於生物；及其縱而不慎，反爲禍矣。火既我災，有水而可伏其焰，能使不陷於灰燼矣；水既我患，有土而可遏其流，能使不仆於波濤矣；言既我禍，即無以掩其辭，能不罹於過者亦鮮矣。所以知理者又焉得不擇其言歟？其爲慎而甚於水火。

臣若水通曰：韓愈擇言解水火之喻，不違則爲用，違之則爲災，其意亦云切矣，然而未知本也。夫導水者於其源，治火者於其焰，有本者如是也。火之失而水得以制之，水之失而土得以制之，猶假於他物也。若夫言者，心之發也，自心失之，自心慎之，在我而已矣，豈假乎外哉？亦敬諸心而已矣。敬立則心存，心存則理定，理定則明生。夫其明之生也，隨感而應，雖欲其言之過焉，弗可得已，而又奚待于擇乎？是故君子之學貴務其本，而語默惟時。

○周敦頤通書曰：文辭，藝也；道德，實也。篤其實，而藝者書之，美則愛，愛則傳焉。賢者得以學而至之，是爲教。故曰：「言之無文，行之不遠。」

臣若水通曰：文辭，末也，故謂之藝；道德，本也，故謂之實。然本末不可偏廢，故曰「篤其實，而藝者書之」，則所謂仁義之言藹如也。故美則人愛，而傳之遠矣。雖然，猶似以藝、實爲二。臣每讀程顥作字時甚敬，曰「非欲字好，只此是學」，而深愛之。由是而推焉，則讀書作文，而吾心之敬無不隨時而在，則實與藝一時並行，而德業文章合一矣。此正今世時病之藥，惟聖明體而行之，以變士風之陋，天下後世幸甚。

〇周敦頤曰：聖人之道入乎耳，存乎心，蘊之爲德行，行之爲事業。彼以文辭而已者，陋矣。

臣若水通曰：聖賢千言萬語，皆爲心也。人心同然，讀之者可以感其心矣。故聖賢之言，爲感人心而設也。是故可以開發聰明，而唤醒人之良知。如醉者夢者，必唤之乃能醒也。及其醒也，乃己之知覺，非人與之醒也。後世之習，遂以文辭爲學，而喪志於書，懲之者乃欲遂廢經書。是猶懲醉夢之深者，而遂不唤之也。故夫廢古訓而語者，孔子不能也；喪志於書册者，孔子不爲也。是必有其道矣。

〇程顥曰：聖人之言，中和之氣也，貫徹上下。

臣若水通曰：聖人之言，貫徹上下者，何也？以其中和也。中和，故其理一也，德之盛也。是故有德者必有言也。賢人則不然，語本而遺末，語精而遺粗也，何中和貫徹之有？

〇邵雍曰：應變而言，言不在我也。

臣若水通曰：言語之道，感應而已矣。未應不能顯，已應不能默。是故應變之言，如扣鐘矣，扣則鳴，不扣則不鳴，鳴不鳴在物，而鐘未嘗不定也。知此者，可以知言語之道矣。

○張載曰：辭取意達，多則反害也。

臣若水通曰：言者，心聲也。故辭所以宣意也，無意而言，言愈多而意愈窒也已。是故傷易而誕，傷煩而支，德之累也。孔子曰「辭達而已矣」，張載之言，其出於此乎。

○張載曰：知德之難言，知之至也。孟子謂「我於辭命則不能」，又謂浩然之氣難言。易謂「不言而信，存乎德行」，又以尚辭爲聖人之道。非知德達乎是哉？

臣若水通曰：孟子云：「梓匠輪輿，能與人規矩，不能使人巧。」有形者可以言盡，而無形者不可以言盡。德，無形者也，故其言之難。知言之難，則真知矣。孟子謂浩然之氣難言，程顥知其實有是氣，亦可以見有德者之言矣。

○楊時上淵聖皇帝書畧曰：自正月以來，屢降德音，盡復祖宗之舊，賦外征斂並行蠲除。閭巷歡忻鼓舞，日需膏澤，今既數月矣，未有一事如祖宗之時者。賦外征斂，率由舊貫。自崇寧迄于宣和，寬恤之詔歲一舉之，宣之通衢而人不聽，掛之墻壁而人不視，以其文具而實不至故也。陛下嗣守神器，尤宜慎始。詔令如此，是亦文具而已，後雖有德意，人誰信之？

臣若水通曰：詔令者，人君之大號也。信則天下信之，不信則天下疑之。天下疑之，雖小事而何濟？天下信之，何大事之不成？孔子曰「民無信不立」，況人君乎？昔商鞅欲變法，先徙木立信於民，況天下之主乎？孔子曰「上好信，則民莫敢不用情」，此爲人君者之所當慎也。

○程頤嘗謂其兄顥云：「吾兄弟近日説話太多。」顥云：「使見呂晦叔則不得不少，見司馬君實則不得不多。」

臣若水通曰：孔子曰：「可與言而不與之言，失人；不可與言而與之言，失言。」二者無一可者也。是以君子或默或語，顧其時何如爾。此程顥之所以因人而施者，其有得於孔子之遺意歟！

○元儒許衡曰：人君不患出言之難，而患踐言之難。知踐言之難，則其出言不容不慎矣。苟從古者大學之道以脩身爲本，凡一事之來，一言之發，必求其所以然與其所當然，熟思而審處之，雖有不中者，蓋鮮矣。

臣若水通曰：曾子曰：「出辭氣，斯遠鄙倍矣。」出也者，謂出於中也。言辭由中而出，則言自謹而無不踐之患矣。惟不出諸中，則朝更暮改，欲民之信，不可得也。語曰「信如四時，堅如金石」，惟聖明留意焉。

○國朝洪武二年三月戊申，上謂翰林侍讀學士詹同曰：「古人爲文章，或以明道德，或以通當世之務。如典、謨之言，皆明白易知，無〔深〕〔一〕怪險僻之語。至如諸葛孔明出師表，亦何嘗雕刻爲文，而誠意溢出，至今使人誦之，自然忠義感激。近世文士，不究道德之本，不達當世之務，有詞雖艱深，意實淺近，即使過相如、揚雄，何裨實用？自今翰林爲文，但取通道理、明世務，無事浮藻。」

臣若水通曰：人之言，皆本於心也。故心有所養，明於道德，通於世務，則其發於言辭，皆吾自得之實事。典、謨、出師表之渾厚平正是也。不培養其本，而徒靡麗於末，騰口説爾。此文風士習之所以日弊，可嘆也。皇祖偃武脩文之初，拳拳以明道德、通世務爲至文，崇典、謨、出師之渾厚，黜相如、揚雄之浮藻，此文風士習之所以一丕變矣乎。今國家歷百六十年，文辭之富麗甚矣。轉移而挽回之，復洪武淳樸之風，在聖明一念之間爾。語曰：「上有好者，下必有甚焉者矣。」文運與國運同隆污，夫豈細故哉。

○洪武六年，詔禁四六文詞。先是，上命翰林儒臣擇唐、宋名儒表箋可爲法者，翰林諸臣以柳宗元代柳公綽謝表及韓愈賀雨表進。上命中書省臣録二表，頒爲天下式。因諭群臣曰：「唐虞三代典、謨、訓、誥之詞，質實不華，誠可爲千萬世法。漢、魏之間猶近古，晋、宋以降文體日衰，駢麗奇靡而古法蕩然矣。唐、宋之時名儒輩出，雖欲變之而卒未能盡變。近代制誥表章之類仍蹈舊習，朕嘗厭其雕琢，殊異古體，且使事實爲虚文所蔽。其自今凡告諭臣下，詞務從簡古，以革舊習爾。中書宜播告中外臣民，凡表箋奏疏毋用四六對偶，悉從典雅。」

臣若水通曰：制誥，王言也。四六之文近俳，文士之有識者猶耻爲之，而況人君之嚴重乎。表箋，告君父之言也。四六之文近戲，對尊己者猶不敢用之，况君父之至尊乎。皇祖諭辭臣以典、謨、訓、誥質實無華，次取漢魏、韓柳，誠有意於復古而振衰世之陋矣。故當時制誥皆質實，不用偶麗四六，文風爲之丕變。臣每從舊臣家拜讀誥敕，及洪武、永樂試録而欽慕之。奈何近代誥敕，復爲四六之習，似與國初漸不同矣。書曰「大哉王言」，此聖明之下所宜不崇朝而變之，以復舊章者也，臣不勝願望之至。

〇洪武九年十二月庚戌朔，頒建言格式。時刑部主事茹太素上書，論時務五事，累萬餘言。上令中書郎中王敏誦而聽之，虚文多而實事少。次夕，於宫中復令誦之再三，採其切要可行者四事，纔五百餘言。因喟然曰：「爲君難，爲臣不易。

朕所以求直言，欲其切於事情而有益於天下國家。彼浮詞者，徒亂聽爾。」遂令中書行其言之善者，具爲定式，頒示中外，使言者直陳得失，無事繁文，復自序其事於首。

臣若水通曰：伏觀皇祖於言求之以實，而太素之言乃應之以文，非善言矣。雖累萬餘言，無足取者，宜在所惡也。皇祖乃令擇其善者而行之，可謂惡而知其美矣。詩曰「他山之石，可以爲錯」。非好問好察之大智，其孰能之？懿哉！

〇洪武十年七月甲申，置通政使司。太祖高皇帝遂命曾秉正爲通政使，以應天府尹劉仁爲左通政，諭之曰：「壅蔽於言者，禍亂之萌；專恣於事者，權姦之漸。故必有喉舌之司，以通上下之情，以達天下之政。昔者虞之納言，唐之門下省，皆其職也。今以是職命卿等，官以通政爲名。政猶水也，欲其常通，無壅遏之患。卿其審命令以正百司，達幽隱以通庶務，當執奏者勿忌避，當駁正者勿阿隨，當敷陳者無隱蔽，當引見者無留難，毋巧言以取容，毋苛察以邀功，毋讒間以欺罔，公清直亮以處厥心，庶不負委任之意。」

臣若水通曰：舜命龍云：「朕堲讒説殄行，震驚朕師。命汝作納言，夙夜出納朕命，惟允。」夫允者，信也，言信之於心也。聖祖命曾秉正爲通政使，勉其通達，戒其壅蔽，而必本於公清直亮之心，其與舜命龍之出納而必欲其允於心者，同一揆也。夫通政者，王言之得失所關也。通政得其人，則王言審矣。若龍之在虞庭，與皋、夔、稷、契並稱，皆有聖賢之德者也。夫何後之任其職者，取其聲音而不取其人品，豈聖祖選擇秉正之盛心哉？伏惟聖明其留意焉。

○國朝太祖皇帝欽定諸司職掌，通政司職專出納帝命。凡有帝命，必當詳審，覆奏允當，然後施行。

臣若水通曰：書云：「慎乃出令。」夫令者，人君之喉舌，所以通德意、致和氣於天下者也。命令不慎，則喉舌病矣。一身之精神血氣且不通，而況望其通德意、致和氣於遠乎？此聖祖之所以立通政、專出納之深意也。

校記：

〔一〕「深」，據嘉靖本補。

聖學格物通卷之二十六

進德業一

○易乾文言曰：元者，善之長也；亨者，嘉之會也；利者，義之和也；貞者，事之幹也。君子體仁足以長人，嘉會足以合禮，利物足以和義，貞固足以幹事。君子行此四德者，故曰：「乾：元，亨，利，貞。」

臣若水通曰：天人一也，在天則爲元亨利貞之四德，在人則爲仁義禮智之四德。天即人，人即天也。故以言乎天德之在人者，一理之貫而元亨利貞分焉。元者，理之生生不息，道義之所從出，而爲萬善之長者也；亨者，理之通達而粲然有等，爲事物之典要，而衆美之萃也；利者，理以裁制事物，無所乖戾而至和也；貞者，終始乎理，事事物物歸根復命，而幹具矣。然而元之於人也爲仁，以仁存心，視萬物爲一體，而愛之博矣，故曰「長人」；亨之於人也爲禮，所履者理，而天序天秩行焉，故曰「合禮」；利之於人也爲義，義以制事，物各付物而無不順，故曰「和義」；貞之於人也爲智，智以成物，不失正理，其事無不立，故曰「幹事」。君子行此四德，全體天理，吻合天道，與天爲一矣。如是則天之剛健在我，而元亨利貞之德在我，我即天矣，故曰「乾：元，亨，利，貞。」蓋至此，則德與天合，而聖人之能事畢矣。

○文言：子曰：「龍德而正中者也。庸言之信，庸行之謹，閑邪存其誠，善世而不伐，德博而化。易曰：『見龍在田，利見大人。』君德也。」

臣若水通曰：乾體皆剛，故爲龍德。二在卦之正中，故曰「龍德而正中」。有中正之龍德，故能信言慎行，閑其邪而誠自存，則天下之理得矣，善孰大焉。然不過盡吾性分而已，何伐焉？于時出潛離隱，德施普也，民日遷善，而不自知其化矣。惟天下至聖爲能化。九二者，在下之聖人也，雖非君位，而具人君之德也，宜其人之利見也歟。有志於聖人之德業者，當以正中爲志。

○文言：子曰：「君子進德脩業。忠信所以進德也。脩辭立其誠，所以居業也。知至至之，可與幾也；知終終之，可與存義也。是故居上位而不驕，在下位而不憂。故乾乾因其時而惕，雖危无咎矣。」

臣若水通曰：程頤云：「三居下之上，君德已著，將何爲哉？唯進德脩業而已。」臣謂德業非二也，本諸心而體用分焉。德何爲而進也？內主忠信而无不實，心與道一而德進矣。業何爲而脩也？發吾心之誠而達於辭，誠以辭立，而業居矣。德業以言其學之至也，知行其功矣。察見天理之本體，知至矣，而求以至之，知先於行，其知幾矣。要終道體之大用，知終矣，而實踐以終之，行隨知後，其存義矣。德業一理也，知行同功也。知行並進，而德業脩；德業脩，則居上下之際而驕吝之心亡。三處上下之際，可危懼者也，然而無咎矣。此聖人之學也，乾道也。君子體乾者，可不務乎！

○文言：君子學以聚之，問以辨之，寬以居之，仁以行之。易曰：「見龍在田，利見大人。」君德也。

臣若水通曰：君德之成，在學而已。學之道，知行而已。學者覺也，覺然後知疑而問。學聚問辨，以擴吾心之良知，知之事也。其道至大，不可不寬弘其心以體之，不可不純粹其心以行之。寬居仁行，以存吾心之天理，行之事也。知行並進，如目視而足履，學之道盡於此矣。君德成而人斯利見之，豈能已哉。

○坤文言：直其正也，方其義也。君子敬以直內，義以方外，敬義立而德不孤。「直、方、大，不習無不利」，則不疑其所行也。

臣若水通曰：坤體六二，柔順中正，有直、方、大之德，故解其義如此。夫人心一理也，以言乎本體之正則直矣，以言乎制用之宜則方矣，皆性之德也。敬義者，合内外之道也，君子學以復其性者也。學之道，敬義而已矣。勿忘勿助，敬存而心直，立其體也。隨事順理，義形而事方，制其用也。敬義非二也，在心爲敬，在事爲義。敬義並行，心事合一，上達天德而德盛不孤，全體不虧，大孰過焉？由直方以至大，舉而措之，則用周而施利也，夫何疑哉？抑嘗因程顥之言而推之，誠明並進，聖人之學也，乾道也；敬義並立，賢人之學也，坤道也。由賢以至聖，則坤進於乾道矣，其學之極功乎。

○文言：君子黄中通理，正位居體，美在其中，而暢於四支，發於事業，美之至也。

臣若水通曰：黄，中色也。坤之六五中正，故爲黄中正位之象。黄中通理者，中德之在内，通該乎萬理也。正位居體者，坤爲臣道，雖居正位而處臣體也。然雖居臣體而中正，故德美中積，性立而道行焉。本諸在中之美而和生焉，暢於四支，則動容周旋中禮矣。發於事業，則脩道教、致中和、成治化，而天地萬物位育矣。皆中德之貫通也，美之著也，其盛德大業至矣哉。

○蒙象曰：山下出泉，蒙。君子以果行育德。

臣若水通曰：蒙，艮上坎下，故爲山下出泉之象。泉之初出山下，如物之初生蒙穉，故爲蒙。君子觀蒙之象，以果行育德。德者，心之天理；行者，心之存發。君子於蒙之初，初心未遠，天理著見，天德未鑿，何以育之？果於行而已。果者，陽剛之決也。君子於心之所存所發而行之果決，則可涵養其德性，擴充其良知良能之德，而進於聖矣。不然，終其身而困於蒙也，吝孰甚焉。

○升象曰：地中生木，升。君子以順德，積小以高大。

臣若水通曰：程頤云：「木生地中，長而上升，爲升之象。君子觀升之象，順脩其德，積累微小以至高大也。」臣謂德者性之本體，廣大而高明也。脩德者之復其初也，非可以超造也，隨時隨處敬以存夫天理之本體，積其小而高明廣大焉，復其初之本體而已矣。德日積而不自知，美大聖神，豈不可以馴至矣乎。

○繫辭：易則易知，簡則易從。易知則有親，易從則有功。有親則可久，有功則可大。可久則賢人之德，可大則賢人之業。易簡而天下之理得矣。天下之理得，而成位乎其中矣。

臣若水通曰：乾易坤簡者，造化之理。人得造化之理以生，所謂天理也。天理自然，無所矯强，故謂之易。天理流行，不事安排，故謂之簡。易則明白可見，故易知，易知則日見切近，故有親而可久矣，非賢人之德乎！簡則行所無事，故易於從事，易從則日見積累，故有功而可大矣，非賢人之業乎！由守而化則聖矣，其至易至簡乎！至易以該乎天下之至博也，至簡以該乎天下之至煩也。易簡之德，天地人一之者也，其參天地而爲三，宜矣。富有之謂大業，日新之謂盛德，盛德大業至矣哉。

○繫辭[一]：子曰：「易其至矣乎！夫易，聖人所以崇德而廣業也。知崇禮卑，崇效天，卑法地。天地設位而易行乎其中矣。成性存存，道義之門。」

臣若水通曰：易者非他也，理也。聖人嘆易理之至，其感深矣。所以致德業之盛者，此也；所以行天地之中者，此也。德業者，一理而體用分焉者也。故聖人之崇德廣業，皆理也。察見天理而極其精，則知崇矣，其效天之高明乎。體行天理而極其篤，則禮卑矣，其法地之博厚乎。天地一氣也，知禮一致也，天常包乎地，知常包乎禮，而皆不外乎易理也。易理何所寓乎？天地立，乾坤設，而易理寓乎其中矣。故曰乾坤毀則無以見易，此之謂也。聖人知知禮行，則天命本然之性存之又存，大本立而達道行。本立而道生，則天地之易在我矣，其猶門乎！夫始則體易以成性，終則易自我出，聖人用易之功化，至矣哉。

○繫辭：精義入神，以致用也；利用安身，以崇德也。過此以往，未之或知也。窮神知化，德之盛也。

臣若水通曰：神化者，張載云「推行有漸爲化，合一不測爲神」。德業一理也，進脩一事也，非二也。故本體虛明，精察其義之微妙而入於神者，德也。德者，業之本也，故曰「以致用」。德外無業也，隨事適宜，處之安而無不利者業也。業者，德之蓄也，故曰「崇德」。業外無德也，交養互發，賢人之學可以致力焉者此也。等而上之，則無所用力而幾非在我，聖人之事也。故以言其心之本體則合一不測，神也；以言其心之妙用則推行有漸，化也。神化也者，聖而不可知也，天道也，其德之至極而無以加者乎！聖學之能事畢矣。

○書虞書堯典：曰若稽古，帝堯曰放勳，欽明文思安安，允恭克讓，光被四表，格于上下。克明俊德，以親九族。九族既睦，平章百姓。百姓昭明，協和萬邦，黎民於變時雍。

臣若水通曰：此史臣記堯德業之盛。曰若者，發語詞。言稽考堯功之大，故曰放勳。然功之大，由其德之盛，故以德性言之。欽敬而明通，文理而思深，安安而自然也。其全體如此，是以其發於行實，則信以恭。持己由中而出，故曰允。又能讓以與人，力足以優爲之，故曰克。其大用又如此。有此盛德之光華及於四方之外，格至於天地之遠，然四表上下，不過天下國家爾。故又言堯能明此欽明文思、允恭克讓之大德，故以之齊家則親九族，而九族既睦；以之治國而平均章明乎百姓，則百姓昭明；以之平天下，協和萬邦，而黎首之民皆於是而雍和。其所謂被四表、格上下者如此。先曰「克明俊德」，見自身而家、而國、而天下，不過體用一原爾。夫堯之放勳，必始於「欽」之一字。大學誠意、正心、脩身、齊家、治國、平天下，必始於格物；明德親民，必在止於至善。此可見古人之功業，皆本諸身心。後世不先立其本，徒以己之未嘗爲者，而强施之於天下，此道學政術之分爲二事，而唐虞三代之治所以不可復也。夫德性之得於天者，堯與桀一也。堯能全其本體，故功德及於天下；桀失其本體，故惡毒病於四方。存之失之，皆起於自己一念之微爾。伏惟聖明以堯舜爲法而擴充之，俾功德遠及天下，幸甚。

○舜典：曰若稽古，帝舜曰重華，協于帝，濬哲文明，温恭允塞，玄德升聞，乃命以位。

臣若水通曰：此史臣紀帝舜之德也。華，光華也。協，合也。帝，謂堯也。濬，深也。哲，智也。温，和粹也。塞，實也。玄，幽遠也。升，上也。言堯既有光華，而舜又有光華，可合於堯。以言其德性，則深沉而有智，文理而光明，如堯之欽明文思也。以言其行實，則和粹而恭敬，誠信而篤實，如堯之允恭克讓也。有此四者，幽潛之德上聞于堯，堯乃命之以職位也。濬哲則非淺露之智，文明則非察察之明，温恭則非嚴厲，允塞則非僞爲矣，皆以形容舜德之自然也。堯因四岳之薦，命之以位，自司徒百揆四岳以至禪受，至於功業之大，無非由此玄德中來，於性分何嘗添得一分。後之人君做盡暴惡，亦何曾減得一分，其初與堯舜性分一也。孟軻曰：「憂之如何，如舜而已矣。」爲人君者，可不復其所以如舜者乎？

○大禹謨：益曰：「都！帝德廣運，乃聖乃神，乃武乃文，皇天眷命，奄有四海，爲天下君。」

臣若水通曰：此益贊堯德業之盛也。帝，謂堯也。眷，顧也。奄，盡也。蔡沈曰：「廣者，大而無外；運者，行之不息。大而能運，則變化不測。故自其大而化之而言，則謂之聖；自其聖而不可知而言，則謂之神；自其威之可畏而言，則謂之武；自其英華發外而言，則謂之文。」臣謂其實一德之廣運也。易繫辭曰：「富有之謂大業，日新之謂盛德。盛德大業至矣哉！」帝德之廣，其富有之謂乎！帝德之運，其日新之謂乎！故孔子曰：「巍巍乎！唯天爲大，唯堯則之。」德同乎天，故能克厭天心，天乃眷命之。自唐侯特起爲帝，夫豈無所自耶？由是言之，天命之去留，係乎君德之盛衰。爲人君者，可不脩德以永天命乎？伏惟聖明留神焉。

○皋陶謨：曰若稽古，皋陶曰：「允迪厥德，謨明弼諧。」禹曰：「俞，如何？」皋陶曰：「都！慎厥身，脩思永。惇叙九族，庶明勵翼，邇可遠在兹。」禹拜昌言曰：「俞！」

臣若水通曰：此皋陶與禹陳謨於帝舜之前者也。允，信也。迪，蹈也。謨，謀也。皋陶言爲君而信蹈其德，則臣之所謀者而君無不明，臣之所弼者而君無不諧，以其君德之明足以知之，虚足以受之也。「俞，如何」者，禹然其言，而復問其詳也。都者，臯陶美其問也。庶明，謂群哲也。翼，輔也。言慎於身脩，則言行致謹；慎於思永，則深長其謀。身刑于家，則厚叙九族，親親恩篤，而家齊矣。身刑于國，則群哲勉輔，而國治矣。近者身，遠者天下，近而可推天下之遠者，在此脩身一道也。蓋身脩、家齊、國治，而天下平矣。臯陶此言，所以推廣允迪謨明之義，故禹復俞而然之也。夫謨明弼諧，由於迪德敦叙；勵翼可遠，由於脩身。爲人君者，可不脩身迪德，以爲家國天下之本乎？

○商書仲虺之誥：惟王不邇聲色，不殖貨利。德懋懋官，功懋懋賞。用人惟己，改過不吝。克寬克仁，彰信兆民。

臣若水通曰：此仲虺釋湯之懋德也。邇，近。殖，聚也。懋，茂也。克，能也。仲虺稱成湯不近聲色，不聚貨利。蓋聲色、貨利所以壞此心之德者，不邇不殖，則本源澄澈。純乎德者如此，然後用人處己而莫不各得其當。人之懋於德者，則懋之以官；人之懋於功者，則懋之以賞。用人惟己，謂好人之善，若己有之。改過不吝，謂惡己之惡，不加乎身。故於臨民之際，是以能寬而不失於縱，能仁而不失於柔，君德昭著，而孚信於天下之民矣。後之人君，欲用人處己以彰信於天下者，必自不邇聲色、不殖貨利始。

〇仲虺之誥：德日新，萬邦惟懷；志自滿，九族乃離。王懋昭大德，建中于民，以義制事，以禮制心，垂裕後昆。予聞曰：「能自得師者王。」謂人莫己若者亡，好問則裕，自用則小。

臣若水通曰：此亦仲虺勸勉成湯之言也。懋，勉也。昭，明也。仲虺言日新其德而不已，則萬邦之遠且懷矣。志自滿足，不求日新，則九族之親且離心矣。王其勉明大德，立中道於天下，在心爲德，在事爲道，體用之謂也。欲立中道，必明大德，此德此中，天下人人之所同有也。君行之，則民法之，而中道立矣。禮義者，所以昭德建中者也。義者宜也，禮者理也，在心爲理，處事爲義，亦體用之謂也。有義以制事，則事得其宜。有禮以制心，則心得其正。内外合德而中道立焉。如此則近以建中於民，而遠以垂諸後世，亦綽乎有餘裕矣。蓋上下遠近，同此心同此理也。然是道也，必學焉而後至，故又舉古人之言，以爲隆師好問則德尊而業廣，自賢自用者反是。自得師者，虛心受益之謂也。仲虺言懷諸侯之道，推而至於脩德檢身，又推而至於能自得師。夫自天子至於庶人，未有舍師而能成者，真可爲帝王之法也歟。

〇太甲：伊尹曰：「先王昧爽丕顯，坐以待旦。」

臣若水通曰：此伊尹告太甲之言也。先王，成湯也。昧，晦。爽，明。欲明未明之時也。

丕，大也。顯，亦明也。伊尹言先王於昧爽之時，洗濯澡雪，大明其德，坐以待旦，不遑寧處。蓋此心此理本自廣大高明，氣習累之，故有昏昧。於昧爽未與物接之時，乘此夜氣清明，更加澄定，大明其德，坐以待旦，其乾乾不息之誠如此也。此成湯日新之學，伊尹爲太甲言之。仰惟聖明天授聰明，成湯之聖在所優爲者，宜法成湯丕顯日新之學，以致成湯正大光明之治，幸甚。

○伊尹曰：脩厥身，允德協于下，惟明后。

臣若水通曰：此伊尹致敬以復太甲也。脩身者，身之不善，如敗度敗禮之事，皆治去之。不善之事去，則德允矣。允，信也。允德者，誠身誠意之謂。德成于上，協和于下，惟明后然也。上下一理，君民一心，欲爲明君者必協天下之民，協下在於允德，允德在於脩身，脩身者去其不善之動而已矣。伏惟聖明留意焉。

○伊尹曰：奉先思孝，接下思恭。視遠惟明，聽德惟聰。

臣若水通曰：此伊尹告太甲以懋德之所從事者也。先，謂祖考。奉者，自祭祀以至於守成憲皆是。思者，存念不忘之意。惟，亦思也。思孝者，興其愛敬之心，則不敢違其祖矣；思恭者，致其禮遇之誠，則不敢忽其臣矣；思明者，無所不見，則所視者遠而不蔽於淺近矣；思聰者，無所不聞，則所聽者德而不惑於憸邪矣。此四者皆懋德之事，而「思」之一字尤爲要約，故伊尹以告太甲，欲其致力於思，以脩四者之德也。蓋思者萬善之原，聖學之要，故洪範五事，其要在「思曰睿，睿作聖」。中庸言至聖之德，足以有容、有執、有敬、有别，而冠之以聰明睿智。蓋聰明睿智者，思之神也，故足以達天德。仰惟聖明擴聰明睿智之神，務達天德以行王道，天下幸甚。

○咸有一德：今嗣王新服厥命，惟新厥德，終始惟一，時乃日新。

臣若水通曰：此亦伊尹告太甲進脩之言也。新者，去其舊之謂也。心德本自光明，惟氣昏欲蔽則失其本體。故伊尹言太甲新服天子之命，亦當新其德。然新德之要，在於有常而已。終始有常而無間斷，是乃所以日新也。夫德之在人，猶天行至健，纔間斷便非一德。故易曰：「君子以自强不息。」堯舜兢兢業業，文王望道未見，湯之日新又新，率是心爾。後之人君，欲致二帝三王之治者，可不以新德爲首務乎！

○咸有一德：德無常師，主善爲師；善無常主，協于克一。

臣若水通曰：此伊尹論取善自得之要。德以心之所得者言，其總統者也。善以事之所發者言，其實行者也。師人之心德，不若師人之善行爲深切著明，可警發吾之心也。師人之善，不若得之於己，合于吾心至一之理，爲萬善之本原也。博而求於人，約而會於己，此聖學始終條理之貫。後之人君欲求聖學者，可不務乎！

○説命：惟學遜志，務時敏，厥脩乃來，允懷于兹，道積于厥躬。

臣若水通曰：此傅説告高宗以聖學之言也。遜，謙虚也。務，專力也。時敏者，無時而不勉也。允，信也。懷，念也。兹，此也，指所脩之理而言。傅説言，爲學之道，在遜其志而謙虚以受善，既知其善，又當時時而勉之，所謂「學而時習之」也。如是則習熟而悦，其所脩之理如泉始達，源源乎其來矣。由是又加以篤信，而念念不忘乎此理，無少間斷，則大本以立，達道斯行，道積於身，不可勝用矣。臣觀古之傳道，自精一執中之後，「學」之一字惟傅説始發之。此一節又聖學始終之序，至爲精密。伏惟聖明留神而深體之，幸甚。

○周書泰誓曰：我聞吉人爲善，惟日不足。

臣若水通曰：此武王誓師之言也。吉人者，善人也。惟日不足者，言終日爲之，猶若不足也。善者，吾心之天理也。此天理與生俱生，頃刻不存則失，其所以爲人之道矣。故終日乾乾猶若不足者，爲此故也。

○文侯之命：丕顯文武，克慎明德，昭升于上，敷聞在下。

臣若水通曰：此平王命文侯爲方伯之言也。曰顯、曰明、曰昭、曰聞，皆指此心之德，德即天理也。此心本體原自高明，所謂明德也。惟能敬慎，則不爲物欲所污壞，復其本然之明。由是發之事業，則爲丕顯；由是功〔格〕〔二〕皇天，則爲昭升；由是光被四表，則爲敷聞。皆自此心之本體發用，非有他也。在爲人君者反而求之爾，豈遠乎哉。

校記：

〔一〕「繫辭」後，嘉靖本有「傳」字。

〔二〕「格」，據嘉靖本補。

聖學格物通卷之二十七

進德業二

○詩大雅文王：無念爾祖，聿脩厥德。永言配命，自求多福。殷之未喪師，克配上帝。宜鑒于殷，駿命不易。

臣若水通曰：周公戒成王脩德，而曰「永言配命」者何？蓋人與天地萬物一體也，命即天理也，天理者即吾心本體之自然者也。未發即性，已發即情，即道即事之得其中正者也，合而言之，所謂德也。故脩其德云者，以脩乎此而已。然脩德不必求之高遠，索之茫昧，惟顧諟天之明命，察見此天理而誠敬以存養之，戒慎恐懼，勿忘勿助，自一念之存存，以至萬事之應酬，無往而非此天理之流行，則吾心之本體以全，而盛德以成，是謂脩德之至矣。嗚呼！天理二字，乃千聖傳心之要法，脩身格物之大端。周公發之於此，真聖學大頭腦處也。人主有志於聖學者，其學諸此爾。

○禮記曲禮曰：毋不敬，儼若思，安定辭，安民哉。

臣若水通曰：敬者，主一之謂，乃禮之本也。曲禮三千，無一而非性也。苟一時不敬，則皆爲虚文。故主一於心，而無事無時不敬可也。由心而形於身，則容貌之端儼而若有所思，則敬心存於容貌之禮矣。由心而發於言，則辭之安定而不躁妄，則敬心存於言辭之禮矣。由心而見於臨民之時，脩己以安百姓，則敬心存於莅民之禮矣。是則毋不敬，自容貌而言辭、而臨莅，德業交脩而敬以貫之，脩身之要，孰有加於此哉？爲人上者，所宜法焉。

○曲禮：博聞强識而讓，敦善行而不怠，謂之君子。

臣若水通曰：博聞識，開發吾之聰明也，而讓焉，則心虚矣。敦善行，擴充吾之德性也，而不怠焉，則行實矣。心虚則受善也無窮，行實則進善也不息，知行並進，則德崇業廣，此所以爲君子也。

○禮運：故人情者，聖王之田也。脩禮以耕之，陳義以種之，講學以耨之，本仁以聚之，播樂以安之。

臣若水通曰：此言人情，即指性之發，孟子所謂乃若其情則可以爲善矣。而以爲田，即此可耕治者也。故禮者，理也，禮以治心者也。理以治之，則人欲日消，如田之耕，破草萊、開土脈，而可種矣。義者，宜也，以制事者也。宜以處事，則道生不息，體立用行，如田之布種而可耨矣。講學則訂去其偏而養其中正，如田之治去稗莠而可收聚矣。仁者天理之純，本仁則衆德聚於心，如田之收成而可安矣。樂者樂此者也，學不至於樂則不安，終非己有，故作樂以安之，如田之入爲己有也。此自得之學也，自得之則居之安也，於是乎治性情之功畢矣。由是觀之，聖賢之學不過性情焉而已爾，性情者不過天理焉而已爾。仁義、禮樂、學問之功，豈外此而別有所致力哉？

○玉藻曰：君子無故玉不去身，君子於玉比德焉。

臣若水通曰：玉者，和氣之所鍾也。天下莫不貴之者，以其衆善之備也。君子有喪則廢，去喪則佩，將以比其仁知禮樂忠信之德也。語曰：「君子有三變：望之儼然，即之也温，聽其言也厲。」先儒謂如良玉温潤而栗然，惟陰陽合德者可以比之矣。蓋有善比玉於君子者，曰：「追琢其章，金玉其相。」所以貴純也。曰：「有美玉於斯，韞匵而藏諸。」所以致用也。曰：「瑾瑜匿瑕」，所以示廣也。曰：「如玉如瑩，爰變丹青。」所以敦素也。自古以來，比德於玉者多矣，非德業純全者，其孰能與於此。

○學記：故學然後知不足，教然後知困。知不足，然後能自反也。知困，然後能自强也。

臣若水通曰：學何以知不足也？師於人，然後知己所未至也。教何以知困也？無以應人之求，然後自知困辱也。知不足則必反求矣，知困則必强學矣。書曰：「惟斆學半。」故教學相長，然後德業交脩焉。

○學記：大德不官，大道不器，大信不約，大時不齊。察於此四者，可以有志於本矣。

臣若水通曰：君子之學，務本而已。天下之本，見大而已。大者，天理之全體也。以其得於心而言，則謂之德；以其由於事而言，則謂之道；以其實而言，則謂之信；以其發而當可而言，則謂之時。其實一大而已，此大本也。不官者非一職可盡也，不器者非一材可拘也，不約者信在言前也，不齊者非可執一求也，此大用也。大本立而大用隨之矣，志本者學之至也。大學曰：「此謂知本，此謂知之至也。」故學以務本爲貴。

○樂記：是故君子反情以和其志，比類以成其行，姦聲、亂色不留聰明，淫樂、慝禮不接心術，惰慢、邪辟之氣不設於身體，使耳、目、口、鼻、心知百體，皆由順正以行其義。

臣若水通曰：君子之學，脩身而已；脩身之事，德業而已。和志順正，德之進也；比類行義，業之脩也。德主乎心，業見乎事，體用合一之道也。其於德也，志之不正，其性鑿也，情流之也。故反其情，使合乎中而不至於流，則性定而心志和矣。其於業也，行之不當，心忽之也。故擬議於心，比心而擴充之，觸類而長之，則行可成矣。進脩之具，禮樂而已。姦聲、亂色、惰慢、邪辟、淫樂、慝禮，不使亂吾之聰明，身體心術之微順正立而德可久、業可大，故義行而大用備矣。

○雜記：君子有三患：未聞之，患弗得聞也；既聞之，患弗得學也；既學之，患弗能行也。

臣若水通曰：語云：「學如不及，猶恐失之。」言進脩知行貴及時也。聞而學之，識其所有也；學而行之，養其所有也。故知行並進，則德日崇而業日廣，君子有弗患矣。

○經解：天子者與天地參，故德配天地，兼利萬物，與日月並明，明照四海而不遺微小。其在朝廷則道仁聖禮義之序，燕處則聽雅、頌之音，行步則有環珮之聲，升車則有鸞和之音。居處有禮，進退有度，百官得其宜，萬事得其序。

臣若水通曰：天地人物之理，一而已矣。故配天地、兼萬物、照四海而無不感通者，固其所同然也。是故人君之德業，在所養而已矣。故道仁義以養其心也，聲音以養其耳也，居處進退以養其身也。閑邪存誠，此德業之所以盛也。百官萬事，莫敢不正，德業之至矣。

○哀公問：仁人不過乎物，孝子不過乎物。是故仁人之事親也如事天，事天如事親。是故孝子成身。

臣若水通曰：仁人孝子之心，盡分而已矣。父母全而生之，子全而歸之，所謂不過物也。事親、事天，其道一也，是故可以言成身矣。成身者，德業之至也。人君有事親、事天之責者，可不致力乎！

○表記：鄉道而行，中道而廢。忘身之老也，不知年數之不足也，俛焉日有孳孳，斃而後已。

臣若水通曰：道者天理而已，學以見理爲先，則其趨不能已矣，何者？知之真也。鄉道而行，則亦中道而廢，無真知者也。日有孳孳，斃而後已，真知者也。是故君子之學，莫大乎體認天理，是以進不能自已。

○緇衣：故君子多聞，質而守之；多志，質而親之；精知，畧而行之。

臣若水通曰：質猶實也，畧猶簡也。天理至約，行之則一，故曰畧。多聞多志，所以開發聰明而覺吾心之天理，知也。守所以行之也，行之力故曰親切。多聞多志，即知之精也。守而親之，則行不支離，即行之一也。是故知行並進，而德業成矣。

〇冠義：故孝、弟、忠、順之行立，而後可以爲人；可以爲人，而後可以治人也。

臣若水通曰：孝、弟、忠、順，道也。何以言爲人也？道者，人之所以生也。可爲人，何以可治人也？成己者，斯能成物也，是故人己兩盡，而德業一矣。

〇論語：有子曰：「君子務本，本立而道生。孝弟也者，其爲仁之本歟！」

臣若水通曰：所謂本者何也？天理是也，吾心之本體也，所謂天下之大本也。君子之學，惟用力於此，隨處察識而培養之，則大本以立而達道行矣，故曰「本立道生」。然所謂本者何也？人之本心也。故指孝弟以爲仁之本者，蓋孝弟乃人之初心也，乃人之真心也，孟子所謂良知良能，此天理之本體也。朱熹曰「良心之發，最爲切近而精實」者，即此。體認其真心，尤爲易得，故擴充之，則親親仁民愛物，無不由此本心流出，隨處貫通浹洽，而天下之達道在是，全體大用無虧矣。故孟子曰：「堯舜之道，孝弟而已矣。」此德業之大原，而學問之至要。人君脩身以盡齊、治、平之道者，不可不深致力焉。

〇顔淵喟然歎曰：仰之彌高，鑽之彌堅，瞻之在前，忽焉在後。夫子循循然善誘人，博我以文，約我以禮，欲罷不能，既竭吾才，如有所立卓爾。雖欲從之，末由也已。

臣若水通曰：此顔子之進脩所以造於聖人者也。仰、鑽、瞻、忽，顔子初以心思想像聖道而無得者也。博文、約禮，顔子得聖教而學之有得者也。孔子曰：「吾嘗終日不食，終夜不寢，以思，無益，不如學也。」學在知行而已。博文而曰博我者，開發吾心之良知也，知也；約禮而曰約我者，存養吾心之良知也，行也。皆謂天理也。故自詩書六藝以至於凡理之顯設者，皆文也。自三千三百之致一，以至天理之至要者，皆約也，亦豈必既博之而後約哉？隨博隨約，察見天理，而即涵養於身心，博約兼致，知行並進，而皆不離乎我。我者，本心也，天理也。用力之久，則天理自然呈見，如有所立，卓然於前矣。欲從、末由，歎未能有之於己也。此章聖人之學最爲切至，希聖希賢〔一〕者，苟能心顔子之心，學顔子之學，尚何卓爾之地有不可到哉？

○子夏曰：博學而篤志，切問而近思，仁在其中矣。

臣若水通曰：仁者，心之生理，德之全也。德之進，學問、思辨、篤行而已。故君子之於仁也，學以覺之，問以辨之，思以通之，篤志以存之，則心存理得，而仁在我矣。此聖門之學知行並進之功也。説者謂此未及乎力行而爲仁惑矣。噫！子夏以文學名而其言如此，然則古人之所謂學者可知矣。後世徒區區於章句之末者，烏足謂之文學乎？

○孟子曰：子路，人告之以有過則喜。禹聞善言則拜。大舜有大焉，善與人同，舍己從人，樂取於人以爲善。

臣若水通曰：易云「君子以虛受人」。孔門之所從事者，以能問於不能，以多問於寡，有若無，實若虛。聖賢之進德脩業在虛而已。故小賢則小虛，大賢則大虛。少有未虛，則子路之聞過未必喜，大禹於昌言未必拜，大舜之取善未必其能樂也。喜、拜而樂焉，皆本於虛，虛則能受益，受益則能光大矣，德業有不崇乎？是故君子之學，固當虛其心以爲進脩之地。欲致其虛者，非深見道體之無窮，則亦不能强也。

○孟子曰：居天下之廣居，立天下之正位，行天下之大道。得志，與民由之；不得志，獨行其道。富貴不能淫，貧賤不能移，威武不能屈，此之謂大丈夫。

臣若水通曰：廣居謂仁，正位謂禮，大道謂義，皆天理也。以其存於心謂之廣居，以其履於身謂之正位，以其行於事謂之大道，其實一理也。居之、立之、行之者，皆體認於心身也。得志與民由之，同此理於人也。不得志獨行其道，藏此理於己也。君子惟有此學，故德業之盛而心純天理之公。富貴、貧賤、威武，外物無與於性分，何足以貳其心哉？夫天理在於一心之微爾，謂之廣居，謂之正位，謂之大道，而皆謂之天下，又謂之大丈夫。許大德業皆本於一心，道豈遠乎哉？

○孟子曰：君子深造之以道，欲其自得之也。自得之，則居之安；居之安，則資之深；資之深，則取之左右逢其原。故君子欲其自得之也。

臣若水通曰：孟子此章之言，明自得之學也。深造，謂造詣之深也。道者進爲之方，如顏子之博文約禮，孟子之勿忘勿助是也。博約者，知行並進之功；勿忘助者，中正自然之法也。如是則人心本體之中正，有不假絲毫人力，而自然優游厭飫，而得之於心矣。心與理一，故居之安；溥博淵泉，故資之深；體立用行，故左右逢原。深造以道者，自得之功。居安、資深、逢原者，自得之效。由是觀之，古人之學，惟在自得而已矣。此心此理，人所同得，後之學者，惟不得其道爾。子貢曰「得其門者或寡矣」，程頤曰「學以至聖人之道也」。然則失其道，不得其門，雖竭終身之力，不能至於自得矣，可不講乎！

○孟子曰：萬物皆備於我矣。反身而誠，樂莫大焉。强恕而行，求仁莫近焉。

臣若水通曰：人心與天地萬物同體，故其理無不備於我也。上智之資明得盡渣滓，便渾化，誠純乎天理，人己兩忘，天地同體，故曰「樂莫大焉」，此仁也。其次則如其心一念善端之萌，體認擴充，以求復天理之全體，故曰「近仁」。此知之成功一也。中庸曰：「誠者，天之道也；誠之者，人之道也。」又曰：「誠則明矣，明則誠矣。」言其理一也。有志於德業者，尚其擇諸。

○中庸：子曰：「好學近乎知，力行近乎仁，知恥近乎勇。」知斯三者，則知所以脩身。

臣若水通曰：知、仁、勇，達德雖有三者之殊，求之吾心，惟此天理而已。見之分明即爲智，存之純熟即爲仁，行之果確即爲勇，非有二也。然此何以至之哉？在好學、力行、知恥而已。故困知、學知者，學問、思辨，求覺乎天理，雖未及生知之大知，然而去知不遠矣。勉行、利行者，加篤行之功，存存勉勉而不間，雖未及安行之至仁，而去仁不遠矣。不能不愧怍於天人，而以不如仁知者爲恥，雖未及於聖人之大勇，然而有奮發果敢之志，而去勇不遠矣。所謂近者何也？以其理之一也，由是而不已焉，則知仁勇之域可至矣。學者知此好學、力行、知恥爲入德之門，則達德立而達道行，所謂脩身以道、脩道以仁之要在是矣，於脩身何有哉！此進德脩業之大端，孔子爲其君哀公告也。然則爲人君者，其可以不知乎？

○博學之，審問之，慎思之，明辨之，篤行之。有弗學，學之弗能弗措也；有弗問，問之弗知弗措也；有弗思，思之弗得弗措也；有弗辨，辨之弗明弗措也；有弗行，行之弗篤弗措也。人一能之，己百之。人十能之，己千之。果能此道矣，雖愚必明，雖柔必强。

臣若水通曰：此孔子告哀公以明善誠身之道也。五「之」字皆有所指，即天理是也。夫博學、審問、慎思、明辨者，皆求察見乎此而已矣。謂之篤行，即時察見，即時操存，自念慮以達於事爲皆是也，豈學、問、思、辨之外，别有所謂行也哉？故曰知行並進者如此。或謂今日知明日行，或謂讀盡天下之書、窮盡天下之理然後行，徒見其支離間脱，窮年卒歲無力行之日也。弗學以下，因上言其目，而此言其下手處也。學、問、思、辨與行，弗能、弗知、弗得、弗明、弗篤而不措，至百倍其功者，乃所謂學之博、問之審、思之慎、辨之明、行之篤也。能盡其功，則雖困者且知，勉强者且能，而況學知、利行者哉？愚而明，柔而强，氣質之變化也，故學在乎變化氣質而已。變而化之，則士可賢，賢可聖，聖可天矣。魯之君臣能然，則亦文武之君臣，而文武之政可行也。惜乎魯哀徒美其言而不行，遺千載之一歎耳。

○**故君子尊德性而道問學，致廣大而盡精微，極高明而道中庸。温故而知新，敦厚以崇禮。**

臣若水通曰：此子思言脩德以凝道之功也。性即天命之性，此德性至貴，忘之則忽，助之則褻，皆非尊也。勿忘勿助，尊之至也。道，由也。由乎學問，乃有以知其德性之真也。佛教亦言心性，以不事學問，故差也。蓋尊德性，行之也；道問學，精之以知也。天下未有不精於知，而能行之不差者也。廣大高明，心之本體。禮即理也，皆謂德性也。致之盡之，敦厚以崇之，皆以在心而言，所以尊德性也。精微、中庸、舊聞皆心之應事者，盡之、道之、温之，而使日新，所以問學也。在心爲性，在事爲學，尊德性爲行，道問學爲知，知行並進，心事合一，而脩德之功盡矣，德脩而道自凝矣，此聖門合一之學。後世支離之弊寖興，朱熹與項平父書曰：「子静專尊德性，而熹平日道問學爲多。」臣謂二者會其全，無獨用之理也。雖以朱、陸大儒，未免此説，而況於他者乎。有志於聖學者，誠不可以不講焉。

校記：

〔一〕「賢」，原作「堅」，據嘉靖本改。

聖學格物通卷之二十八

進德業三

○左傳莊公八年：夏，師及齊師圍郕，郕降于齊師。仲慶父請伐齊師。公曰：「不可，我實不德，齊師何罪？罪我之由。夏書曰：『皋陶邁種德，德乃降。』姑務脩德，以待時乎。」秋，師還。君子是以善魯莊公。

臣若水通曰：孟子云：「仁人無敵於天下。」蓋言有仁則強弱非所較也。齊之於魯，猶齊魯之於郕也，其大小強弱之不敵皎然矣。以齊魯之大而可加於郕之小，則夫以齊之強而可加於魯之弱也不難矣。向使魯莊計不出此，徒欲以逞一時，其不爲郕者幾希。不用慶父之言，而惟脩德是務，則固已無敵矣！是故君子善之。

○僖公十九年：宋人圍曹，討不服也。子魚言於宋公曰：「文王聞崇德亂而伐之，軍三旬而不降，退脩教而復伐之，因壘而降。詩曰：『刑于寡妻，至于兄弟，以御于家邦。』今君德無乃猶有所闕，而以伐人，若之何？盍姑内省德乎！無闕而後動。」

臣若水通曰：宋襄急於求霸，不顧省德，惟務伐人，圍曹之役是也。至於鹿上之盟，反欲以小國争盟，公子目夷之所憂以爲禍者，其證成矣。子魚之言雖不見用，然其引文王之事，則固可法。然子魚之意蓋欲以善服人，而文王則脩德而人服者也。進德業者，又不可以不辨。

○宣公十一年：晋郤成子求成于衆狄，衆狄疾赤狄之役，遂服于晋。秋，會于欑函，衆狄服也。是行也，諸大夫欲召狄。郤成子曰：「吾聞之，非德莫如勤，非勤何以求人？能勤有繼，其從之也。詩曰：『文王既勤止。』文王猶勤，況寡德乎？」

臣若水通曰：成，猶言和好也。欑函，地名。召，謂召其來會也。非德，猶言寡德也。前此郤成子爲趙宣子謀者善矣，特其言爾。今觀不欲召狄之會，乃欲往而從之，拳拳以勤爲言，則以身踐之，非徒能言之而已也。用此道也，雖得志於天下可也，于衆狄也何有？

○國語周語：有神降于莘，王問於内史過曰：「是何故？國有之乎〔一〕？」對曰：

「有之。國之將興，其君齊明、衷正、精潔、惠和，其德足以昭其馨香，其惠足以同其民人，神饗而民聽，民神無怨，故明神降之，觀其政德而均布福焉。」

臣若水通曰：齊，一也。衷，中也。馨香，芳香之升聞者。同，猶一也。夫人君之德所以協上下而致休徵通于神明者，一理之感應然也。故夏興而祝融降於崇山，商興而檮杌次于丕山，非其大驗邪！內史謂莘神降以觀德政，有天下者，可不務脩德政以爲天地神人之主乎！

○周語：富辰曰：「夫義所以生利也，祥所以事神也，仁所以保民也。不義則利不阜，不祥則福不降，不仁則民不至。古之明王不失此三德者，故能光有天下而龢寧百姓，令聞不忘。」

臣若水通曰：富辰，周大夫也。三德，仁、義、祥也。有此三德，則福、利、民至，理之自然，非爲三者而後脩德也。周、鄭，兄弟之國也。武、莊之平桓，有大勳勞者也，如以游孫伯之故而棄之，則周亦不義不祥不仁矣，尚何以昌其業乎？是故光有天下而令聞赫然，必其謹是三德者也，爲人君者其可不勉諸。

○晉語：范文子曰：「夫王者成其德，而遠人以其方賄歸之，故無憂。」

臣若水通曰：大學曰：「是故君子先慎乎德，有德此有人，有人此有土，有土此有財，有財此有用。」故古之明王必文德脩備，然後遠人來歸，方物畢至。反之，則憂在我矣，奚其樂？此厲公伐鄭，文子止之，以見惟德爲能動人也。伏惟皇上爲天下四方之主，而四夷各以方物入貢，豈非聞風慕義而來乎！惟益脩德以賓服之，幸甚。

〇晉語：范獻子曰：「人之有學也，猶木之有枝葉也。木有枝葉猶庇蔭人，而況君子之學乎？」

臣若水通曰：學以成德，德以潤身，是故可以知本矣。范獻子以人猶木也，學猶枝葉，可以庇蔭，得矣。惜乎不知枝葉之暢茂由於根本也。語曰：「君子務本，本立而道生。」是故道生則仁民愛物，而可以保蔭四海矣。故人君求聖學以脩德，以庇天下，不可以不知本。

〇漢武帝建元元年，董仲舒告漢武帝，引曾子曰：「尊其所聞則高明矣，行其所知則光大矣。高明、光大，不在乎他，在乎加之意而已。」

臣若水通曰：心學之不明也久矣，是以道化不明，而卒無善治。高明、光大，吾心之本體也。加之意，在反求之而已耳。仲舒之告武帝，誠知德業之本矣。他如一則曰王心未加焉，二則曰設誠於內，合而觀之，豈非以二帝三王之心學望武帝乎？惜乎內多欲而外施仁義，其蔽固已深矣。

○漢光武中元二年，光武受尚書，通大義，召桓榮入説，甚善之。每朝會輒令榮敷奏經義，帝稱善。帝每旦視朝，日昃乃罷。數引公卿、郎將講論經理，夜分乃寐。皇太子見帝勤勞不怠，諫曰：「陛下有禹湯之明，而失黄老養性之福，願頤愛精神，優游自寧。」帝曰：「我自樂此，不爲疲也。」

臣若水通曰：夫學所以進德業也。光武雖孜孜經術，惜乎徒事講説，不能體於身心，而明善誠身之功未之聞也。然榮固徒事稽古者也，格心之學引君當道而志於仁者，則榮非其人爾。故光武雖光復舊物，身致小康，然父子、夫婦、君臣之間，不能無可憾者焉。後之人君，欲進德脩業者，請自明善誠身始。

○漢明帝永平二年，上幸辟雍，初行養老禮。禮畢，引桓榮及弟子升堂。上自爲下説，諸儒執經問難于前，下詔賜榮爵關内侯。上自爲太子受尚書于桓榮，及即位，猶尊榮以師禮。

臣若水通曰：孔子云：「德之不脩，學之不講。」蓋言德業不可不兼進也。宋儒胡寅曰：「顯宗事師之意，百千年鮮有其儷，可謂人主之高致。惜乎桓榮受業，專門章句，不知脩身治天下之大義，故其君之德業止於如是。」臣愚於顯宗未見其爲德業，特爲一時之美觀爾。向使顯宗以其尊師重傅之心，榮有格心之輔，脩德以爲之本，講學以爲之資，德業合一，太甲、高宗何尚焉！而君臣之間皆不能然。未幾，崇信西佛，而遣使求之。佛入中國，自永平始。孔子曰：「攻乎異端，斯害也已。」孟子曰：「我亦欲正人心，息邪説，距詖行，放淫辭，以承三聖者。」夫德業在心術之微，其端一而已爾。顯宗事異端，壞心術，可謂之德業乎？仰惟聖明好學不倦，立心以爲德業之大本，而講學以培養之，則高出百王矣，天下幸甚。

○漢章帝元和二年，帝之爲太子也，受尚書于東郡太守汝南張酺。及巡幸東郡，引酺及門生掾史並會庭中，帝先備弟子之儀，使酺講尚書一篇，然後脩君臣之禮。

臣若水通曰：宋儒真德秀云：「章帝尊經事師，不愧前人。又惜其以嚴憚不得久在左右，所以輔成德業如是而止。」臣謂德業生於心者也。尚書所載皆帝王脩德業之要，張酺徒能講説，而不能啓心沃心以輔君德，豈非格心之學未聞乎！

○漢獻帝建安十五年，吴主孫權謂吕蒙曰：「卿今當塗掌事，不可不學。」蒙辭以軍中多務，權曰：「孤豈欲卿治經爲博士邪？但當涉獵，見往事爾。卿言多務，孰若孤？孤嘗讀書，自以爲大有所益。」蒙乃始就學。及魯肅過尋陽與蒙論議，大驚曰：「卿今者才畧，非復吴下阿蒙。」蒙曰：「士别三日，即當刮目相待，大兄何見事之晚乎？」肅遂拜蒙母，結友而別。

臣若水通曰：權語蒙以學，是矣。但其所謂學，止於涉獵讀書爾，而孔門默識德行之學未聞，曾是以爲學乎？雖然，蒙就學未幾而論議驚人，亦其氣質之小變邪，抑其矜伐之心形於詞氣，所謂以學問驕人者，非邪？雖曰學，臣不敢信也。宋儒胡寅謂權、蒙皆以學進而大其益，過矣！夫權，奸雄之邪心未損，豈古人之所謂學，易之所謂益者乎！

○晉武帝泰始九年，周魴之子處，膂力絶人，不脩細行，鄉里患之。處嘗問父老曰：「今時和歲豐，而人不樂，何邪？」父老歎曰：「三害不除，何樂之有？」處曰：「何謂也？」父老曰：「南山白額虎，長橋蛟，并子爲三矣。」處曰：「若所患止此，吾能除之。」乃入山求虎射殺之，因投水搏殺蛟，遂從機、雲受[一]學，篤志讀書，砥礪節行。比及期年，州府交辟。

臣若水通曰：成湯懋德，不吝改過。聞過非難，改過爲難；改過非難，而不吝尤難。周處聞父老三害之言，除蛟、虎以自勵其行，可謂勇於改過，而得處仁遷義之法矣。以其果敢之資，苟自得師，聞孔孟之學，則下爲子路、上爲成湯，其德業可量邪？而師機、雲，下不過辭章記誦，上不過節行，不聞大道之要，豈非學負其質哉？

○陳文帝天嘉四年，周太傅燕國公于謹對周武帝曰：「去食，去兵，信不可去，願陛下守信勿失。」又曰：「言行者立身之基，願陛下三思而言，九慮而行，勿使有過。天子之過如日月之食，人莫不知，願陛下慎之。」

臣若水通曰：易曰：「言行，君子之樞機。」于謹以爲立身之基，是也。殊不知言心聲也，行心迹也。言行由中則發皆天理，而動無不善。若徒求無過於三思九慮之間，誠使發皆中節，亦謂之克伐怨欲不行，其誠僞何如也。此何故歟？不見天理故也。孔子曰：「言顧行，行顧言。」顧也者，其體認天理之謂乎。

○唐太宗於弘文殿聚四庫書二十餘萬卷，置弘文館於殿側。精選天下文學之士虞世南、褚亮、姚思廉、歐陽詢、蔡允恭、蕭德言等，以本官兼學士，令更日宿直，聽朝之隙，引入内殿，講論前言往行，商確政事，或至夜分乃罷。

臣若水通曰：太宗聚書於弘文館，選文臣以更直，講論古今，亦云盛矣，其果古之博學、審問之謂邪？帝王之學，格物而已，誠意、正心、脩身、齊家、治國、平天下，皆隨處體認天理以格物者也，豈徒講説而已邪？太宗不知大學之道，群臣皆非正學之人，而昧聖學之本，故學不純而心不正、治不古，以雜于夷，有由然矣。伏惟我祖宗有君臣同遊，輪直文華，講習文樓之典，甚盛舉也。仰惟皇上聖學日新，今年盛暑，不以例輟講廢學，詔日講經筵官日各輪一員入直文華，是能復祖宗之舊章，而唐不足論矣。臣愚謂人君之學貴知本也，方今道學漸明之時，正心一德之臣，布于中外四方，苟選取入京以本官兼文職，俾之入侍日講經筵之班，則其誠意德氣亦足以薰陶涵養而正君心矣，誠爲莫大之益，天下幸甚！

〇唐太宗貞觀二年六月戊子，上謂侍臣曰：「朕觀隋煬帝集，文辭博奥，亦知是堯舜而非桀紂，然行事何其反也？」魏徵對曰：「人君雖聖哲，猶當虛己以受人。故智者獻其謀，勇者竭其力。煬帝恃其俊才，驕矜自用，故口誦堯舜之言，而身爲桀紂之行，曾不自知，以至覆亡也。」上曰：「前事不遠，吾屬之師也。」

臣若水通曰：魏徵虛之一言，庶乎知德業之本矣。虛明者，心之本體也，亦在乎盡心與否而已。譬之鑑焉，今日明燭妍媸，非加光也，不翳於塵爾。明日一物莫燭，非始無光也，蔽之深爾。君子能去其蔽光者，則本體自見矣，是之謂盡心而知性。隋煬帝知是堯舜非桀紂，心之本體有時而明，然而身口頓異，身爲桀紂，陷於亡而不知，非其慾蔽之深乎！揆厥所由，惟其不學，故無以成其德業爾。或曰：「煬帝著書三十萬卷，謂之不學，可乎？」噫！不立其本，而徒事夫文詞之末，雖曰充棟，祇足以爲惑爾，奚學之云？學也者，其聖狂之判乎！

○唐太宗貞觀三年十二月，上問給事中孔穎達曰：「論語『以能問於不能，以多問於寡，有若無，實若虚』，何謂也？」穎達具釋其義以對。且曰：「非獨匹夫如是，帝王亦然。帝王内藴神明，外當玄默，故易稱以蒙養正，以明夷莅衆。」

臣若水通曰：曾子此言，謂昔者吾友嘗從事於斯，則此乃孔門之學所從事者也。蓋學以虚心受人爲本，唐太宗之問可謂善矣。穎達者宜以此義開其君之心，心虚則善日生，帝王之學可基矣。不知出此，徒具訓釋以對，遂使論語之義晦，而孔門之學不明也。噫！有君如此，而不遇格心之臣以佐之，此太宗之所以多慚德，而貞觀之治不克終，豈非輔臣之罪哉？

○唐太宗貞觀十五年，指殿屋謂侍臣曰：「治天下如建此屋，營構既成，勿數改移。苟易一榱，正一瓦，踐履動揺，必有所損。若慕奇功，變法度，不恒其德，勞擾實多。」

臣若水通曰：太宗以殿屋喻治道，且戒慕奇功、變法度，而又本於其德之恒，若太宗可謂知進脩矣。向使當時有知學之臣，將順其美，必曰：「屋以基爲本，如道以心爲本，帝恒〔德〕〔三〕之言，若知本矣。屋之榱瓦之損小，而基崩之害大。人君之治，法度之損小，而壞心之禍大。心恒則德恒，德恒則無法度之變矣。」德業之成，豈至貞觀之不終乎？

○唐德宗建中四年十一月，陸贄上疏曰：「臣聞仲虺贊成湯，不稱其無過，而稱其改過；吉甫歌誦周宣，不美其無闕，而美其補闕。是則聖賢之意較然著明，惟以改過爲能，不以無過爲貴。蓋爲人之行己必有過差，上智下愚俱所不免。智者改過而遷善，愚者耻過而遂非，遷善則其德日新，遂非則其惡彌積。」

臣若水通曰：改過遷善，進德之基也。陸贄以是而告德宗，可謂對病之藥矣。惜乎剛愎自任而不能，此其所以卒成亂階也歟。

○賈誼新書曰：人主仁而境内和矣，故其士民莫弗親也；人主義而境内理矣，故其士民莫弗順也；人主有禮而境内肅矣，故其士民莫弗敬也；人主有信而境内貞矣，故其士民莫弗信也。

臣若水通曰：仁、義、禮、信，人之性也。性也者，心之理也。是故心性感於上，而民心應於下，其心同也。故進德脩業存之於身，孚之於家國天下之人，而治道具矣，可不重乎！

○劉向説苑：曾子曰：「君子脩禮以立志，則貪欲之心不來；君子脩禮以仁義，則忿争暴亂之辭遠。君子脩禮以脩身，則怠惰慢易之節不至；

臣若水通曰：立志脩身，居仁由義，君子之德業備矣。禮也者，理也，體用之貫也。故在心則志立，在身則身脩，在事則仁義，而無貪欲怠慢争亂之邪焉，何患乎德業之不成哉。

○陸贄奏議曰：愚智兼納，洪纖靡遺，蓋之如天，容之如地。垂旒黈纊，而黜其聰察；匿瑕藏疾，而務於包涵。不示威而人畏之如雷霆，不用明而人仰之如日月。此天子之德也。

臣若水通曰：天子之德，與天同體者也。與天同覆而無外，與地同載而不遺，與日月同明而不蔽，與雷霆同威而不怒，所以復德之本體，而配天者也，其德崇矣！其業廣矣！脩之者非在乎他，在吾心之本體始爾。伏惟皇上加之意焉，因陸贄之言而求之本心，廓天地日月雷霆之德以治天下，幸甚。

校記：

〔一〕「國」，國語作「固」。

〔二〕「受」，原作「授」，難通，資治通鑑作「受」，據改。

〔三〕「德」，據本條正文補。

聖學格物通卷之二十九

進德業四

○宋太宗勤于讀書，自巳至申，然後釋卷。詔史館脩太平御覽一千卷，日進三卷。宋琪以勞瘁諫。帝曰：「開卷有益，不爲勞也。朕欲周歲讀遍是書爾。」每暇日，則問呂文仲以經義，王著以筆法。

臣若水通曰：宋儒周敦頤有言：「聖人之訓，入乎耳感乎心，藴之爲德行，行之爲事業。」黄庭堅亦言：「以我觀書，則處處得益；以書博〔一〕我，則釋卷而茫然。」程顥亦以博記爲玩物喪志。此三言者，真讀書之要法也。傅説告高宗：「學于古訓。」古訓豈可不學？然學之亦有道矣。蓋心存則志定，志定則我立，我立而觀書，則聖人之訓感吾心、養吾志，焉往而非益。若我不立，心志不定，則逐書而移，書亦物爾，其喪志也必矣。人君有志於學古者，其深思之。

○宋太宗端拱元年夏五月，詔就崇文院中堂建秘閣，分三館，書籍置其中，以侍郎李至兼秘書監。帝謂至曰：「人君當澹然無欲，勿使嗜好形見于外，則奸佞無自入。朕無他好，但喜讀書，多見古今成敗。善者從之，不善者改之，如斯而已矣。」至每與李昉、王化基觀書閣下，帝必遣使賜宴，且命三館學士皆預焉。

臣若水通曰：心者，進德業之地也。澹然無欲則心正，德崇而業廣，奸佞遠而賢人親矣，豈但嗜好不形，奸佞不入而已哉。但云所好者讀書，讀書以明心，非以溺心也。苟不善讀，則程顥以博記爲玩物喪志者，同一欲爾，而君之德業豈不荒矣〔二〕乎？惜乎李至諸臣未聞聖學之要，無以究無欲之本。周敦頤曰：「一者無欲也。無欲則静虚動直，静虚則明，明則通，動直則公，公則溥。明通公溥，其聖矣乎！」然則古人成敗之理，在吾心之蓍龜矣。

○宋儒周敦頤博學力行，爲南安司理時，通判程珦以其爲學知道，使二子顥、頤往受業。敦頤每令尋孔、顔樂處，所樂何事？顥嘗曰：「自再見周茂叔後，吟風弄月以歸，有吾與點也之意。」

臣若水通曰：自天子至於庶人，欲成其德業者，不可以不學，而學不可不知其所有。知其所有而真見焉，則仲尼、顏子之樂在我，其學之進自有不能已者矣。

〇周敦頤曰：君子脩之吉，小人悖之凶。

臣若水通曰：脩，謂治而去之也。悖者，逆也。之字，指太極而言，即天理是也。聖人全體太極，無非中正仁義之至矣。君子未至於此，則敬以脩之。人心之天理本自完全，何待外飾以益之？但爲私欲汚壞爾。故治而去之，去其私欲而天理自全，所謂克己而復禮也。如是則天人協應，而動罔不吉矣。小人不知天理而悖逆之，則縱欲害身，而動罔不凶矣。君子小人吉凶之别，在於脩與悖；而脩與悖，在乎一念敬肆之間而已矣。爲人君者，其可弗思也哉。

〇周敦頤曰：德：愛曰仁，宜曰義，理曰禮，通曰智，守曰信。性焉、安焉之謂聖，復焉、執焉之謂賢，發微不可見、充周不可窮之謂神。

臣若水通曰：仁、義、禮、智、信，皆人之得於天以爲德者也。德即性也，性即理也。理一也，自其惻隱之心而愛人，則謂之仁；自其發而當宜，則謂之義；自其所履而理，則謂之禮；自其通達事理，則謂之智；自其存之而實，則謂之信，皆天理也。天理在心渾然而不可别，發而後五者别焉。性此而安之則聖矣，復此而守之則賢矣，發之微妙而不可見，充之周徧而不可窮，則聖人之神矣。然而千聖千賢同此心也，同此天理也，更何别心别理？孟子曰：「堯舜，性之也；湯武，反之也。」又曰：「聖而不可知之謂神。」所性、所反、所不可知，只此一理爾。途之人之心，亦只同此理爾。後之人君何憚，乃讓其與堯、舜、湯、武之同然者，而不爲堯、舜、湯、武之德業乎！

○周敦頤曰：實勝，善也；名勝，耻也。君子進德脩業，孳孳不息，務實勝也。德業有未著，則恐恐然畏人，知遠耻也。

臣若水通曰：恐恐，畏懼之意。實者，實有也，譬之形也。名也者，名其實也，譬之影也。實有而名名之，如形之有影，天理之發見也。無實而名焉，其能無愧耻乎？君子忠信内主而德進，多識前言往行以蓄其德而業脩，德業合一，内外夾持，所以篤吾實也。德業未著而畏人知，耻名過其實也。人君好大喜功而不以實勝爲務，則直諒多聞之士遠，而讒諂面諛之人至矣，何以成盛德大業於天下哉？故曰：好名，人主之累。

○周敦頤曰：天地間至尊者道，至貴者德而已矣。至難得者人，人而至難得者，道德有於身而已矣。

臣若水通曰：道德也者，吾心之天理也。以其得於心，故謂之德；以其行於事，故謂之道，一而已矣。人之所以爲人，而與天地參爲三才者，全在於是。故曰至尊至貴，又曰至難得者人。此理人人同有，然喪失者多，是自棄其至尊至貴之寶藏，而失其所以爲難得者矣。故人之所以爲難得者，以其全復至尊至貴之天理，而有之於身而已矣。人君以一人之身居億兆之上，是可謂至尊至貴者也。然因其所至尊以求諸吾心之至尊，因其所至貴以求諸吾心之至貴，則大德受命，而安富尊榮於無窮矣。

○周敦頤曰：至易而行難，果而確，無難焉。

臣若水通曰：朱熹云：「實理自然故易，人僞奪之故難。」臣謂果者知之真，確者行之篤，知行並進，果確一心，則難者易矣，何難之有？此進德脩業之要，學者不可不知也。

○程顥曰：所謂定者，動亦定，靜亦定，無將迎，無内外。

臣若水通曰：程顥定性書中，此數言爲一篇之體要，皆是本體，亦是功夫。體用一原，故性無内外，只是一個定體。故動而非隨之往，靜而非隨之來，故曰定。又曰無將迎、無内外，蓋其本體一定故也。學者當察見此本體而存之，内外兩忘，無動靜往來之間，而本體澄然常定。大學言「知止而后有定」者，此也。大抵只是體認天理一言盡之矣。伏惟皇上留心問學，兼脩德業，體認而躬行之，幸甚。

○程顥劄子有云：古者自天子達於庶人，必須師友以成就其德業。故舜、禹、文、武之聖，亦皆有所從學。今師傅之職不脩，友臣之義未著，所以尊德樂善之風未成於天下也。

臣若水通曰：二帝三王皆有師傅賓友者，非爲美觀虛設也，蓋以非師友無以成其德業也。師友者，所以開君之聰明，而養君之德性者也。故自天子以達於庶人，未有不須師友而能獨成也。故古之舜、禹、文、武，或學於務成昭，或學於西王國，或學於太公，或學於伊尹，是故聖益聖而治益隆也。後世不知出此，雖具其官而非其人，或用其人而不師其道，徒爲虛設，宜其德業不成而治之不古若哉！書曰：「能自得師者王，謂人莫己若者亡。」成敗之決，皆在於此也。伏惟皇上師法往古，以重師傅之任，則天下將蒙其休澤矣。

○張載曰：人能不疑便是德進。蓋已於大本處不惑，則雖未加工，思慮必常如此，積久自覺漸變。

臣若水通曰：學求其不疑而已。學問、思辨，所以求不疑也。不疑則洞見本體，而天德日進矣。然見之真則行必至，知行不離者也，夫然後可以語變化矣。書曰：「王忱不艱。」言見之真，則行必至也。載謂不疑則德進，深明易簡之學矣。但謂大本不惑，雖未加工，意思必常如此，似分知行爲二矣。且思慮常如此而積久之，非工夫而何？此又不可不知也。

○朱熹曰：事變無窮，機會易失，酬酢之間，蓋有未及省察而謬以千里者。是以君子貴明理，理明則異端不能惑，流俗不能亂，而德可久、業可大矣。

臣若水通曰：朱熹明理之論，至爲千聖千賢大頭腦處。理者，天理也。體認天理，則天理日明，德可久、業可大，蓋有本者如是也。其不及省察，亂於流俗，惑於異端，而不免千里之謬者，皆由於無隨處體認天理之功爾。故體認天理而學問之道畢矣！學問之道畢，而聖賢之事業成矣。從事於斯者，其勉旃哉。

○張栻作静江府學記云：天之生斯民也則有常性，人之立於天地之間也則有常事，在身有一身之事，在家有一家之事，在國有一國之事。其事也，非人之所能爲也，性之所有也。弗勝其事，則爲弗有其性；弗有其性，則爲弗克若天矣。克保其性而不悖其事，所以順乎天地，然則捨講學其能之哉？

臣若水通曰：人之同有是心則同有是性，同有是性則同有是事。宋儒陸九淵曰：「宇宙内事即己性分内事，己性分内事即宇宙内事。」言其理之一也。盡心則盡性，盡性則盡事，盡事則盡事天之道矣。是故君子有講習進脩之功，所以存此而已。心性與事離而二之，是二乎天矣，德何由而進？業何由而脩哉？噫！弊久矣。人主欲盡事天之道，當自盡心始。

〇臨川吴澄曰：所貴乎學者，以其能變化氣質也。學而不足以變化氣質，何以學爲哉？世固有率意而建功立業者矣，亦有肆情而敗國殄民者矣，彼其或剛或柔、或善或惡，任其氣質之何如，而無復矯揉克治以成人。學者則不如是，昏可變而明也，弱可變而强也，貪可變而廉也，忍可變而慈也，學之爲用大矣哉！凡氣質之不美者，皆可變而美，况其生而美者乎！

臣若水通曰：人之氣質，一而已矣。中正者則道也，偏而邪者即非道也，故學之道，不過變其偏以歸之中正而已矣。學而不能變化氣質，又奚庸於學哉？是知人不可以不學，而學者所以爲道也。記曰：「雖愚必明，雖柔必强」，氣質之變也。學者其可不加百倍之功也哉。

〇國朝乙巳三月起居注：宋濂乞歸省金華，太祖賜金幣而遣之。濂還金華，進表謝。復致書世子，勸以進脩。太祖覽書喜，召世子諭之曰：「吾自幼極艱難，今爾曹冠服華麗，飲食甘美，安居深宫，不思勇於進脩，是自棄也。宋起居之言有益，爾其味之。」復遣使至金華，賜書奬諭濂，賜以綺帛，仍令世子親致書以報。人皆歎太祖待士之盛。

臣若水通曰：遜志時敏，則德可久、業可大，而況帝王之學與韋布不同者乎？宋濂身處江湖，心存廊廟，致書世子，勉以自脩。孟子曰：「責難於君謂之恭。」若宋濂者，可以當之矣，此爲人臣者之所當法也。易曰：「進德脩業，欲及時也。」仰惟皇上春秋鼎盛，好學不倦，宜推此心，上法皇祖之訓，及時勉進德業，以隆治化，永丕基于億萬年，幸甚。

○丙午五月，皇祖命有司訪古今書籍，藏之秘府，以資覽閱。因謂侍臣詹同等曰：「三皇五帝之書不盡傳於世，故後世鮮知其行事。漢武帝購求遺書，而六經始出，唐虞三代之治始得而見。武帝雄才大畧，後世罕及，至表章六經，開闡聖賢之學，有功於後世。」又曰：「吾每於宮中無事，思『節用而愛人，使民以時』。真治國之良規，萬世之師法也。」

臣若水通曰：伏觀我聖祖命有司求書籍，藏之秘府，以資觀覽，而拳拳以聖賢之學爲言，切至矣！夫聖人之治本於一心，聖人之心見於六經。故學六經者，所以因聖言以感吾心，而達於政治者也。後世之學，乃以經書資口耳言語之末，讓聖賢之道而不爲，得非買櫝而還其珠之謂哉？法皇祖之訓，脩聖賢之德業，以一洗士習之陋，誠在今日矣。

○洪武十五年五月十七日，上幸國子監謁先師孔子，釋菜禮成，退御講筵。祭酒吴顒等以次講畢，上謂之曰：「中正之道，無踰於儒。上古聖人不以儒名，而德行實儒。後世儒之名立，雖有儒名，或無其實。孔子生於周末，身儒服〔三〕、行儒道、立儒教，率天下後世皆欲歸于中正，惜乎魯國君臣無能用之者。當時獨一公父文伯之母知其賢，責其子之不能從。卿等爲師表，正當以孔子之道爲教，使諸生咸趨乎正，則朝廷得人矣。」復命取尚書大禹、皐陶謨、洪範，親爲講説，反覆開諭。群臣聞者莫不悚悦，遂賜宴，竟日而還。

臣若水通曰：我皇祖中正之訓，深契堯、舜、禹、湯、文、武、周、孔相傳執中建極一貫之指矣。又嚴儒者名實之辨，而以表正之責歸之師儒，以爲諸生脩德業之規，誠開一代道德之原也。夫何後之士習日異，貴名而賤實，崇末而棄本，溺於記誦辭章之習，連篇累牘皆仁義道德之言，至於躬踐其實則群非之，其亦異乎皇祖之訓矣！伏惟聖〔四〕明留意焉。

○洪武二十年二月甲辰，御註尚書洪範成。上嘗命儒臣書洪範，揭於御座之右，朝夕觀覽，因自爲註。至是成，召贊善劉三吾曰：「朕觀洪範一篇，帝王爲治之道也。所以叙彝倫，立皇極，保萬民，叙四時，成百穀，本於天道而驗於人事。箕子爲武王陳之，武王猶自謙曰：『五帝之道，我未能焉。』朕每爲惕然，遂疏其旨爲註，朝夕省覽。」三吾對曰：「陛下留心是書，上明聖道，下福生民，爲萬世開太平者也。」

臣若水通曰：洪範一篇，帝王之學，三極之道備矣。皇祖註解以揭於座右，所以垂帝王相傳之道統，以佑啓於萬世者至矣！聖明繼皇極之統，宜憲章祖述，以爲德業久大之圖焉。

○永樂十二年二月，百官奏事，太宗皇帝退坐右順門，所服裏衣袖敝垢，納而復出。侍臣有贊聖德者，上慨然歎曰：「朕雖日十易新衣，未嘗無。但自念當惜福，故每澣濯更進。昔皇妣躬補緝故衣，皇考見而善，曰：『皇后居富貴，勤儉如此，正可以爲子孫法。』故朕常守先訓，不敢忘。」言已愴然。侍臣頓首曰：「陛下恭儉如此，誠萬世之法。」

臣若水通曰：勤儉，美德也。神禹大聖，孔子稱之，不過惡衣服、卑宮室、菲飲食而已。然則聖人之所以聖，亦不外此爾。我太宗文皇帝克守先訓，惟恭儉是尚，非盛德者能之乎？書稱「克勤克儉」，聖子神孫，宜念兹在兹也哉。

○國朝英宗皇帝言：「朕一日之間，五鼓初起拜天，雖足疾亦跪而拜。拜畢省奏章，復謁八廟。禮畢視朝，退即朝母后。復出，親政務，有關大臣者召而訪問商確，復省章奏，乃回宮進膳。飲食隨分，未嘗揀擇，衣服亦隨宜，雖着布衣，人不以爲非天子也。」大學士李賢曰：「如此節儉，益見盛德。若朝廷節儉，天下百姓自然富庶。惟耳目玩好不必留意，自然節儉。」上又曰：「朕至申初復省章奏，暇則聽内政，至晚而休。」賢曰：「自古賢君脩德勤政莫不皆然，陛下持此不衰，可以爲堯舜之君矣！」上曰：「如此亦有何勞？否則便於安逸，怠荒至矣，雖悔何追！」賢曰：「陛下言及於此，社稷蒼生之福也。」

臣若水通曰：昔堯之欽恭，舜之兢業，禹克勤克儉，文王自朝至于日中昃不遑暇食，英廟是事也，有衆善焉。拜天謁祖，孝也；惡衣惡食，儉也；省奏清問而以宴安爲戒，勤也。此其所以克終厥德，視古之帝王無愧焉。

〇國朝英宗皇帝曰：「書經、四書，朕皆讀遍。如二典三謨，真是嘉言。」賢曰：「誠如聖諭，帝王脩身、齊家、敬天、勤民、用人、爲政之事，皆在其中，貴乎體而行之。」曰：「然。」

臣若水通曰：傅説之告高宗曰：「學于古訓，乃有獲。」古訓者，典謨諸書皆是也。然徒誦其文，而不能體其實，則亦何獲之有？夫傅説之所謂學者，覺也。於古訓而覺我之心，則非徒知之，亦力行之矣。此體行之説，李賢所以爲英廟勸歟？惟陛下留意。

校記：

〔一〕「博」，原作「駁」，難通，按朱子語類等書引此語均作「博」，據改。

〔二〕「荒矣」，嘉靖本作「益疚」。

〔三〕「服」，原作「道」，據嘉靖本改。

〔四〕「聖」，原作「皇」，據嘉靖本改。

聖學格物通卷之三十

齊家格凡七目

謹妃匹　正嫡庶　事親長　養太子　嚴内外　恤孤幼　御臣妾

臣若水通曰：齊家何以言格物也？程頤曰：「格者，至也。物者，理也。至其理，乃格物也。」至也者，知行並進之功也。於齊家焉而至之也，至其在家之理也。故大學「齊家」章，以僻、以好惡言之，乃吾心應之之理也。是故妃匹也、嫡庶也、親長也、太子也、内外也、孤幼也、臣妾也，皆家之事理也。人主讀是編焉，感通吾心處家之理，念念而知於斯，存存而行於斯，以有諸己，則格物之功庶乎於齊家焉而盡之矣。

○易家人：九五，王假有家，勿恤，吉。象曰：王假有家，交相愛也。

臣若水通曰：程頤云：「王假有家，五君位，故以王言。假，至也，極乎有家之道也。夫王者之道，脩身以齊家，家正而天下治矣。」又曰：「有家之道既至，則不憂勞而天下治矣。」臣謂德足以刑家，是至其家之道也。夫婦者，正始之道也，如是則勿恤而吉矣。象又釋之，五以剛中正而感，二以柔中正而應，夫義婦聽，一心相愛，家之所以齊也。王季之於太任，文王之於太姒，武王之於邑姜，皆得之矣，此其齊家以開有周之治也歟。

○歸妹象曰：歸妹，天地之大義也。天地不交，而萬物不興。歸妹，人之終始也。

臣若水通曰：夫爲陽，婦爲陰；夫爲天，婦爲地。歸妹，則婦從夫、陰從陽、地承天。如是，則天尊地卑，天地之大義以正矣。然而天地不交通，則萬物不生育。歸妹，以陰從陽，正家之始也。陰陽交感，則萬事萬化皆成，而家道終矣。故爲人道之終始也，可不慎乎！人君之治天下，以正家爲始，正家以求配爲始。

○序卦傳：有天地然後有萬物，有萬物然後有男女，有男女然後有夫婦，有夫婦然後有父子，有父子然後有君臣，有君臣然後有上下，有上下然後禮義有所錯。夫婦之道不可不久也，故受之以恒。

臣若水通曰：夫婦者，原於天道而關於人道，其用大矣。夫夫婦原於男女之成，男女之成由於萬物之生，萬物之生由於天地之判，是夫婦原於天道之大也。夫婦相感而後有生育，生之者父，所生者子。父者君道，子者臣道，君臣位則上下分，而禮義之道行於上下，君臣父子之間大道行而天下治矣，是夫婦關於人道之大也。若非夫婦，則始而天地之道息矣，終而人倫之道滅矣。夫婦之道，其可以不恒久邪？古今不易之經也，易首咸、恒，聖人之意深矣哉。

○書虞書堯典：女于時，觀厥刑于二女。釐降二女于嬀汭，嬪于虞。帝曰：「欽哉！」

臣若水通曰：此史臣記堯以二女妻舜之事，明正始也。女，以女與人也。時，是也。刑，法也。二女，堯二女娥皇、女英也。釐，理也。降，下也。嬀，水名。水北曰汭，舜所居地也。嬪，婦也。虞，舜氏。史臣記堯言其將試舜，以二女事之，以觀其內。蓋夫婦之間，隱微之際，正始之道，所係尤重也。史又言堯遂治裝下嫁二女于嬀水之北，使爲舜婦于虞氏之家也。又述堯戒二女之辭曰：「欽哉！」昏禮遣女之辭亦曰：「往之女家，必敬必戒」，況以天子之女而嫁于匹夫，尤易怠忽，故堯深戒其敬，所以正其始也。夫禮謹大昏，大昏者，萬世人道之始也。其始不正，必不能正終矣。始終不正則家不齊，必不能治國、平天下矣。後世人君，往往以貴勢而忽此禮，昏嫁之際，至使三綱倒置，以爲當然，欲平治得乎？觀於堯舜之事，實爲萬世綱常之龜鑑也歟。

○詩周南關雎：關關雎鳩，在河之洲。窈窕淑女，君子好逑。

臣若水通曰：此美后妃之詩，文王正始之道也。妃配得其賢，則男女正而萬化行，況人君爲天之子，后妃母儀天下，可不擇德以相配乎。故曰：「窈窕淑女，君子好逑。」蓋言文王之聖而得太姒之賢，以德配德，健順相承，王教自此始矣，故曰好逑。雖然，閨門托始，實在人主一念理欲之間，人主苟知重人道之始，好德而遠色，則必擇德以相匹，文王、太姒是也。苟一念不正，惟知樂色而忘德，則悖理犯義，其禍有不可言者。然則夫婦者正家之始，擇配者正夫婦之始，正念者又擇配之始，可不慎與。

○大雅既醉：其僕維何？釐爾女士，從以孫子。

臣若水通曰：釐，謂治裝而嫁也。女士，女之賢者，所謂淑女是也。既醉之詩，父兄稱願王者之子孫，而曰「釐爾女士」何哉？蓋國家之命脈係於子孫，子孫之賢否本於所生，故人君於配匹之際，誠得女士之賢，以德配德，則和氣攸鍾，而聖子賢孫從之而出矣。觀周家自太姜以來世有賢妃，故世有賢子孫，一德相承，肇啓八百年，有道之長，信不偶也。後世昏君世主，懷耽淫樂色之心，罔知嗣續之重，故妃匹之際不擇淑德之女，多得陰愎之人，如二趙之於漢，獨孤之於隋，武后之於唐，剗削國家元氣，子孫陵替，國脈不長，良可悲矣。以此觀之，人主於妃匹之際，可不知所重與。

○春秋隱公二年：九月，紀履緰來逆女。桓公三年：公子翬如齊逆女。

臣若水通曰：履緰，紀之臣也。翬，魯臣也。逆，迎也。君子之道，造端乎夫婦，逆女必親，謹有家之始也。故奠鴈示守也，御之以綏示受之也，導之以行示陽先陰後之義也。二君乃委命於臣，不正其始，夫婦之道乖矣。春秋書之以爲後鑒，宜哉。

○桓公八年：祭公來，遂逆王后于紀。桓公九年：春，紀季姜歸于京師。

臣若水通曰：逆，迎也。不親迎而使臣往迎，春秋之習則然矣，此則爲王者畧之。然而始迎則書王后，正名分也。及歸則書季姜，正婦道也。且知所謂王后者，乃季姜也，互相發矣。京師，四方之極，閨門風化之始，始正名分，繼明婦道，而風化之本正矣。

○襄公十五年：劉夏逆王后于齊。

臣若水通曰：王后，天下之母。卿逆而公監之，禮也。單靖非公乎？劉夏非士乎？臨公而逆以士，得失不相掩矣。故胡安國曰：「不書使者，不與天子之使夏也。不書靖公，見婚姻得禮，常事不書也。」

○禮記曲禮：男女非有行媒，不相知名。非受幣，不交不親。故日月以告君，齊戒以告鬼神，爲酒食以召鄉黨僚友，以厚别也。取妻不取同姓，故買妾不知其姓則卜之。

臣若水通曰：大昏之禮其至矣乎！有問名焉，有納幣焉，有親迎焉。問名而意通，納幣而分定，親迎而禮成。意通而后分定，分定而后禮成，禮成而后明告于君，幽告於鬼神，近告於鄉黨僚友，所以厚人倫之始至矣。故禍莫大於亂類。亂類何也？同姓者，其初本於祖一人之分爾，故不取同姓，遠别也。買妾而卜之，則所以遠别者至矣。

○曾子問：孔子曰：「嫁女之家三夜不息燭，思相離也；取婦之家三日不舉樂，思嗣親也。三月而廟見，稱來婦也。擇日而祭於禰，成婦之義也。」

臣若水通曰：夫婦成，則繼體承重之義始于此矣。故思嗣親，傷而不能樂也。廟祭成婦，何也？事死如事生也，皆所以重始也。

○郊特牲：天地合而后萬物興焉。夫昏禮，萬世之始也。取於異姓，所以附遠厚别也。幣必誠，辭無不腆，告之以直信。信，事人也；信，婦德也。壹與之齊，終身不改。

臣若水通曰：腆，厚也。附遠者，附於遠嫌之義也。厚別者，重其有別之禮也。告直信，告爲婦者以正直誠信之道也。信事人，信其盡事人之道也。信婦德，信其有爲婦之德也。齊，謂共牢而食，同尊卑也。夫大昏其重矣，天地交而萬物育，夫婦配而男女生，男女相生，生生無窮，故曰萬世之始也。夫以夫婦擬諸天地，可不重乎？是故附遠厚別、誠幣、腆辭、告直信，所以重之也。

○郊特牲：男子親迎，男先於女，剛柔之義也。天先乎地，君先乎臣，其義一也。執贄以相見，敬章別也。男女有別，然後父子親；父子親，然後義生；義生，然後禮作；禮作，然後萬物安。

臣若水通曰：此言親迎執摯之義也。先者，倡導之也。其義一者，與天地君臣之義同，陽倡陰和之道也。執贄、敬章別者，奠鴈以見不再偶之志，敬以明其有別之義也。有別則本一而父子親，故禮義行乎其中，則萬物萬事各安其所矣。其始則自親迎、奠鴈之禮也，其至矣乎。

○郊特牲：玄冕齊戒，鬼神陰陽也。將以爲社稷主，爲先祖後，而可以不致敬乎？

臣若水通曰：玄冕以爲服，齊戒以爲敬，所以事鬼神也。而昏禮者，將以外主社稷之祭，内奉先祖之嗣，其於事神明之禮尤重，可以不敬乎？人君於此，誠念夫社稷祖先之重，而不可不重致敬焉。如舜之刑欽於二女，文王之好逑於關雎，斯善矣！

○哀公問：孔子曰：「敬之至矣，大昏爲大，大昏至矣。大昏既至，冕而親迎，親之也。親之也者，親之也。是故君子興敬爲親，舍敬是遺親也。弗愛不親，弗敬不正。愛與敬，其政之本與。」

臣若水通曰：冕而迎者，敬之至也。必親迎者，親之至也。然敬之即所以親之也，故曰興敬爲親，舍敬是遺親也。及夫親迎之後，必愛之而後爲親，如琴瑟友之、鍾鼓樂之是也。至於相輔以正，則所謂敬而正者，厥後至江漢、汝墳之化，而德教加於百姓，可以見其爲政之本矣。後之人君，以后宮盛色而廢嫡立庶，傷教敗化，亂由此始，其視三代端本之治也何如哉？

○昏義：古者天子后立六宫、三夫人、九嬪、二十七世婦、八十一御妻，以聽天下之内治，以章明婦順，故天下内和而家理。

臣若水通曰：六宫者，大寢一、小寢五也。家者，天下之則，家正則天下正矣。正妃匹者，正家之本也。是故内和而家理，天下化順也，婦道極矣。而配諸外治，明治平之本于家齊也。

○孟子曰：五霸，桓公爲盛。葵丘之會，諸侯束牲載書而不歃血。初命曰：「無以妾爲妻。」

臣若水通曰：夫婦，人倫之本，閨門風化之原。匡衡曰：「婚姻之禮正，然後品物遂而天命全。」況乎妃后之所係爲尤重，三代廢興，未有不由於此者，可不謹哉。桓公霸者爾，於葵丘之會，獨申明於五禁之先，猶能知本也，而況天王之尊乎。後世之君率多犯此，其亦五霸之罪人矣。欲正名分而端本原者，盍於此圖之。

○左傳隱公八年：四月甲辰，鄭公子忽如陳逆婦嬀。辛亥，以嬀氏歸。甲寅，入于鄭。陳鍼子送女。先配而後祖。鍼子曰：「是不爲夫婦。誣其祖矣，非禮也，何以能育？」

臣若水通曰：禮，娶婦必先告廟而後行，重繼嗣也。故楚公子圍告莊、共之廟，不敢廢焉，鄭忽能辭强齊之昏，卒不免陷於誣祖之罪。昏禮不正，忘本不仁，何後之有？

○國語周語：周襄王降翟師，以伐鄭。王德翟人，將以其女爲后。富辰諫曰：「不可。夫婚姻，禍福之階也，利内則福由之，利外則取禍。今王外利矣，無乃階禍乎！」

臣若水通曰：翟，隗姓之國，赤翟也。階，梯也。利内，親親也。利外，離親也。夫人孰爲大？禮爲大。禮孰爲大？大昏爲大。故婚姻之際，人道之始，聖人慎焉。況人君身先兆庶，唯民所視，而可以不謹乎？姜任世爲妃嬪，非翟之比，襄王廼欲舍姜任而后〔一〕翟女，怠棄七德，禍階從兹始矣。然則妃匹之禮，可不慎歟？可不慎歟？

〇晋語：司空季子曰：「異姓則異德，異德則異類。異類雖近，男女相及以生民也。同姓則同德，同德則同心，同心則同志。同志雖遠，男女不相及，畏黷敬也。黷則生怨，怨亂毓災，災毓滅姓。是故取妻避其同姓，畏亂災也。故異德合姓，同德合義，義以道利，利以阜姓，姓利相更，成而不遷，乃能攝固，保其土房。」

臣若水通曰：季子，晋大夫胥臣臼季也。近，謂有屬親〔二〕也。相及，相嫁取也。合姓，合二姓爲婚姻也。攝，持也。保，守也。房，居也。異姓相及，同姓不相及，所以遠别章敬也。否則怨亂毓災，其何以保其土居，以端風化之本乎？人君於此，盍亦知所慎焉。

校記：

〔一〕「后」，原作「右」，據嘉靖本改。

〔二〕「親」，原作「名」，據嘉靖本改。

聖學格物通卷之三十一

謹妃匹下

○漢光武建武二年，帝以陰貴人雅性寬仁，欲立以爲后。貴人以郭貴人有子，終不肯當。六月戊戌，立貴人郭氏爲皇后。十七年，郭后寵衰，數懷怨懟，上怒之。冬十月辛巳，廢皇后郭氏，立貴人陰氏爲后。

臣若水通曰：傳曰：「並后、匹嫡、兩政、耦國，亂之本也。」以光武之英睿聰明，既后郭氏，又后陰氏，正始之道無足取者。然卒能光復舊物，益隆炎祚，皆才足以倖致之，無脩身齊家之道，故不足化成天下爾。人君欲脩身正家以平天下者，尚戒之哉。

○漢明帝永平三年春二月甲子，立貴人馬氏爲皇后，皇子炟爲太子。后，援之女也，德冠後宫。既正位宫闈，愈自謙肅，好讀書，常衣大練，裙不加緣。朔望諸姬主朝請，望見后袍衣疏麁，以爲綺縠，就視乃笑。后曰：「此繒特宜染色，故用之爾。」羣臣奏事有難平者，帝數以試后，后輒分解趣理，各得其情。然未嘗以家私干政事，帝由是寵敬，始終無衰焉。

臣若水通曰：明德馬后出於勳賢之家，德冠宫闈，愈自謙肅。顯宗自貴人立之，以母儀天下，宜也。易曰：「王假有家，交相愛也。」顯宗之於馬后，其庶幾乎。後之人君擇后，以色而不以德，往往不出於勳賢之族，而出於微寒之家，及奢侈貪妬而失天下之儀表者，亦惑矣哉。

○漢章帝建初二年十二月，帝納竇勳女爲貴人，有寵。三年三月癸巳，立貴人竇氏爲皇后。

臣若水通曰：后以配君德也，章帝立竇氏爲后，初未聞賢德之稱，特以寵愛立爾。及寵之過，卒使易太子、殺貴人，必有以致之矣。帝稱治從寬厚，由是言之，寬亦甚矣，曾是以爲厚乎？後之端本善則者，宜知所鑒。

○漢和帝永元十四年，鄧禹子訓有女曰綏，性孝友，好書傳，常晝脩婦業，暮誦經典，家人號曰諸生。後選入宫爲貴人，恭肅小心，動有法度，承事陰后，接撫同列，嘗克己以下之，雖宮人隸役，皆加恩借。每有燕會，諸姬競自脩飾，貴人獨尚質素。其衣有與陰后同色者，即時解易。若並時進見，則不敢正坐離立，行則僂身自卑。帝每有所問，嘗逡巡後對，不敢先后言。陰后短小，舉措時失儀，左右掩口而笑，貴人獨愴然不樂，爲之隱諱，若己之失。帝知貴人勞心曲體，嘆曰：「脩德之勞，乃如是乎。」後陰后寵衰，貴人每當御見，輒辭以疾。時帝數失皇子，貴人憂繼嗣不廣，數選進才人以博帝意。陰后見貴人德稱日盛，深疾之。帝嘗寢病，危甚，陰后密言：「我得意，不令鄧氏復有遺類。」貴人聞之流涕，即欲飲藥，宮人趙玉者固禁止之，因詐言上疾已愈，乃止。明日，上果瘳。及陰后之廢，貴人請救不能得。帝欲以貴人爲皇后，貴人愈稱疾篤，深自閉絕。冬十月辛卯，詔立貴人鄧氏爲皇后，后辭讓不得已，然後即位。郡國貢獻悉令禁絕，歲時但供紙墨而已。帝每欲官爵鄧氏，后輒哀請謙讓，故兄騭終帝世不過虎賁中郎將。

臣若水通曰：鄧后盛德嘉言，多載史傳，人皆知其賢明，可以爲后妃之法矣。然史氏於元興元年書曰：「太后臨朝。」延平元年書曰：「太后猶臨朝。」且於水旱之災、夷盜之害，杜根上書還政之怒不一書，則其所以爲賢明之累者亦多矣。君子之論於明德馬后之賢皆以爲學問讀書之故，鄧后讀書而不免於賢明之累，奚以讀書爲哉？吁！同一讀書也，一則爲兩都賢后之最，一則爲平生賢明之累。后妃之有志於講學者，請觀於二后，尤當以心性爲本焉。

○漢安帝元初二年，夏四月丙午，立貴人滎陽閻氏爲皇后。后性妒忌，後宮李氏生皇子保，后鴆殺李氏。

臣若水通曰：人君之治，先端其本，正其始而已矣。閻后之妒忌，猶在七去而立之，是不能正始端本矣。及其鴆殺太子之母，而安帝柔闇，莫之能究，是不能爲若夫，而三綱不立矣。嗚呼！其本亂而末治者否也，哀哉！

○漢桓帝建和元年八月乙未，立皇后梁氏。延熹二年六月，皇后恃姊兄蔭執恣極，奢靡兼倍前世，專寵妬忌，六宮莫得進見。及太后崩，恩寵頓衰，后既無嗣，每宮人孕育，鮮得全者。帝雖迫畏梁冀，不敢譴怒，然進御轉希，后益憂恚。

臣若水通曰：能正始必能正終，故古之帝王后妃必以德，所以正始也。桓帝之后，順烈后女弟，所謂以親進而非以德者也，何有正始之道？太后秉政而梁冀專權，后獨得寵，后既無子，潛懷怨忌，宫人孕育鮮全。及冀誅而廢爲貴人，然亦豈非進之不能正始，而不克保厥終乎！

○晉武帝泰始七年，侍中、尚書令、車騎將軍賈充自文帝時寵任用事，帝之爲太子，充頗有力，故益有寵於帝。充巧諂，與荀顗、荀勖、馮紞相爲黨友，朝野惡之。帝以充都督秦、涼二州諸軍事，將之鎮，公卿餞於夕陽亭。充私問計於荀勖，勖曰：「是行也，辭之實難，獨有結婚太子，可不辭而自留矣。」勖請言之。因謂馮紞曰：「賈公遠出，吾等失執。太子婚尚未定，何不勸帝納賈公之女乎？」紞亦然之。初帝將納衛瓘女爲太子妃，充妻郭槐賂楊后左右，使后説帝求納其女。帝曰：「衛公女有五可，賈公女有五不可。衛氏種賢而多子，美而長白；賈氏種妒而少子，醜而短黑。」后固以爲請，顗、勖、紞皆稱充女絶美，且有才德。帝遂從之，留充復居舊任。

臣若水通曰：晋武辨二氏之女明矣，而卒不能遂己之志者，何哉？邪佞蔽之也。后賈充之女，所謂以邪佞進者也，豈復有正始之道乎？宋儒真德秀曰：「妃立而晋室之亂萌。」邵雍以爲禍在夕陽亭之一語，而不在石勒長嘯上東門之時。然則正始之道，豈可忽哉？

○晋元帝大興元年，漢主聰以中常侍王沈養女立后，尚書令王鑒、中書監崔懿之、中書令曹恂諫曰：「臣聞王者立后，比德乾坤，生承宗廟，没配后土，必擇世德名宗、幽閒令淑，乃副四海之望，稱神祇之心。孝成帝以趙飛燕爲后，使繼嗣絶滅，社稷爲墟，此前鑒也。自麟嘉以來，中宮之位不以德舉，借使沈之女弟，刑餘小醜，猶不可以塵污椒房，況其家婢耶？六宮妃嬪皆公子公孫，奈何一旦以婢主之？臣恐非國家之福也。」

臣若水通曰：王鑒等之言，得古帝王立后之禮意矣。劉聰立婢于中宮，忠言罔聽，豈天蓋欲彰其穢德也耶？未幾荒耽於色，骨立而死，以致子烝父妾，醜聲四達，弒逆内起，焚廟斬屍，劉氏家門噍類無遺矣。吁！后妃不正，其流禍之大，可畏也哉！

○唐高祖武德九年，太宗即位。八月丙子，立妃長孫氏爲皇后。后少好讀書，造次必循禮法。上爲秦王，與太子建成、齊王元吉有隙。后奉事高祖，承順妃嬪，彌縫其闕，甚有内助。及正位中宮，務存節儉，服御取給而已。上深重之，嘗與之議賞罰，后辭曰：「牝鷄之晨，唯家之索。妾婦人，安敢豫聞政事。」固問之，終不對。

臣若水通曰：臣讀唐史而至長孫皇后，未嘗不嘆其賢也。在易，柔順中正，坤道之純也，后之德其亦庶幾乎！故讀書，窮理也；循禮，脩身也；奉高祖而順妃嬪，孝友也；彌縫君之闕失，脩内助也；服御崇儉，尚德也；問國政不答，安婦道也。后之德，無愧於太宗矣！閨門慙德之恥，太宗之於后何如耶？有天下者而得賢后，固爲正始，尚思無愧媲德於終乎。

○唐高宗永徽六年九月，帝召大臣，欲廢皇后，立武昭儀。李勣稱疾不入，褚遂良以死爭。帝大怒，長孫無忌曰：「遂良受先朝顧命，有罪不可加刑。」韓瑗涕泣極諫，又上疏諫，來濟上表諫，帝皆不納。他日，李勣獨入見，帝問之曰：「朕欲立武昭儀爲后，遂良固執以爲不可。遂良既顧命大臣，事當且已乎？」對曰：「此陛下家事，何必更問外人。」帝意遂決。

臣若水通曰：后配天子之德，而表正六宮，以承九廟，至重也，故必得關雎之賢淑，斯爲君子之好逑，可配天子而主内化、奉宗廟矣。彼武氏先世遺麀，淫妬惡德，顧可亂色敗倫以爲已配邪？聞遂良諸臣之諫而欲且已，蓋其惻隱羞惡之心萌矣。因世勣之諛而事遂決，非逢君之惡者乎？遂良之死，諸王之殺，九廟之易，國祚之移，社稷之危，實皆世勣爲之也。高宗妃匹之不正，在於一念悔吝之微爾，可不戒哉。

○唐德宗貞元九年十一月，納故駙馬都尉郭曖女爲廣陵王淳妃。淳，太子之長子，妃母即昇平公主也。

○憲宗元和八年冬十月，羣臣累表請立德妃郭氏爲皇后。上以妃門宗彊盛，恐正位之後後宫莫得進，託以歲時禁忌，竟不許。

臣若水通曰：后妃之謹，非特以正始，亦所以正終也。蓋昇平公主廣陵王之姑也，其女於王爲外兄弟，在禮猶爲服屬而納爲妃，是德宗不能正其始矣。爲憲宗者，宜謂先帝所立，則立后在妃無疑也。憲宗乃以宗門彊盛，恐後宫不得進而不立，其違父命而棄典禮，是又不能正其終矣。始終不正，則家且不能齊，何以治天下乎！

○後唐莊宗同光二年二月，上欲以劉夫人爲皇后，而有正妃韓夫人在，太后素惡劉夫人，郭崇韜亦屢諫上，以是不果。於是所親説崇韜曰：「公若請立劉夫人爲皇后，上必喜。内有皇后之助，則伶宦輩不能爲患矣。」崇韜從之，與宰相帥百官共奏劉夫人宜正位中宫。癸未，立魏國夫人劉氏爲皇后。

臣若水通曰：人主欲正妃匹者，必先正其心而後可也。莊宗之欲立劉后，邪心也。郭崇韜欲爲自全之計而請立之，亦邪謀也。人君一念之邪，則臣下必有希其旨以成其邪者矣，其能有正乎？然則人主之心，其可以頃刻而不正哉？

○後唐潞王清泰二年，閩主王昶元妃梁國夫人李氏，同平章事敏之女。昶嬖李春燕，待夫人甚薄。葉翹諫曰：「夫人先帝之甥，聘之以禮，奈何以新愛而棄之？」昶不悅。

臣若水通曰：夫者妻之表，君者臣之表，不可不謹也。嬖寵愛而棄元妃，昶於是乎不夫矣。聞葉翹之諫而不悅，又於是不君矣。不夫不君，何以齊家而治國乎？

○班固曰：「王者之娶，必先選於大國之女，禮儀備，所見多。」又曰：「王者娶及庶人者何？開天下之賢，示不遺善也。」

臣若水通曰：后妃配君德，母天下，必得好逑之賢，然後稱也。故先選於大國，而後訪及乎庶人，惟其賢而已矣。然而先後之間，意可見矣。夫選於大國，非貴貴也，以其禮備見廣也。選及庶人，非淫色也，或有出類之賢也。後之選后者，在大國則取其勢，在庶人則取其色。及其勢熾色淫，而亂亡隨之。后妃之於人君，豈細故也哉？

○宋仁宗慶曆八年冬十月，以美人張氏爲貴妃。初，衛士之變，帝以美人有扈蹕功，夏竦建議欲尊之。同知諫院王贄因言「賊本起皇后閣前，請究其事」，冀動摇中宮，陰爲美人地。上〔一〕以問御史何郯，郯曰：「此姦人之謀，不可不察。」上悟，事遂寢，然美人卒以功進貴妃。

臣若水通曰：禮莫大於分，分莫大於名。名分之在閨閫，尤所當謹。蓋閨閫之中，恩易掩義，私情所昵，自有不知越於名分者矣。仁宗號爲賢君，猶有昵愛之私，始欲立張美人，太后不可，又以爲貴妃，以及廢后之禍，皆私昵之情，姦臣之惑也。御史何郯可謂先見其幾矣，而終不能救正，以全仁宗之德，豈不可惜哉。

○宋度宗咸淳三年春正月，立皇后全氏。后，會稽人，理宗母慈憲夫人姪孫也。寶祐中，父昭孫没於王事。理宗以母故，嘗召后入宫，問曰：「爾父没於王事，每念之令人可哀。」后對曰：「妾父可念，淮、湖之民尤可念也。」帝異之，語大臣曰：「全氏女言辭甚令，宜配冢嗣，以承宗祀。」遂納爲太子妃。

臣若水通曰：太子者，嗣人君以正位於外，將爲天下之父者也。妃者，嗣太后以正位於内，將爲天下之母者也。太子不可輕立矣，妃豈可輕配乎？故文王求得后妃以生聖子，以開周家八百年之祚，非偶然也。觀全后對理宗曰「妾父可念，淮、湖之民尤可念」，則能以天下之安危爲己之憂樂，非特有令辭，且有令德，是足以母天下矣，以配冢嗣，宜也。向使宋當全盛之時，世有后妃如全氏者爲之内助，君德脩而政治理，宋之祚豈至若是哉？

○宋儒程頤曰：哲宗取孟后，詔云孟元孫女。后，孟在女也，而以孟元孫女詔者，自古天子不娶小國，蓋孟元孫將校，曾隨文潞公貝州獲功，官至團練使，而在是時止是小使臣爾。

臣若水通曰：妃也者配也，以配天子之德也。觀孟元孫女之詔，則古者天子不娶小國，蓋以非其配也。程頤之論得矣，後世乃有惟色之求，而下及微賤，豈正始之道哉？

○程頤曰：春秋喪昏無譏，蓋日月自見，不必譏也。唯哀姜以禫中納幣則重疊譏之，曰「逆婦」。

臣若水通曰：妃匹之重，以其續宗嗣、致孝享也。禫中納幣，得罪於先君矣。在律例則離異，在春秋則書「逆婦」，其義一也。不曰夫人者何？以違理而昏，不與其夫人也。嗚呼嚴哉！爲人君當知所戒矣。

○元符末，徽宗即位，皇太后垂簾聽政。有旨復哲宗元祐皇后孟氏位號。時有論其不可者，曰：「上於元祐后叔嫂也，叔無復嫂之禮。」程頤謂邵〔二〕伯温曰：「元祐后之賢固也，論者之言亦未爲無理。」伯温曰：「太后於哲〔三〕廟母也，於元祐后姑也，母之命、姑之命，何爲不可？非上以叔復嫂也。」程頤喜曰：「子之言得之矣。」

臣若水通曰：廢后之事，君德之衰也。孟后之復，揆之於禮，當矣。伯温是之，不亦宜乎。

然失之於哲宗，得之於太后爾。後之爲人君者，當知所戒，不可以輕於廢后，而示失德於天下後世也哉。

○國朝皇祖即位，受朝賀畢，令左丞相李善長奉册寶立妃馬氏爲皇后。册曰：「天眷我明，啓運興王，出自衡門，奄有四海，爲君爲后，可不慎歟？君以仁政慎於治外，撫黎庶而統萬邦；后以懿德慎於治内，表六宫而母天下，長久之道也。咨爾馬氏，同勤勞於開創之時，由家成國，内助良多。今以金册金寶立爾爲皇后，其敬乃職，耿光後世。於戲，慎戒之。」

臣若水通曰：妃匹之際，生民之始，萬福之原也。人君能慎於一念之天理，則刑于之化以孚，而治平之休必永。我皇祖應天順人，肇造洪業，天生賢后，勤勞以助之，塗山、太姒之興邦，異世而同符矣。至册立之語，乃以爲君爲后各盡其道，諄諄切至，尤嚴外治内治之教，端政化之本，以衍無疆之休。是以繼至於今，内嚴外熙，久安長治，良由家法之正焉爾。

○洪武四年九月丙辰，册故元太傅、中書右丞相、河南王王保保女弟爲秦王樉妃。時妃有〔外王〕〔四〕父喪，上命廷臣議之。禮部尚書陶凱奏：「大功以下，雖庶人亦可成婚，況王妃無服。」上遂令中使及女史往諭妃家，行納徵禮。册曰：「朕君天下，封諸子爲王，必選名家女爲之妃。今朕第二子秦王樉年已長成，選爾王氏，昔元太傅、中書右丞相、河南王之妹，授以金册，爲王之妃。爾其謹遵婦道，以助我邦家。敬哉。」

臣若水通曰：伏觀皇祖册選王妃，於其有王父喪，必議無服而後行，况親有喪乎。命之以謹，又申之以敬，其慎重如此，教家之道，可謂至矣。夷習以革，綱常以正，帝王之治以成，豈偶然哉？聖子神孫，可不念乎。

○國朝仁孝皇后徐氏，中山武寧王之長女，太宗皇帝后也。自幼貞静純明，孝敬仁厚。王與夫人言，此女天禀非常，宜以經史充其知識。后於書一覽輒成誦不忘，由是博通載籍。太祖高皇帝一日召王問曰：「知卿有賢女，朕第四子氣質不凡，能以配焉。」王拜稽首謝。洪武九年，册爲燕王妃，恭勤婦道，孝慈高皇后深所愛重，嘗曰：「燕王妃所行，足以儀範宫闈。」又曰：「此吾孝婦也。」高皇后崩，哀毁動左右，執喪三年，蔬食如禮。免喪，或語及，未嘗不流涕云。

臣若水通曰：禮謹大昏，爲嗣世深長慮遠矣。蓋得其人則有無窮之慶，不得其人則有無窮之禍也。是故人主以慎擇妃匹爲先，若我太宗皇帝之於仁孝皇后，可謂得人者矣。易曰：

「王假有家，勿恤，吉。」不其然乎？聖子神孫，其宜取法於是矣。

○成穆貴妃孫氏，父和卿，母晁氏。妃禀性賢淑，年十八未聘。太祖皇帝聞其有容德，詔納宫中。言行皆有禮法，如古昔賢妃。帝即位，册爲貴妃，位衆妃上，小心恭謹，於帝有儆戒相成之助，佐皇后以理治於内，宫壼雝肅。

臣若水通曰：先王之立妃嬪也，將以輔德也。故有鷄鳴之女，則有無逸之君，可不重歟！我太祖高皇帝聞成穆貴妃之容德，而召納宫中，蓋已爲其有德矣。及即位，始册爲貴妃，其慎重如此。宜其佐理内治，而宫壼爲之雝肅也。聖子神孫，可不法乎。

校記：

〔一〕「上」，原作「工」，據嘉靖本改。

〔二〕「邵」，原作「召」，據嘉靖本改。

〔三〕「哲」，原作「折」，據嘉靖本改。

〔四〕「外王」，據嘉靖本補。

聖學格物通卷之三十二

正嫡庶上

○易序卦傳：主器者莫若長子，故受之以震。

臣若水通曰：器，謂鼎也。鼎之用，亨之以享上帝宗廟社稷，大亨以養聖賢，鑄之以定九州，天下國家之重器也。主之者君，繼君以主重器者，長子也。立嫡以長，所以重重器也。後世之君，溺於私愛而嫡庶易位，鼎之安危繫於此矣。故繼鼎以震，震於乾坤乃長子也。聖人序卦之意，微矣哉！

○詩小雅小弁：何辜于天？我罪伊何？心之憂矣，云如之何？

臣若水通曰：申后，幽王正后，生宜臼。宜臼已立爲太子，幽王惑於褒姒，遂黜申后而廢太子，使之怨慕，其傅爲作此詩以發其憂抑之情。言我何以得罪于天？而我之罪何在邪？求得罪於天之故而無得，徒使我心之憂悶，將如之何哉！幽王亂嫡庶之大分，而使天性之恩怨慕迫切如此，若罔聞知，此心之天理不復有矣，禍亂之作豈不宜哉？後之人君，溺於衽席之私，有廢后易嫡之失者，宜鑒幽王之禍云。

○春秋桓公六年：九月丁卯，子同生。

臣若水通曰：同，莊公名，桓之長子也。同生何以書？明嫡也，正國本也。書子同生，則嫡明而儲嗣之分定，將爲土地、人民、社稷之主，而國本立矣。故書子同生，所以明父子嫡庶之定分。不書世子，未有王命之誓，所以明君臣上下之大義。父子親而後君臣定，嫡庶之義所係豈小也哉？

○桓公十一年：宋人執鄭祭仲。突歸于鄭。鄭忽出奔衛。

臣若水通曰：此三事也，而同書者何？同譏也。祭仲見執而屈於宋，故宋得以歸突于鄭，突歸而忽出，事之相因也。祭仲，鄭相也。宋人執之，蓋欲脅之以廢忽而立突爾。夫突庶忽嫡，大義昭然於天下。使仲正色直詞，力辨其非，以死繼之，則宋不得逞，卿之職也，而不能焉，甘就束縛，無可否於廢立之大變，則仲亦篡君之賊也，故書之所以大仲之罪也。突者，鄭莊之庶子也，藉宋以篡國，突不稱公子，絕之也。不以突繫之鄭者，明不當有鄭也。書歸者，言宋歸之也，正逆黨之罪也。忽者，莊之嫡子。書其國氏，正也。出奔而名之，罪不能守社稷也。

夫傳子以嫡，天地之常經也。失之於父，得之於子；失之於君，得之於臣，可也。莊公不能正其始，祭仲不能守其終，突庶而篡，忽嫡而弱，至使嫡庶之名分爲之蕩然，其咎將安歸哉。蓋自莊公克段于鄢，既有以開其篡逆之源，弧矢既懸，又不能早定國本，卒致身没未幾，庶孽交争。詩曰：「誰生厲階，至今爲梗。」莊之謂矣。

○昭公二十二年：劉子、單子以王猛居于皇。二十三年：天王居于狄泉。尹氏立王子朝。

臣若水通曰：劉蚠、單旗，王之卿士。尹氏亦卿士也。皇與狄泉，皆地名。景王三子：猛、匄、朝。胡安國云：「王猛當立而未能立，故稱大臣以之，而不言立。敬王當立又能立矣，故直稱居于狄泉，而不言立。子朝庶孽奪正，以賤妨貴，基亂周室，不當立者也，故特稱立而目尹氏。」臣謂公正者，人君立皇極、正綱常之本也。景王寵愛子朝，疏薄猛、匄，其心偏私已甚矣。故死未幾，嫡庶紛亂，綱常不正，皇極不立，偏之爲害也。春秋書劉子、單子以王猛居皇，譏其不能立也。書天王居狄泉，正名分也。書尹氏立王子朝，譏助逆也。然則有天下者，可不以公正存心，早定國本乎！

○禮記曲禮：天子有后，有夫人，有世婦，有嬪，有妻，有妾。

臣若水通曰：后一而已，下而夫人，而世婦，而嬪，而妻，而妾，皆三以參之，而嫡庶之分嚴矣。何以皆奇也？以事一人則偶矣。古之聖王所以備内政，有夙夜之賢，無宴安之習也。

○曲禮：支子不祭，祭必告于宗子。

臣若水通曰：支子，庶子也。不祭者，以己非正體，故不敢也，明其宗也。祭必告于宗子者，支子爲大夫，而有祭告，必告于宗子以主之，所以明其宗也。故曰：「家無二主，尊無二上。」苟庶子而祭，是二主也；祭而不告，是二上也。其何以别貴賤、明嫡庶乎？此古人所以立宗法，蓋以正嫡庶也。後世嫡庶不明，而骨肉之間多至於仇怨忿争者，以無宗子之法爾。程頤曰：「宗子無法，則朝廷無世臣。宗子立而人知重本，朝廷之勢自尊矣。其關於天下國家者，尤爲不小。」吁！是可不加之意哉。

○内則：適子、庶子，祗事宗子、宗婦。雖貴富，不敢以貴富入宗子之家；雖衆車徒，舍於外，以寡約入。子弟猶歸器，衣服裘衾車馬，則必獻其上，而後敢服用其次也。若非所獻，則不以入於宗子之門，不敢以貴富加於父兄、宗族。若富，則具二牲，獻其賢者於宗子，夫婦皆齊而宗敬焉，終事而後敢私祭。

臣若水通曰：適子，適室所生之子，宗子弟也。宗子者，大宗子也。子弟亦謂適子。猶，若也。歸器，子弟有功德而蒙上歸遺也。獻其上，以上等獻於宗子也。非所獻，非宗子所當用，不可獻者也。富者貴也，賢者善也。獻於宗子，致祭大宗也。夫宗子者，承祖之正體也。敬宗所以尊祖也，孝之至也。屏貴勢，尚寡約，所以敬宗也。獻上用次，所以尊宗子也。非所獻而不入，所以尊之也。夫婦齊而宗敬，齊戒往助祭，致敬宗廟也。私祭，祖禰也。先宗祭而後私祭，所以敬始祖也，推祖禰之意於始祖也。

○內則：國君世子生，告于君，接以太牢，宰掌具。三日，卜士負之。吉者宿齊，朝服寢門外，詩負之。射人以桑弧、蓬矢六，射天地、四方。保受乃負之。宰醴負子，賜之束帛。

臣若水通曰：國君之於世子也，接見以太牢，牲之大也；掌禮以太宰，官之尊也。卜士之吉者齊宿，朝服必於寢門外，而詩負之。詩者，承也，承負以抱，又人之賢也。射以桑弧蓬矢，射天地、四方者，示志也。宇宙內事，即己性分內事也。保母受而負之。宰醴，賜以束帛，重其事也。蓋以太子者，國天下之本也，而可忽哉？若周幽王廢嫡立庶，卒召驪山之變；齊桓公會衆定襄，遂善首止之盟。嗚呼！聖人定王世子之法於三代之前，而後世猶有巫蠱之冤、庶人之廢，可慨矣夫！

○喪服小記：「庶子不祭祖者，明其宗也。」又曰：「庶子不祭禰者，明其宗也。」

臣若水通曰：庶子爲適士，猶得以祭禰，惟不及祖爾。其不爲士者，雖禰，亦不得祭矣。所以然者，適子本也，庶子支也，所以明重本也。臣嘗因是而考夫宗矣，曰「別子爲祖」，謂非適子而別與後世爲祖也。「繼別爲宗」，謂繼別子之適子，而爲百世不遷之大宗也。「繼禰者爲小宗」，謂別子之子以適自繼，而爲五世則遷之小宗也。夫宗法者，爲諸侯大夫庶子以下者設也。而諸侯之系、天子之統，君也，不必言宗而已爲宗矣。故宗廟、宗人之稱，亦可以類見矣。

○周禮：九嬪掌婦學之法，以教九御婦德、婦言、婦容、婦功，各帥其屬，而以時御叙於王所。

臣若水通曰：婦德者，貞順也；婦言者，辭令也；婦容者，婉娩也；婦功者，絲枲也。各帥其屬，九九相次，進勸王息也。御者，進御於君所也。凡羣妃進御之法，卑者先，尊者後。女御八十一人，當九夕。世婦二十七人，當三夕。九嬪九人，當一夕。三夫人當一夕，后當一夕。十五日而徧，皆所以進養君德也。而有數焉，所以定其嫡庶之分也。聖人之教，天下之大防也。

○左傳桓公十八年：周公欲弑莊王而立王子克。辛伯告王，遂與王殺周公黑肩，王子克奔燕。初，子儀有寵於桓王，桓王屬諸周公。辛伯諫曰：「並后，匹嫡，兩政，耦國，亂之本也。」周公弗從，故及。

臣若水通曰：嫡庶正則家理而國本定矣。子儀有寵於桓王，私也；桓王屬諸周公，則又私矣。爲周公者，雖微辛伯之諫，猶當深明嫡庶之分，以止禍亂之源，庶或可及。諫既弗聽矣，且欲淫焉以逞，雖欲不亡，不可得已。

○莊公八年：齊侯使連稱、管至父戍葵丘。瓜時而往，曰：「及瓜而代。」期戍，公問不至。請代，弗許。故謀作亂。僖公之母弟曰夷仲年，生公孫無知，有寵於僖公，衣服禮秩如適。襄公絀之，二人因之以作亂。

臣若水通曰：仲年，僖公之同母弟，則襄公之叔父也，生公孫無知，則襄公弟也，嫡庶之分定矣。然而衣服禮秩僭於嫡，猶以私愛致亂。襄公雖欲絀而救正之，是不正其本而齊其末，禍亂至矣，非僖公啓之哉？人君鑒此，可不戒乎。

○莊公二十八年：晉獻公娶于賈，無子。烝於齊姜，生秦穆夫人及太子申生。又娶二女於戎，大戎狐姬生重耳，小戎子生夷吾。晉伐驪戎，以驪姬歸，生奚齊，其娣生卓子。驪姬嬖，欲立其子，賂外嬖梁五與東關嬖五，使言於公曰：「曲沃，君之宗也。蒲與二屈，君之疆也，不可以無主。宗邑無主則民不威，疆埸無主則啓戎心。戎之生心，民慢其政，國之患也。若使太子主曲沃，而重耳、夷吾主蒲與屈，則可以威民而懼戎，且旌君伐。」使俱曰：「狄之廣莫，於晉爲都。晉之啓土，不亦宜乎？」晉侯説之。夏，使太子居曲沃，重耳居蒲城，夷吾居屈。羣公子皆鄙，唯二姬之子在絳。二五卒與驪姬譖羣公子而立奚齊，晉人謂之「二五耦」。

臣若水通曰：君心之蠱，非人能蠱之也，乃自蠱也。木之蠹，非蟲能蠹之也，乃木自蠹也。太子奉冢祀社稷之粢盛，以朝夕視君膳者也。太子出之外，羣公子皆鄙，唯二姬之子在絳，則嫡庶不正，彝倫攸斁，禍亂將作，人心天理之明，孰不知之者。晉獻惑於二五之言而不悟，咎將誰執哉？然則所謂「二五耦」者，非二五得耦之也，晉獻自耦之也。

○昭公二十六年：九月，楚平王卒。令尹子常欲立子西，曰：「太子壬弱，其母非適也，王子建實聘之。子西長而好善。立長則順，建善則治，王順國治，可不務乎？」子西怒曰：「是亂國而惡君王也。國有外援，不可瀆也。王有適嗣，不可亂也。敗親、速讎、亂嗣不祥。我受其名，賂吾以天下，吾滋不從也，楚國何爲？必殺令尹。」令尹懼，乃立昭王。

臣若水通曰：令尹子常之欲立子西者，以其長也，以其好善也，則非私於子西也，顧未明重嫡之義爾。而子西乃峻拒之，不敢貪天以爲功，且挈國柄而授之。昭王因之改紀其政，以復楚業，亦賢矣哉！可以爲世勸也已。

○國語周語：魯武公以括與戲見王，王立戲，樊仲山父諫曰：「不可立也！不順必犯，犯王命必誅。夫下事上、少事長，所以爲順也。今天子立諸侯而建其少，是教逆也。若魯從之而諸侯傚之，王命將有所壅。若不從而誅之，是自誅王[一]命也。」

臣若水通曰：武公，獻公之子敖也。括，武公長子伯御也。戲，括弟懿公也。仲山父，王卿士，食采於樊。王命言先王立長之命。夫嫡庶之分，不可毫髮紊者也。故王者正宗立嫡，所以息爭。苟舍長建少，是犯王命而紊分矣。王欲立戲而樊仲山父之諫九復而不回，誠非爲宗社計者也。家天下者，可不慎乎。

○漢高帝二年秋七月，上寵戚姬，生趙王如意。上以太子仁弱，欲廢之而立趙王。大臣爭之，皆莫能得。御史大夫周昌廷爭之彊，上問其說，昌爲人吃又盛怒，曰：「臣口不能言，然臣期期知其不可。陛下欲廢太子，臣期期不奉詔。」上欣然而笑。

臣若水通曰：傳云：「溺愛者不明。」太子國本，本動國摇。夫人能知之，以高帝之智，曾不之知乎？戚姬之愛溺之也。周昌極諫而不能去其心之鴆毒，苟非留侯四皓之策，則漢之爲漢，猶秦之二世爾，可懼哉。

○漢武帝征和二年，生戾太子，甚愛之。及長，性仁恕温謹。上嫌其才能少，不類己，皇后、太子寵寖衰，有不自安之意。上覺之，謂大將軍青曰：「漢家庶事草創，加以四夷侵陵中國，朕不變更制度，後世無法；不出師征伐，天下不安。爲此者，不得不勞民。若後世又如朕所爲，是襲亡秦之跡也。太子敦重好静，必能安天下，欲求守文之主，安有賢於太子者乎？聞皇后與太子頗有不安之意，可以意曉之。」青頓首謝。

臣若水通曰：父子之愛，天性也，於是而不用其情，烏乎用其情？武帝嫌戾太子才不類己，與后寵愛寖衰，而不知嫡庶之定分，則其欲易之根已萌伏於中矣。及后、太子不自安，乃爲好言以餂之，豈其情乎？此讒譖之謀所以易入，而太子危矣。

○漢光武建武十九年，郭后既廢，太子彊意不自安。郅惲説太子曰：「久處疑位，上違孝道，下近危殆，不如辭位以奉養母氏。」太子從之，數因左右及諸王陳其懇誠，願備藩國。上不忍，遲回者數歲。六月戊申，詔曰：「春秋之義，立子以貴，東海王陽，皇后之子，宜承大統。皇太子疆崇執謙退，願備藩國，父子之情，重久違之，其以疆爲東海王，立陽爲太子，改名莊。」

臣若水通曰：禮，嫡子冠乎阼，衆子不得與，所以辨嫡庶、明尊卑、定國本也。光武不世出之主，而乃溺其私愛，輕於廢后易嫡，曾是以爲燕翼貽謀之善乎？呂祖謙謂其「大體却遺」，其以此夫。袁宏曰：「東海謙恭，明帝友于。」是亦不能三年之喪而緦小功之察者歟。

○晉元帝建武元年，有司請立太子。王愛次子宣城公裒，欲立之，謂王導曰：「立子當以德。」導曰：「世子、宣城俱有明〔二〕雋之美，而世子年長。」王從之。丙辰，立世子紹爲王太子，封裒爲瑯邪王，奉恭王後。

臣若水通曰：告君之言當正而婉，故君易知而不得不從。晉元欲立宣城公裒者，其溺於愛也非淺矣。宜正大義婉而進之也。王導之諫，槩稱裒之美，而於紹特云年長爾，未能白嫡庶之大義，使不可易。其從之立紹者幸爾，非諫之力也。然而明敏有斷，克復帝業，紹亦何愧哉。

○隋文帝仁壽四年，嘗謂羣臣曰：「前世天子溺於嬖幸，嫡庶紛爭，遂有廢立，或至亡國。朕旁無姬侍，五子同母，可謂真兄弟也，豈有此憂邪？」帝又懲周室諸王微弱，故使諸子分據大鎮，專制方面，權侔帝室。

臣若水通曰：莫定於名分，莫紛争於僭擬，而産之同異不與焉。隋高祖懲前世嫡庶紛争之患，謂諸子同産無此憂，顧乃使諸子分據大鎮，非僭擬而何？惟嫡庶之義明則分定，分定則不僭，雖在異母兄弟，猶無憂也。厥後譖毁由姫，廢立以意，顧以誚前世者爲後世誚，悲夫！

校記：

〔一〕「王」，嘉靖本作「正」。

〔二〕「明」，嘉靖本作「朗」。

聖學格物通卷之三十三

正嫡庶下

○唐太宗貞觀十六年八月，帝曰：「當今國家何事最急？」褚遂良曰：「今四方無虞，唯太子諸王宜有定分最急。」帝曰：「此言是也。」時太子承乾失德，魏王泰有寵，羣臣日有疑議。帝聞而惡之，謂侍臣曰：「方今羣臣忠直，無踰魏徵。我遣傅太子，絶天下之疑。」九月，以徵爲太子太師。時徵有疾小愈，當詣朝，表辭。帝手詔諭以周幽、晉獻廢嫡立庶，危國亡家，漢高祖幾廢太子，賴四皓然後安。我今賴公，即其義也，知公疾病，可卧護之。徵乃受詔。

臣若水通曰：與子定於立嫡，傳子以嫡，天下之達禮也。故有君薨而世子未生之禮，植遺腹、朝委裘，而天下不亂者，以名分素明而民志定也。唐太宗既立承乾爲太子，當矣。猶選魏徵以輔導之，定名分、塞亂源，庶固不敢以僭嫡，孽且不得以代宗也。承乾失德，魏王有寵，正嫌疑之秋，宜善處，兩全恩義，嫡庶之分，不於是而正乎！魏徵素負忠直，未聞善處之計，亦獨何哉。

○唐太宗貞觀十六年，褚遂良上疏，以爲：「聖人制禮，尊嫡卑庶。世子用物，不令與王者共之。庶子雖愛，不得踰嫡。所以塞嫌疑之漸，除禍亂之源也。若當親者疏，當尊者卑，則佞巧之姦乘機而動矣。昔漢竇太后寵梁孝王，卒以憂死。宣帝寵淮陽憲王，亦幾至於敗。今魏王新出閤，宜示以禮則，訓以謙儉，乃爲良器。此所謂聖人之教，不肅而成者也。」上從之。

臣若水通曰：褚遂良進太子諸王宜有定分之説，太宗固是之矣。使於此大正嫡庶之分，以消太子之疑忌，絶魏王之窺覦，則禍亂自此息矣。奈何溺於私愛不能自克，卒之承乾既廢，泰亦不立，因著定法，以爲太子失道、藩王窺伺者之戒，於失之中又有得焉。司馬光曰：「太宗不以天下大器私其所愛，以杜禍亂之原，可謂能遠謀矣。」人君正家之道，可不謹哉。

○唐肅宗正德元載，建寧王倓性英果，有才畧，從上自馬嵬北行，兵衆寡弱，屢逢寇盜，倓自選驍勇，居上前後，血戰以衛上。上或過時未食，倓悲泣不自勝，軍中皆屬目向之。上欲以倓爲天下兵馬元帥，使統諸將東征。李泌曰：「建寧誠元帥才，然廣平兄也。若建寧功成，豈可使廣平爲吳太伯乎？」上曰：「廣平，冢嗣也，何必以元帥爲重？」泌曰：「廣平未正位東宮，今天下艱難，衆心所屬在於元帥，若建寧大功既成，陛下雖欲不以爲儲副，同立功者其肯已乎？太宗、上皇即其事也。」上乃以廣平王俶爲天下兵馬元帥，諸將皆以屬焉。

臣若水通曰：嫡庶之分，不可以不正。肅宗溺愛建寧王，欲以爲天下兵馬元帥，廢立之幾已萌矣。賴李泌一言，遂屬廣平王俶，嫡庶之倫於是定矣。泌之有功於唐，其不大矣哉。

○唐憲宗元和七年秋七月乙亥，立遂王宥爲太子，更名恒。恒，郭貴妃之子也。諸姬子澧王寬長於恒，上將立恒，命崔羣爲寬草讓表。羣曰：「凡推己之有以與人謂之讓。遂王，嫡子也，寬何讓焉？」上乃止。

臣若水通曰：立子以嫡不以長，天之理也。憲宗以澧王寬長於恒而以爲讓，是名實紊矣，天理何在焉？是故爲人君者，必明於嫡庶之定分，不蔽於私意以開亂階可也。

○唐宣宗大中十三年六月，初，帝長子鄆王溫無寵，居十六宅，餘子皆居禁中。

夔王滋，第三子也，欲以爲嗣。爲其非次故，久不建東宫。帝餌醫官李玄伯、道士虞紫芝、山人王樂藥，疽發於背。八月，疽甚，宰相及朝臣皆不得見。帝密以夔王屬樞密使王歸長、馬公儒，宣徽南院使王居方，使立之。三人及右軍中尉王茂玄，皆帝平日所厚也。獨左軍中尉王宗實素不同心。三人相與謀，出宗實爲淮南監軍。宗實已受敕於宣化門外，將自銀臺門出。左軍副使亓元實謂宗實曰：「聖人不豫踰月，中尉止隔門起居，今日除改，未可辨也。何不見聖人而出？」宗實感悟，復入，諸門已踵故事增人守捉矣。元實翼導宗實直至寢殿，帝已崩，東首環泣矣。宗實叱歸長等，責以矯詔，皆捧足乞命。乃遣宣徽北院使齊元簡迎鄆王。壬辰，下詔立鄆王爲皇太子，權勾當軍國政事，仍更名漼，收歸長、公儒、居方，皆殺之。癸巳，宣遺制，以令狐綯攝冢宰。

臣若水通曰：商周有道之長，以太子之名分早定，而伊、召之付託得人也。齊桓定嗣於易牙而國大亂，其勢使之然也。唐宣宗於嫡庶之義，以溺愛而不早定矣，及顧命託遺之寄，不畀之大臣而以委之宦寺，爲付託得人乎？易牙之事可鑒矣。卒之刀鋸相殘，廢立在手，數世不已，遂以亡，唐宣宗安得而逭其責哉？後之爲人君者，尚深懲於斯云。

○唐僖宗文德元年三月壬寅，帝疾大漸，皇弟吉王保長而賢，羣臣屬望。十軍觀軍容使楊復恭請立其弟壽王傑。是日下詔，立傑爲皇太弟，監軍國事。

臣若水通曰：宋臣范祖禹云：「懿宗之崩，中官廢長而立幼。僖宗疾革，楊復恭亦如之。」臣謂宦豎之計，惟利於立昏與幼而已。主昏且幼，則天憲在口，賞罰在意，威權在手，可以逞矣。然不知煬帝既滅，世基亦亡，蓋未有不反中其身者也。定策國老，門生天子，則亦何賴之有。

○後唐莊宗同光元年四月己巳，即皇帝位。尊母晉國太夫人曹氏爲皇太后，嫡母秦國夫人劉氏爲皇太妃。

臣若水通曰：風化之本，始於閨門。明嫡庶之分，正尊卑之等，風化之所由行也。莊宗尊其母爲皇太后，而以嫡母爲皇太妃〔一〕，嫡妾之分亂矣，何以正天下乎？嗚呼！嫡妾並后然且不可，而況於倒置邪？宜帝之不終也。

○後唐明宗天成三年，吳史館脩撰張昭遠上言，有曰：「古者人君即位則建太子，所以明嫡庶之分，塞禍亂之源。今卜嗣建儲臣未敢輕議，至於恩澤賜與之間，昏姻省侍之際，嫡庶長幼宜有所分，示以等威，絕其僥冀。」帝賞歎其言而不能用。

臣若水通曰：嫡庶之分，不可不明也。所謂明者，明之於素，辨等威、絶嫌疑，皆起於恩賜、昏姻、省侍之小也。等威之小不辨，禍亂之大所由起也。張昭遠之言，蓋深有所感而然爾。帝歎賞其言而不能用，所謂悦而不繹者歟。

○南唐齊王璟固辭太子。九月乙丑，唐主許之，詔中外致牋如太子禮。

臣若水通曰：太子係國家之安危，非一身之榮辱而已，當立則立，謀之固非，辭之亦未爲是也。唐主許之，其必意有所在邪？璟之辭，亦必有以也。

○後晋高祖天福七年，漢高祖寢疾，以其子秦王弘度、晋王弘熙皆驕恣，少子越王弘昌孝謹有智識，與右僕射兼西御院使王翷謀，出弘度鎮邕州、弘熙鎮容州，而立弘昌。制命將行，會崇文使蕭益入問疾，以其事訪之。益曰：「立嫡以長，違之必亂。」乃止。

臣若水通曰：益所謂「立嫡以長，違之必亂」，此萬世之蓍龜也。漢主舍嫡立庶之計決矣，非蕭益引經據義言之，則漢之亂豈不慘哉。

○後晋齊王天福八年，唐宣城王景達剛毅開爽，烈祖愛之，屢欲以爲嗣，宋齊丘亟稱其才，唐主以齊王璟年長而止，璟以是怨齊丘。唐主幼子景遏，母种氏有寵，齊王璟母宋皇后稀得進見。唐主如璟宮，遇璟親調樂器，大怒，誚讓者數日。种氏乘間言景遏雖幼而慧，可以爲嗣。唐主怒曰：「子有過，父訓之，常事也。國家大計，女子何得豫知？」即命嫁之。

臣若水通曰：唐主沮种氏奪嫡之謀，而且嫁之，史稱其明斷。嗚呼！真可謂明斷矣。夫以漢高帝之明，尚溺於戚姬之愛而欲易太子。向非留侯招四皓之功，大事去矣。孰謂五代之君，乃有如烈祖者哉。蓋其天資之美，所行偶合乎義者若此，使得聞聖賢之學，其所立豈止若是而已邪？

○班固白虎通曰：君薨，適夫人無子，有育遺腹，必待其產立之何？尊適重正也。

臣若水通曰：立嫡以長，古今不易之道也。遺腹尚俟其產，而況其已生者乎。

○宋神宗元豐八年春正月，帝疾甚。羣臣請立皇太子及請皇后高氏權同聽政，許之。三月甲午朔，立延安郡王傭爲皇太子，賜名煦。先是岐王顥、嘉王頵日問起居，太后既垂簾，命二王毋輒入，且陰敕中人梁惟簡製十歲兒一黄袍，懷以來，蓋密爲踐祚倉卒備也。初，太子之未立也，職方員外郎邢恕與蔡確成謀，密語太后之姪高公繪、公紀曰：「上疾不可諱，延安幼沖，宜早有定論。岐、嘉皆賢王也。」公繪驚曰：「此何言？君欲禍吾家邪？」恕知計不行，反宣言太后屬意岐王，而與王珪表裏。導確約珪入問疾，陽鉤致珪語，使知開封府蔡京伏劒士於外，須珪小持異則執而誅之。既而珪言：「上自有子，定議立延安。」恕益無所施，及太子已立，猶與確自謂有定策功，傳播其語於朝。

臣若水通曰：記云「凡事預則立」，況太子天下之本乎，不可不預爲之所也。高太后定志延安，預爲之備，敕岐、嘉二王毋得輒入。及延安正位，人人自安，其爲宗社之計大矣。若西漢高帝溺於戚姬，幾紊乎嫡庶之倫，不免爲高太后之罪人也。若邢恕者，又爲忠臣之罪人也。

○宋儒程頤曰：古所謂支子不祭者，惟使宗子立廟，主之而已。支子雖不得祭，至於齋戒致其誠意，則與主祭者不異，可與則以身執事，不可與則以物助，但不別立廟爲位行事而已。後世如欲立宗子，當從此義。雖不祭，情亦可安。若不立宗子，徒欲廢祭，適足長惰慢之志，不若使之祭，猶愈於已也。

臣若水通曰：宗子者，祖禰之正體也。故祭以宗子主之，欲正體之精神感格也。然支子齋戒助物，以致其誠意焉，則亦如祭也矣。

○張載理窟曰：宗子者，爲宗主祭祀。宗子爲士，庶子爲大夫，以上牲祭於宗子之家。非獨宗子爲士，爲庶人亦然。

臣若水通曰：祭必宗子者，尊宗也，尊宗所以尊祖也。雖大夫之貴，不敢干焉。其嫡庶之分嚴矣，爭奪之禍何由生乎？

○朱熹曰：妻齊體於上，妾接承於下，而嫡庶之分定者，家之齊也。

臣若水通曰：家道之不正者，多起於妻妾之無分也。是故嫡庶明，則家可齊矣。況天子者天下之主，正家以正天下者，豈不尤當謹乎。

○潛室〔二〕陳植曰：宗法爲諸子之庶子設，恐其後流派寖多，姓氏紛錯，易至殽亂，故於源頭有大宗以統之，則人同知尊祖。分派處有小宗以統之，則人各知敬禰。且始封之君，其適子襲封，則庶子爲大夫，大夫不得以禰諸侯，故自別爲大夫之祖，是謂「別子爲祖」也。別子之適子則爲大宗，使繼其祖之所自出。從此直下，適子世爲大宗，合族同宗之，是謂「繼別爲宗」也。別子之庶子又不得以禰別子，却待其子繼之而自別爲禰。繼禰者遂爲小宗。凡小宗之適子服屬未盡，常爲小宗。凡小宗之庶子又別爲禰，而其適子又各爲小宗。兄弟同宗之謂繼禰，爲小宗是也。大宗是始祖正派下，雖其後支分派別，皆同宗此祖，則合族皆服齊衰九月，初不以親屬近遠論，是爲百世不遷之宗。小宗是禰正派下，親盡則絶。如繼禰者，親兄弟宗之，爲之服期。繼祖者，則從兄弟宗之，爲之服大功。繼曾祖者，再從兄弟宗之，爲之服小功。繼高祖者，三從兄弟宗之，爲之服緦。自此以後，代常遷一代，是爲五世則遷之宗。宗法之立嫡長之尊，有君道焉。大宗所以統其宗族，凡合族中有大事，當稟大宗而後行。小宗所以統其兄弟，如同禰者有大事，則同禰之兄弟當稟繼禰之小宗而後行。一族之中，大宗只是一人，小宗儘多。故一人之身從下數至始祖，大宗惟一，數至高祖，小宗則四。此古者宗族人情相親，人倫不亂，豈非明嫡庶之分，有君臣之義，由大宗、小宗之法而然歟。

臣若水通曰：宗法不立，則不免世遠殽亂之弊。故立大宗以統之，則人知尊其祖矣。立小宗以統之，則人知敬其禰矣。是故宗法有嫡庶之分焉，有君臣之義焉，有愛敬之道焉，不可不慎也。後之君子，其毋以宗法爲輕哉。

〇元許衡曰：有家有國，所以立嫡嗣無所争者，出於無爲而分定故也。如走兔在野，人競逐之；積兔在市，過而不顧。此之謂分定。

臣若水通曰：兔一也，在野則人競逐，在市則人不顧。何也？分之定與否故也。同一家國也，嫡不立則人起覬覦之心，嫡既立則人有安分之意者，何也？預定與不預定之驗也。許衡無爲而分定之論，不可易矣。

校記：

〔一〕「妃」，原作「紀」，據嘉靖本改。

〔二〕「潛室」，嘉靖本無。

聖學格物通卷之三十四

事親長上

○易蠱：六五，幹父之蠱，用譽。象曰：幹父之蠱，承以德也。

臣若水通曰：山下有風，回而撓，物壞亂，有蠱壞之義。然五以尊爲蠱之主，而以柔中與九二剛中之臣應，能治蠱者，故爲幹前人之蠱。蠱者，前人之墜緒，待其後而振者也。六五之君，當蠱之時也，脩廢舉墜而一新之，其蓋父之愆，善繼而成令名者也。象又釋其義云，非五之自能如此也，虛心應九二之賢，承之以剛中之德，輔相之功也。如成王、太甲，皆用賢而致譽者也。故天下之才，孰非人君之才？不用人而自用，則蠱日深矣。六五其明於用人，而孝於事親者歟？

○家人彖傳：家人有嚴君焉，父母之謂也。

臣若水通曰：凡人之心，必有所主而嚴憚，乃能自治。有天下者，天下之主也。有一家者，一家之主也。父母以主乎一家，有君道焉，家人之所取則焉者也。嚴而敬之，則倫理正、恩義篤，而家道理矣。不然，情勝禮、恩勝義，而家道亂矣。善事其親者，事之如事君，則父母之命行，而一家無不率者矣，家其有不齊耶？

○書虞書堯典：瞽子。父頑，母嚚，象傲。克諧，以孝烝烝，乂不格姦。

臣若水通曰：此四岳稱舜之孝友，以告帝堯也。瞽者，無目之名，舜父號瞽瞍。母，舜後母也。頑者，心不則德義之經。嚚者，口不道忠信之言。象，舜後母弟也。傲，驕慢也。諧，和也。烝，進也。乂，治也。格，至也。「克諧，以孝烝烝，乂不格姦」者，言舜遭父母、兄弟之變，而能和順之，以孝道使之進進，以善自治而不至於爲大姦惡也，所謂允若底豫是已。觀此可見天下無不可事之親，顧吾所以事之者未若舜爾。臣愚竊以爲大舜之心，當時惟自見其實有未盡分處爾，非心知其親之不是而姑若是順從也。昔羅從彦語云：「舜只爲天下無不是底父母。」陳瓘聞而善之曰：「惟如此而後天下之爲父子者定。」彼臣弑其君，子弑其父者，嘗始於見其有不是處爾。」此言足以深明舜之心事，後之欲盡孝弟之道，以法堯舜者，當熟玩之。

○商書伊訓：立愛惟親，立敬惟長，始于家邦，終于四海。

臣若水通曰：此太甲新嗣位，伊尹告之之言也。立，植也。立愛於天下，使天下之人各愛其親者，必自吾之親始。立敬於天下，使天下之人各敬其長者，必自吾之長始。所謂老吾老以及人之老，長吾長以及人之長也。始于家，達于國，終而措之天下矣。夫家邦四海之人，可謂衆矣，其於人君，勢若相懸矣，然感之而無不應者，何也？以其心同也。孝弟，人之真心，所不慮而知，所不學而能，所謂良知良能者也。是心也，放之四海而準。故君人者可不盡之于心，行之于家，而達之于國、于天下乎！

○周書君陳：惟爾令德孝恭，惟孝友于兄弟，克施有政。

臣若水通曰：此書君陳篇，成王命君陳之言也。君陳，臣名。令，善也。善事親曰孝，善事上曰恭。成王言君陳有令善之德，事親孝，事上恭。又言惟其孝友於家，是以能施政於邦也。臣謂政也者，正也。故能孝則可以正一國之孝矣，能恭則可以正一國之恭矣。成王即其孝友于家，而知其必能施政於邦者，家國無二理，齊治無二機也。孔子曰：「居家理，故治可移於官。」且管、蔡之監殷也，惟其不孝不友，故至爲逆亂不順之事。今君陳孝友如此，其能代周公化訓殷民，格其舊染之俗而一新之，必矣。此東郊之命成王所以拳拳以屬於孝弟之君陳也。漢之賢主，詔求孝弟力田之人，蓋猶有古人之遺意也。後之人君，用人化俗，必求如君陳孝弟之人，而使之毋汲汲於利口嗇夫也乎。

○詩小雅小宛：題彼脊令，載飛載鳴。我日斯邁，而月斯征。夙興夜寐，無忝爾所生。

臣若水通曰：題，視也。脊令，鳥名。飛鳴相顧，以比兄弟也。邁、征，皆往也。而，汝也。此大夫遭亂，而兄弟相戒之詩也。言我視彼脊令之鳥，且飛且鳴而相顧矣。今我日斯邁，而汝亦月斯征矣。當夙興夜寐，不遑暇逸，以求無忝父母所生之性，勿自取於禍可也。爲此詩者，其知事親之道乎！曰日斯邁、月斯征、夙興夜寐而無忝者，則其愛親之誠，雖以終身可矣。蓋慮日月之征邁，而夙夜之興寐者，惟求無忝所生爾。父母之於子，一氣而已，氣一則理一。是理也，即天之命也，人之性也，純粹至善，天地萬物一體而無間者也。父母全而生之，子全而歸之，乃爲克肖，克肖乃爲無忝。故宇宙性分苟有一之未盡，則吾心不能無愧於父母之所生者，是得爲全歸乎？故必日斯邁，日而乾乾；月斯征，月而乾乾；夙興夜寐，夙夜乾乾。自強不息，及天游衍。自一念以至於萬事，以至於萬物，以至於天地，無一而不求盡吾此心此理，以復吾父母所生之性，則無愧於天地[一]，無忝於父母矣。雖然，大君猶父母宗子，民胞物與，其責又有大焉者。故或行一不義，殺一不辜，一民之未安，一物之失所，天高地下一行不得其序，皆其性分之有闕，有忝於父母、宗子矣，可不念哉。

○大雅行葦：曾孫維主，酒醴維醹。酌以大斗，以祈黃耇。黃耇台背，以引以翼。壽考維祺，以介景福。

臣若水通曰：曾孫，主祭者之稱。主，謂主祭也。醹，厚也。大斗，勺五升，徑六寸，柄長三尺，蓋用挹酒以注於尊。黄耇，老也，背有鮐文。行葦，所以燕父兄也。觀其既燕以燕之，射以樂之，末復祝頌之，曰：「主祭之曾孫，燕飲之酒厚矣。以大斗酌此酒，祈其壽考。又引導翼輔之，享壽考而維祺吉，以介景福也。」蓋不徒愛敬之而已，必欲其相與引導輔翼，以進脩於德業。德業脩，則所以享壽年，而大祺福者無窮，而愛敬之者亦無窮矣。故行葦者，其得親親之道乎！至於後世，此義不明，故漢之文帝亦可謂能篤於親親者矣。然恩有餘而義不足，縱之過而防或疏，卒之淮南諸王不能保全，蓋不知此詩之義爾。故有國家者，能篤親親之恩，必求保終之道。德業相勸，是乃保終之道也。

○春秋桓公九年：冬，曹伯使其世子射姑來朝。

臣若水通曰：曹伯身當疾革，而遣儲副以聘魯，曹宣固不父矣。使射姑能子，將必裁之以義也。顧乃供事魯庭，舍藥膳而不視焉。雖有當享之嘆，果何及耶？阿意曲從，庸得爲孝乎？

○僖公八年：秋七月，禘于太廟，用致夫人。

臣若水通曰：太廟者，魯周公廟也。成風，僖公之母也。周公，臣爾。禘以天子之禮可乎？成風，妾爾，尊爲夫人可乎？使周公、成風而有知焉，吾知其不享矣。是知生事葬祭一當以禮，不以非所得而加之，乃爲孝也。

○禮記曲禮：凡爲人子之禮，冬温而夏凊，昏定而晨省，在醜夷不争。

臣若水通曰：温以禦寒，凊以致凉，定其衽席，省其安否，所以安親也。醜，類也。夷，等也。不争，思辱親也。可謂孝矣。

○曲禮：夫爲人子者，出必告，反必面，所遊必有常，所習必有業，恒言不稱老。年長以倍，則父事之。十年以長，則兄事之。五年以長，則肩隨之。群居五人，則長者必異席。

臣若水通曰：告，謂告親以所往也。反者，還也。面者，見親也。有常，有定處也。異席者，席容四人，若五人則長必别一席也。夫人子之事親，出入告面，敬之至矣。遊必有常，謹之至矣。習有恒業，孝之至矣。立身行道，顯其親矣。言不稱老，尊親之至矣。其父事、兄事、肩隨者，盈天地之間民胞物與，均之有父子之義也，均之有兄弟之義也。故其少長之序，天理然爾，異席所以長長也。

○曲禮：從於先生，不越路而與人言。遭先生於道，趨而進，正立拱手。先生與之言則對，不與之言則趨而退。從長者而上丘陵，則必鄉長者所視。

臣若水通曰：先生者，有齒德可師者也。步趨應接，主乎所尊也。進退語默，視乎所尊也，所以致尊敬之道也。向長者所視，所以候長者也。

○檀弓：事親有隱而無犯，左右就養無方，服勤至死，致喪三年。

臣若水通曰：有隱者，子爲父隱也。無犯者，不可犯親也。無方者，無一定之方，順親之情，不泥於一也。致者，極其哀毀之節也。

○内則：在父母舅姑之所，有命之，應唯，敬對。進、退、周旋慎齊，升、降、出、入揖遊。不敢噦噫、嚏咳、欠伸、跛倚、睇視，不敢唾洟，寒不敢襲，癢不敢搔。不有敬事，不敢袒裼，不涉不撅。褻衣衾不見裏。父母唾洟不見。冠帶垢，和灰請漱；衣裳垢，和灰請澣；衣裳綻裂，紉箴請補綴。五日則燂湯請浴，三日具沐。其間面垢，燂潘請靧。足垢，燂湯請洗。少事長，賤事貴，共帥時。

臣若水通曰：應之辭唯爲恭，旋轉而周也。齊，心之齊也。噦，嘔逆聲。噫，噫氣也。鼻有聲曰嚏。咳，嗽聲也。欠，氣之乏也。伸，體之疲也。跛，偏任也。倚，身倚物也。睇視，傾視也。洟，自鼻出者。襲，重衣也。袒裼，露臂，不敬事也。撅，攝也，不因涉水則不攝裳也。不見裏，爲其可穢也。孝子愛敬存於中，發於氣，形於動静，見於其衣服，孝敬之至也。不見，謂即刷除之也。漱、澣，皆洗也。紉箴，以線貫箴也。燂，温也。浴，洗身也。沐，洗髮也。其間，三日五日之間也。潘，淅米汁也。靧，洗面也。帥，循也。時，此禮也。潔親之體以及其親於體者，所以保養神氣，愛之至也。

○内則：曾子曰：「孝子之養老也，樂其心，不違其志，樂其耳目，安其寢處，以其飲食忠養之，孝子之身終。終身也者，非終父母之身，終其身也。是故父母之所愛亦愛之，父母之所敬亦敬之。至於犬馬盡然，而況於人乎。」

臣若水通曰：樂其心，諭於道，養其心也。不違其志，養其志也。樂耳目，安寢處，飲食忠養，養其體也。愛敬之至矣，然此不過終父母之身爾。愛親之所愛，敬親之所敬，終己之身焉可也。終親之身有窮也，終己之身無窮也，是之爲能繼其孝矣。

○内則：父母有過，下氣怡色，柔聲以諫。諫若不入，起敬起孝，説則復諫；不説，與其得罪於鄉黨、州閭，寧孰諫。父母怒，不説，而撻之流血，不敢疾怨，起敬起孝。

臣若水通曰：孝經云：「父有争子則親不陷於不義。」人子之諫親也，必孝敬以爲之本矣。和諫而不入，惟起孝敬焉，曰：我孝敬之未至也。熟諫而不悦，亦起孝敬焉，曰：我孝敬之未至也。是故孝敬者，諫父母之道也。爲人子者，可不務乎。

○祭義：孝子之有深愛者必有和氣，有和氣者必有愉色，有愉色者必有婉容。孝子如執玉，如奉盈，洞洞屬屬然，如弗勝，如將失之。嚴威、儼恪，非所以事親也，成人之道也。

臣若水通曰：孝子之愛根乎天性，所謂深也，然而誠矣。誠則著，著則形，由氣而色，由色而容，皆愛之著焉，誠之不可揜也。由是則如執玉、如奉盈，不敢肆也。洞洞然，直而通也；屬屬然，貫而續也。如弗勝、如將失之，不敢少忽也，敬之至也。愛所生也，愛以生敬，敬以成愛。愛而弗敬，其失也以恩掩義；敬而不愛，其失也嚴威儼恪。故愛敬兼致，而後孝道可盡也。何以爲成人之道也？夫孝者，不失其赤子之心者也。老萊子孝奉二親，斑衣戲綵於膝下，失跌爲嬰兒之啼以娛其親，忘乎其爲成人之老也。此其所以爲至孝乎！

○祭義：曾子曰：「孝有三：小孝用力，中孝用勞，大孝不匱。思慈愛忘勞，可謂用力矣。尊仁、安義，可謂用勞矣。博施、備物，可謂不匱矣。父母愛之，嘉而弗忘；父母惡之，懼而無怨。父母有過，諫而不逆；父母既沒，必求仁者之粟以祀之。此之謂禮終。」

臣若水通曰：用力者能養，能養，庶人之孝也。用勞者能弗辱，能弗辱，諸侯、卿大夫、士之孝也。德教加於百姓，刑于四海，天子之孝也。而四海之内，各以其職來助祭焉，故曰不匱，是之謂大孝。伏惟聖明推純孝之心以及天下，則光于四海，通于神明，天下幸甚。

○祭義：孔子曰：「父母全而生之，子全而歸之，可謂孝矣。不虧其體，不辱其身，可謂全矣。」

臣若水通曰：身者，父母之所遺，而萬物皆備，可謂全矣。唯聖人爲能踐形以全其歸，是故孝子一舉足而不敢忘父母，則游荒之欲不滋于左右矣。一出言而不敢忘父母，則喪邦之語不下于朝廷矣。天理流行，德教洋溢，而天地付與萬物皆備之全體，始無忝也。於此觀之，則知事親事天之道，豈外乎吾心而求之哉。

○論語：孟懿子問孝，子曰：「無違。」樊遲御，子告之曰：「孟孫問孝於我，我對曰無違。」樊遲曰：「何謂也？」子曰：「生，事之以禮；死，葬之以禮，祭之以禮。」

臣若水通曰：此聖人告懿子之問孝，蓋因三家之僭禮而發，然自天子以至於庶人，上下皆通也。禮者，朱熹曰「天理之節文」，臣謂天理則自有條理，便是節文，便是中正處，不可過，不可不及也。人之所以事親者，不合於天理中正，即不以君子之道待其親，雖欲尊親，實非所以尊親，不惟失所以尊親，亦不可以爲子矣。故聖人必合生事、葬祭始終而言之，以見不容一毫之或苟也。故胡氏曰：「人之欲孝其親，心雖無窮而分則有限，得爲而不爲與不得爲而爲之，均於不孝。」所謂以禮者，爲其所得爲者而已。然則事親可不講求於天理之正乎？

○孟子曰：天下大悦而將歸己，視天下悦而歸己，猶草芥也，惟舜爲然。不得乎親，不可以爲人；不順乎親，不可以爲子。舜盡事親之道，而瞽瞍底豫；瞽瞍底豫，而天下化；瞽瞍底豫，而天下之爲父子者定，此之謂大孝。

臣若水通曰：孔門之論孝多矣，孟子此章，又發出得親、順親一節如此。夫父子之愛天性也，乃人之真心，即所謂天理也。蓋天下悦而歸己，是亦可以樂矣，舜則視之如草芥之輕，所重者在父母。舜以爲若不得父母之歡心，則不可爲人；不論父母於道，則不可以爲子。舜父頑母嚚，嘗欲害舜，然舜惟積誠引咎，盡其道以事之，至於親亦底豫焉，感發其真心，蓋有以得其歡而順於道，而舜爲人子之心始可解矣。卒之天下之爲父子者，皆感發興起其同然之心，化於慈孝而止其所，而無不各有定。天下之人之孝，皆舜之孝也。此舜之孝所以爲大，足以法天下而傳後世也歟。昔羅從彦語此云：「只爲天下無不是底父母。」陳瓘聞而善之，曰：「惟如此，而後天下之爲父子者定。彼臣弒其君，子弒其父者，嘗始於見其有不是處爾。」然則後之事親者，其必以舜爲法乎。

○孝經曰：身體髮膚，受之父母，不敢毀傷，孝之始也。立身行道，揚名於後世，以顯父母，孝之終也。夫孝始於事親，中於事君，終於立身。

臣若水通曰：身體髮膚，親之遺體也。不敬其身則毀傷，毀傷則是傷其親也，豈得爲孝？故少而敬謹守身，不敢毀傷，孝由此始也。及壯而出仕以事君，則推父母之所生者以盡忠爾，故曰事君不忠非孝也，故爲孝之中。及其由少而壯、而老，體道於身而身立，則體父母所生而全歸，名於天下，傳於後世，是即父母所生之道傳名於後世，而孝道畢矣。

○左傳隱公元年：鄭伯寘姜氏于城潁，而誓之曰：「不及黃泉，無相見也。」既而悔之。潁考叔爲潁谷封人，聞之，有獻於公。公賜之食，食舍肉。公問之，對曰：「小人有母，皆嘗小人之食矣。未嘗君之羹，請以遺之。」公曰：「爾有母遺，繄我獨無！」潁考叔曰：「敢問何謂也？」公語之故，且告之悔。對曰：「君何患焉？若闕地及泉，隧而相見，其誰曰不然。」公從之。公入而賦：「大隧之中，其樂也融融。」姜出而賦：「大隧之外，其樂也洩洩。」遂爲母子如初。君子曰：「潁考叔純孝也，愛其母，施及莊公。詩曰：『孝子不匱，永錫爾類。』其是之謂乎。」

臣若水通曰：父子之愛，天性根於心而不可解者也。莊公以叔段之故遂寘其母，私欲蔽之也。既而悔焉，天理之不容泯滅也。考叔因其善端而開發之，蓋亦因其所固有者而擴充之爾，非莊公所本無而考叔能錫與而外益之也。雖然，考叔純孝人也，事親孝故忠可移於君，然則人君欲孝其親者，可不講學以擴充之乎？故曰：「苟能充之，足以保四海。」此又孝之大者。

○昭公十九年：夏，許悼公瘧。五月戊辰，飲太子止之藥，卒。太子奔晉。書曰弒其君。君子曰：「盡心力以事君，舍藥物可也。」

臣若水通曰：禮：「父母疾，飲藥，子先嘗之。」季康子饋藥，孔子受之而不敢嘗，謹疾故也。父母惟其疾之憂，況人子養親之疾乎。原止之進藥也，未必有弒親之心，其卒也以飲止之藥，止弒之也。既曰無之，哀慟以自絕可也，奔晉何爲？故人子之事親，飲食起居無一而不致其敬謹焉爾，否則止之罪有所必至，何以逃於天地之間乎？

○定公五年：葉公諸梁之弟后臧從其母於吴，不待而歸，葉公終不正視。

臣若水通曰：葉公之於后臧，同母兄弟也，母同則恩同者也。吴入楚，獲母而去，獨后臧爲可從哉？比其反也，棄母不顧，后臧固不孝矣，葉公不義其弟，弟獨無辭乎！

○國語魯語：夏父弗忌爲宗，烝，將躋僖公。宗有司曰：「非昭穆也。」曰：「我爲宗伯，明者爲昭，其次爲穆，何常之有？」有司曰：「夫宗廟之有昭穆也，以次世之長幼，而等胄之親疏也。夫祀，昭孝也。各致齊敬於其皇祖，昭孝之至也。」

臣若水通曰：弗忌，魯大夫，夏父展之後。宗伯，掌國祭祀之禮。烝，祭也。僖，閔之兄，繼閔而立。躋僖公，逆祀也。宗有司者，宗人官之有司也。父爲昭、子爲穆。僖爲閔臣，臣子一例而升閔上，故曰非昭穆也。明，言僖有明德也。長幼，先後也。等，齊也。皇，大也。夫逆祀，非禮也，非禮之祀，神必不享。夫神不享，猶不祀也，可以爲孝乎？夏父弗忌爲宗，烝將躋僖公，其亦不知孝子享親之道矣。展禽謂後必有殃，誠不可逭。主祀昭孝者，可不念哉。

校記：

〔一〕「地」，原作「下」，據嘉靖本改。

聖學格物通卷之三十五

事親長下

○漢明帝永平十七年春正月，上當謁原陵，夜夢先帝、太后如平生歡。既寤，悲不能寐。即按曆明旦日吉，遂率百官上陵。其日降甘露於陵樹，帝令百官采取以薦會。

臣若水通曰：晝之所思，夜之所夢。顯宗當齊戒謁陵之時，必有居處笑語之思，故其形於夢寐者如此。甘露之降，謂非孝誠之感通而何哉？顯宗由此念而擴充之，老吾老以及人之老，長吾長以及人之長，天下可運於掌矣，惜乎其不能也。謹附此義，以爲明君仁孝治天下者告。

○漢安帝建光元年初，汝南薛包，少有至行。父娶後妻而憎包，分出之，包日夜號泣不能去，至被敲撲。不得已，廬於舍外，旦夕灑掃。父怒，又逐之，乃廬於里門，晨昏不廢。積歲餘，父母慙而還之。

臣若水通曰：舜以夔夔之誠，卒能感頑嚚之親，而成底豫之化。薛包積誠以感父母，既逐復還，亦可以見古今聖凡之同然也。噫！包之父之心，即瞽瞍底豫之心；瞽瞍之心，即舜與包之心，人病不求爾。

○魏王祥，性至孝。繼母朱氏遇之無道，祥愈恭謹。朱氏子覽，年數歲，每見祥被楚撻，輒涕泣抱持母。母以非理使祥，覽輒與祥俱往。及長，娶妻，母虐使祥妻，覽妻亦趨而共之。母患之，爲之少止。祥漸有時譽，母深疾之，密使酖祥。覽知之，徑起取酒，祥争而不與，母遽奪反之。自後母賜祥饌，覽輒先嘗。母懼覽致斃，遂止。漢末遭亂，祥隱居三十餘年，不應州郡之命。母終，毁瘁，杖而後起。

臣若水通曰：祥茹繼母之毒而不顯其惡，覽篤愛兄之誠而能全其生，孝友之至，根於天性，真後世爲人子爲人弟之當法也。傳曰：「宜兄宜弟，而後可以教國人。」及祥攝州事，而政化大行，謂非得其本之明效哉。

○宋明帝泰始七年八月丙午，北魏高祖即皇帝位，大赦，改元延興。高祖幼有至性，前年顯祖病癰，高祖親吮。及受禪，悲泣不自勝，顯祖問其故，對曰：「代親之感，内切於心。」

臣若水通曰：吮癰之事，非出於哀痛迫切之情不能也。魏高祖爲之，其孝誠根於天性者邪？及乎受禪之日，悲泣不自勝。夫以天下之大，而不足以解憂，其至孝發乎本心，與大舜何以異？惜乎不能擴充之，以行堯舜之道，通于神明，光于四海也。

○齊武帝永明八年九月甲戌，北魏孝文帝謁陵，王公固請公除，詔曰：「比當别叙在心。」己卯又謁陵，太尉王丕等進言，曰：「陛下以至孝之性，哀毁過禮，伏聞所御三食不滿半溢，晝夜不釋絰帶，臣等叩心絶氣，〔坐〕〔二〕不安席。願少抑至慕之情，奉行先朝舊典。」帝曰：「哀毁常事，豈足關言，朝夕食粥，粗可支任，諸公何足憂怖。」帝因謂游明根、高閭等曰：「聖人制卒哭之禮，受服之變，皆奪情以漸。今則旬日之間言及即吉，特成傷理。」對曰：「臣等伏尋金册遺旨，踰月而葬，葬而即吉。故於下葬之初，奏練除之事。」帝曰：「朕惟中代，所以不遂三年之喪。蓋由世主初立，君德未流，故身衮冕行即位之禮。朕誠不德，在位過紀，足令億兆知有君矣。於此之時，而使情禮俱失，深可痛恨。」高閭曰：「杜預論自古天子無有行三年之喪者，以爲漢文之制闇與古合，是以臣等縷縷干請。」帝曰：「竊尋金册之旨，所以奪臣子之心，令早即吉者，慮廢絶政事故也。朕今仰奉册令，俯順群心，不敢闇默不言，以荒庶政。唯欲衰麻廢吉禮，朔望盡哀誠而已。如杜預之論，蓋亦誣矣。」秘書丞李彪曰：「漢明德馬后保養章帝，母子之道無間。及后崩，葬不淹旬，尋已從吉。然漢章不受譏，明德不損名，願陛下遵金册遺令，割哀從議。」帝曰：「朕所以眷戀衰絰，不從所議者，實情不能忍，豈徒苟免嗤嫌而已哉。」高閭曰：「陛下既不除服於上，臣等獨除服於下，則爲臣之道不足。」帝曰：「先后撫念群下，卿等哀慕，猶不忍除，奈何令朕獨忍之於至親乎？」李彪曰：「三年不改其父之道，可謂大孝。今不遵册令，恐涉改道之嫌。」帝曰：「改父之道，殆與此殊。」群臣又言：「古者葬而即吉，不必終禮。此乃二漢所以經綸治道，魏晋所以綱理庶政也。」帝曰：「既葬即吉，蓋季俗多亂，權宜救世爾。二漢之盛，魏晋之興，豈由簡略喪禮、遺忘仁孝哉？平日公卿每稱當今四海晏然，禮樂日新，可以參美唐虞夏商，及今即欲苦奪朕志，使不踰於魏晉，如此之意，未解所由。」李彪曰：「今雖治化清晏，然江南有未賓之吴，漠北有不臣之虜，是以臣等猶懷不虞之慮。」帝曰：「魯公帶絰從戎，晋侯墨衰敗敵，固聖賢所許。如有不虞，雖越紼無嫌，而況衰麻乎？豈可於晏安之辰豫念軍旅之事，以廢喪紀哉？」遂號慟，群臣亦哭而辭出。初，太后忌帝英敏，恐不利於己，欲廢之。盛寒閉於空室，絶其食三日，帝初無憾意。又有宦者譖帝於太后，太后杖帝數十，帝默然受之，不自申理。及太后殂，亦不復追問。

臣若水通曰：三年之喪，自天子達于庶人，三代共之。蓋人子於父母之心無貴賤，一也。漢文以日易月，是無三年之愛於其父母矣，後世遂爲定制，豈仁人孝子之心乎？不意夷狄之君，乃有復古之志也。雖然，非復古也，復其本心也。一時群臣累疏固請，非惟不能將順其美，且又飾辭引辯，豈非陷君於不義乎？亦可以見魏之諸臣無人心矣。後之人君有志於孝理者，尚其法諸。

○齊孝昭帝性至孝，太后不豫，帝行不能正履，容色貶悴，衣不解帶，殆將四旬。太后疾小增，即寢伏閤外，食飲湯藥，皆手親之。友愛諸弟，無君臣之隔。

臣若水通曰：顏之推論孝昭天性至孝，而不知忌諱，良由不學，可謂知言矣。然不知之推之所謂學者何學耶？孟子曰：「人之所不學而能者，其良能也；所不慮而知者，其良知也。孩提之童，無不知愛其親者；及其長也，無不知敬其兄也。親親，仁也；敬長，義也。無他，達之天下也。」又曰：「凡有四端於我者，知皆擴而充之矣，若火之始然，泉之始達。苟能充之，足以保四海；苟不充之，不足以事父母。」夫孝弟者，人之真心也，善端也，所謂良知良能也，在擴充之而已。達者，擴充之謂也。充之則仁義不可勝用，可放之四海而準矣。孝昭天性之美，苟能由此真心學問，涵養而擴充之，何堯舜之德業不可爲乎？惜乎其不能也。人君有孝弟之資者，盍求充養之道乎。

○陳宣帝太建六年五月庚申，周葬文宣皇后於永固陵。周主跣行至陵所，詔曰：「三年之喪達于天子，但軍國務重，須自聽朝。衰麻之節，苫廬之禮，率遵前典，以申罔極。百僚宜依遺令。」既葬而除，公卿固請依權制，帝不許，卒申三年之制，五服之内亦令依禮。

臣若水通曰：文宣皇后，叱奴氏。周主，武帝也。夫父母之喪必三年，古今共之，不以天子降者，貴不敵親也，未有無父而貴者也。後世以日易月，任情加損，罪莫大焉。周主不從公卿之議而守古制，天理民彝之不容已者也。推之以及於五服之内，悉令依禮，可謂孝子錫類者矣。傳曰：「上有好者，下必有甚者矣。」人君之於孝道，可不重歟！

○唐太宗貞觀六年冬十月，車駕還京師，帝侍上皇宴於太安宫，帝與皇后更獻飲膳及服御之物，夜久乃罷，帝親爲上皇扶輿至殿門。

臣若水通曰：禮稱文王朝王季，而日三膳則視之，武王之事文王，遵而行之，不敢有過焉。唐太宗之侍宴獻膳，庶幾乎孝矣，獨不知能如文武之日三乎？抑於車駕還京之日而暫然歟？太宗之孝，果出於天性，則法文武之德業不難爲者，而不能然。暫時之舉，史乃一書之，則太宗之孝亦疏矣哉。

○貞觀八年十二月，中書舍人高季輔上言：「密王元曉等皆陛下之弟，比見帝子拜諸叔，叔皆答拜，紊亂昭穆，宜訓之以禮。」書奏，上善之。

臣若水通曰：禮：「家無二主，國無二王，尊無二上。」皇子，貴也。叔父，至親也。親屈於帝可也，屈於帝之子不可也。貴施於人可也，施於父之親不可也。貴貴親親，各有攸宜，禮所生也。皇子之拜叔父，禮也。答之，非禮也。禮也者，天下之大防也。決其防則勢驕而情惰，其害有不可勝言者矣。人君教太子以禮，則知敬讓，知敬讓則知謙抑，盛德豈有加哉。

○貞觀二十年十二月癸未，太宗謂長孫無忌等曰：「今日吾生日，世俗皆爲樂，在朕翻成傷感。今君臨天下，富有四海，而承歡膝下永不可得，此子路所以有負米之恨也。詩云：『哀哀父母，生我劬勞。』奈何以劬勞之日，更爲宴樂乎？」因泣數行下，左右皆悲。

臣若水通曰：太宗於生日念劬勞而罷宴樂，哀思之誠發於辭氣，至今讀者猶爲之感愴。若太宗者，其天資近道者乎！其後明皇於生日大陳宴饗，創立名節，得無愧於祖父也乎？人君以仁孝理天下者，當以太宗爲法焉。

○唐憲宗元和十五年六月，太后居興慶宮，每朔望，上帥百官詣宮上壽。

臣若水通曰：人子之事親，無時而或忘，雖朝見日三如文武者可也。朔望詣宮，則其餘不詣可知已，曾是以爲孝乎？

○唐宣宗大中七年冬十二月，上事鄭太后甚謹，不居別宮，朝夕奉養。舅鄭光歷平盧、河中節度使，上與之論爲政，光應對鄙淺，上不悅，留爲右羽林統軍，使奉朝請。太后數言其貧，上輒厚賜金帛，終不復任以民官。

臣若水通曰：宣宗奉養太后，無間朝夕，然而不聽其舅之請，寧厚賜金幣，愛而不從其令，以傷其明，可謂盡事親之禮者矣。後之人君愛敬其親者，宜觀於此，慎毋以從令爲孝哉。

○班固白虎通曰：王者父事三老、兄事五更者，欲陳孝弟之德，以示天下也。

臣若水通曰：書云：「立愛惟親，立敬惟長。」王者孝弟之至，由中達外，自家而國，所以立愛敬於天下也。父事三老所以教民孝也，兄事五更所以教民弟也。是故放諸四海，而四海準矣。記曰：「上老老而民興孝，上長長而民興弟。」仰惟聖明，撫盈成之運，當禮樂積德百年而興之期，宜推躬行之大孝，親脩養老之盛典，爲之割牲奉鼎，拜老乞言，以風天下，曠世之幸莫大焉。

○韓愈曰：所謂事親以誠者，盡其心不誇于外，先乎其質，後乎其文者也。盡其心不誇於外者，不以己之得於外者爲父母榮也，名與位之謂也。先乎其質者，行也。後乎其文者，飲食甘旨以其外物供養之道也。誠者，不欺之名也。待於外而後爲養，薄於質而厚於文，斯不類於欺歟？

臣若水通曰：人子事親，誠與欺、内與外而已。孝愛之心由内則盡心，盡心則崇質，斯誠而已矣。孝愛之名由外則誇矜，誇矜則務文，斯欺而已矣。故名位榮耀，飲食供養，而無愛敬之實，是之謂欺也。立身行道，體受全歸，而無務外之心，是之謂誠也。夫人子之於親，不以誠而以欺，豈其良知良能之本心端使然哉？其習化之而不自知也。故夫世之能孝其親者寡矣！盡其心，篤其質，無忝所生，而致名位供養之文，所謂立身顯揚而内外情文兼備，是之謂大孝。愈之爲此言善矣，然亦未聞其脩身體道之學，猶未免三上宰相之書，辱親已甚矣，尚得爲孝乎？

○宋高宗皇帝事太后韋氏甚謹，先意承志，惟恐不及。或一食稍減，輒不勝憂懼。常戒宫人曰：「太后年已高，惟優游無事，起居適意，即壽考康寧。事有所關，慎勿令知，第來白朕。」

臣若水通曰：宋高宗之事韋太后，可謂盡孝。蓋與文王之事王季，武王之事文王無異矣。而不得與文武同聖者，何耶？蓋孝弟之心，乃真心也，乃孟子所謂良知良能也。其真心與文武同，而不得稱聖者，文武能達之天下，而爲仁義擴充之以保四海。而高宗則自一念真心之發，亦自一念而止，不能充之以保四海，故不得爲仁義之主爾。後之人君，因一念孝心之萌，擴充而達之，則放之四海而準，堯舜之道，亦不過是而已矣。

○宋孝宗淳熙十四年，太上皇崩，帝號慟擗踊，踰三日不進膳，謂王淮等曰：「晉武、魏孝文實行三年喪服，何妨聽政！司馬光通鑑所載甚詳。」淮對曰：「晉武雖有此意，後來在宫中止用深衣練冠。」帝曰：「當時群臣不能將順其美，光所以譏之。自我作古，何害？」於是詔曰：「大行太上皇帝奄棄至養，朕當衰服三年，群臣自遵易月之令。」百官五上表，請帝還内聽政，不許。至十二月辛丑禫祭，百官釋服，復三上表請御殿聽政，不許。

臣若水通曰：記云：「三年之喪達乎天子。」父母之喪無貴賤，一也。蓋天下無無父母而貴者，人子之心同也。故高宗諒陰三年，亦盡其心，勿之有悔焉爾。孝宗能舉而行之，豈非超出百王豪傑之主乎！使其能由此念而擴充之，則恢復之圖如反掌爾。惜乎其不能，不足以保四海，人君之大孝其難矣哉。

○宋光宗紹熙三年十一月丙戌，日南至。丞相留正率百官詣重華宫稱慶。兵部尚書羅點、給事中尤袤、中書舍人黄裳、御史黄度、尚書左選郎官葉適等上疏，請帝朝重華宫，不從。吏部尚書趙汝愚入對，往復規諫，帝意乃悟。汝愚又屬嗣秀王伯圭調護，於是兩宫之情始通。辛卯，帝朝重華宫，皇后繼至，從容竟日而還，都人大悦。

臣若水通曰：光宗與孝宗之事，蓋與鄭莊公之於其母先惑而後悟同一機也。夫天理之在人心，未嘗泯滅，物欲蔽之爾。莊公因穎考叔之言而悟，光宗聞趙汝愚之諫而感，俱爲父子如初。若是者，非考叔、汝愚能附益之也，父子之愛天性也，二臣但能發其蔽之者爾。及光宗始朝而都人大悦，又可見天理之感人心，蓋有同然者也。然則人君欲感天下之人心者，可以知本矣。

○吕希哲曰：孝子事親，須事事躬親，不可委之使令也。嘗觀穀梁言：「天子親耕以供粢盛，皇后親蠶以供祭服。國非無良農、工女也，以爲人之所盡事其祖禰，不若以己所自親者也。」此説最盡事親之道。

臣若水通曰：古之聖賢竭力耕田、負米養親者，豈有他哉？盡其心焉爾。記曰：「祭，繼養也。」故天子親耕，皇后親蠶，無非所以求盡其心，而致誠敬於繼養而已也。苟委之使令，而吾心有弗盡焉，如弗祭矣，善事其親者固如是乎？噫！孝親之心，自天子至於庶人，一也。爲人君者，其亦思之哉！

○吕希哲曰：爲人子者，視於無形，聽於無聲，未嘗頃刻離親也。事親如天，頃刻離親，則有時而違天，天不可得而違也。

臣若水通曰：父母，一天地也。人在天地之氣一也，子通父母之氣亦一也。故孝子之事親如事天，頃刻而離天是違天也，頃刻而忘親是違親也。違天不仁也，違親不孝也。是故唯仁人爲能事天，唯孝子爲能事親矣。噫！非得聖學之深者，不可以語此。

○國朝吴元年四月，令懿文太子及諸王往鳳陽祭皇陵，臨遣惻然，命之曰：「吾祖宗去世既遠，吾父母又相繼早亡，每念劬勞鞠育之恩，唯有感痛而已。今日雖尊爲天子，富有四海，欲致敬盡孝爲一日之奉，不可得矣。哀慕之情，昊天罔極。今鳳陽陵寢所在，特命爾等躬詣致祭，以代朕行。孔子曰：『事死如事生，事亡如事存。』爾等敬之。」因悲咽不自勝，太子諸王皆感泣。

臣若水通曰：記云：「事父孝故事天明，事母孝故事地察。」我太祖皇帝哀慕泣下，可謂孝矣。此其所以事天地而明察，以受眷命乎！聖子神孫，盍以太祖爲法，以永無疆之大命哉。

○洪武八年正月，淮安府山陽縣民有父得罪當杖請以身代者。太祖皇帝謂刑部臣曰：「父子之親，天性也。然不親不遜之徒，親遭患難，有坐視而不顧者。今此人以身代父，出於至情，朕爲孝子屈法，以勸勵天下，其釋之。」

臣若水通曰：得罪當刑，所以懲也。以代親見宥，所以勸也。古有不孝之刑，然則以孝而貸之刑，一懲一勸，無非教也。我聖祖以孝治天下，屈一時之法，所以伸萬世之綱常也。使天下之民皆化而爲孝，則刑措不用矣。此其化行俗美，而開萬世之太平乎！聖子神孫，世世所宜法也。

○洪武十三年，韓國公李善長等表請今年天壽聖節受百官朝賀。詔不許。明日又請，上手詔答之，曰：「父母劬勞之恩，昊天罔極。生辰之日，有痛心而已。朕於是日，所以清晨奉祀、靜居終日者，念劬勞莫報爾。比者卿等數以天下太平，朕復年高，固請稱賀。今不違群情，尚從中制，惟禮當而已。」

臣若水通曰：先正謂：「人無父母，生日當益悲愴，不可因而受賀，具宴飲，此大孝終身慕親之心也。」皇祖於萬壽聖節，不許百官請賀，其孝子慕親之誠乎！而群臣固請朝賀者，其人臣尊君之義乎！於斯二者，將何以處之哉？故清晨奉祀，所以致哀親之孝也；後從稱賀，所以致體下之仁也。可謂仁孝兩得之矣。此皇祖所謂尚從中制，而爲萬世之法守者乎。

○大明令：凡官員祖父母年及七十，果無以次人丁，自願離職侍養者，聽。親終服滿，方許求叙。

○諸司職掌：凡官員父母年七十之上，許令移親就禄侍養。如果父母老疾，去官路遠，户内别無以次人丁者，方許親身赴京面奏，揭籍定奪。及吏員人等，父母年老別無人丁者，務要經由本部移文，體勘是實，明白奏准，方令離役，俱候親終服滿起復，赴部聽用。

臣若水通曰：帝王以孝治天下，人各親其親，長其長，而天下平矣。我聖祖制爲法令，使臣下各得遂其親親之願。孟子曰：「老吾老以及人之老。」又曰：「親親，仁也；敬長，義也。無他，達之天下也。」蓋囿天下於孝弟之化，此聖祖之盛心乎。以此而教後世，猶有親老而不恤者〔乎〕〔二〕？

○永樂十一年，仁宗皇帝爲太子，監國南京。七月千秋節，禮部請行慶賀禮，諭之曰：「車駕在北京，予不得君父前躬致禮，乃可受群臣禮耶？其止之。」自是，千秋節遇車駕巡狩，並免禮。

臣若水通曰：孝子一舉足而不敢忘乎親，〔仁之至也。我仁宗皇帝以離親監國，於千秋節不受群臣慶賀之禮，其亦舉足而不敢忘者乎。以孝治天下，其則不遠，惟聖子神孫尚其念哉。〕〔三〕

○天順二年，郊畢，英宗皇帝謂學士李賢曰：「朕當危疑之際，實賴太后憂勤保護，罔極之恩，欲報無由，可倣前代尊上徽號。」於是定擬「聖烈慈壽」上之，詔示天下，人心大悦。慶賀禮成，太后深慰喜焉。

臣若水通曰：徽號之崇，雖非古制，然尊養之至，亦人情所不能已者。英宗皇帝尊上太后之徽號，誠仁人孝子之心也。雖然，天子之孝尚有大於是焉，因其孝敬之心，擴而充之，通于神明，光于四海，功崇祖宗，業垂後裔，臣於今日不勝至望。

校記：

〔一〕「坐」，據嘉靖本補。

〔二〕「乎」，據文義補。

〔三〕本段原缺，據嘉靖本補。

聖學格物通卷之三十六

養太子上

○易蒙：蒙以養正，聖功也。

臣若水通曰：蒙卦上艮下坎，山下出泉。泉之始達，如物之初生穉小，蒙昧未發，故謂之蒙。在人則赤子之心去正未遠，未發之中也。於此而養其本體之正，最易爲力。正者，人心之本體，所謂天理，與聖人一者也。教人者欲其至於聖也，然至知誘物化之時而失其正，其去聖遠矣。自其蒙穉純一未發之時而養之，發其良知，堅其良能，以充其本體天理之正，正則可聖，美大聖神，以漸而至矣。故記曰「少成若天性，習慣成自然」，正謂此也。夫人豈不可爲聖邪？教之者之責也。太子天下本，尤不可不早養也。人君重其社稷宗廟之托，則所以養其太子之正者，亦必有道矣。

○書虞書舜典：帝曰：「夔，命汝典樂，教胄子，直而溫，寬而栗，剛而無虐，簡而無傲。詩言志，歌永言，聲依永，律和聲，八音克諧，無相奪倫，神人以和。」

臣若水通曰：此帝舜命夔典樂教養胄子之言也。夔，舜臣也。胄，長也，自天子至卿大夫之適子也。栗，莊敬也。志者，心之所之也。詩者，言之成文者也。歌者，言之長短也。聲者五聲：宫、商、角、徵、羽也。律者十二律：黄鍾、太簇、姑洗、蕤賓、夷則、無射、大吕、夾鍾、仲吕、林鍾、南吕、應鍾也。帝言以樂變化胄子，使凡直者不可不足於溫，寬者不可不足於栗，剛者不可過於虐，簡者不可過於傲，所以抑揚進退，以歸於中正之德也。然必有中和之樂，乃可以養其中和之德。故必有詩歌聲律以和人聲，爲作樂之本，然後可被之八音而成樂也。心有所之，必形於言而成文，故以詩而言其志。既形於言，則必有長短之節，故以歌而永其言。既有長短，則必有高下清濁之殊，故以聲依歌永而作。如歌聲長而濁者爲宫，以漸而清且短則爲商，爲角，爲徵，爲羽，所謂聲依永也。既有長短、清濁，則又必以十二律和之，乃能成文而不亂。如黄鍾爲宫，則太簇爲商，姑洗爲角，林鍾爲徵，南吕爲羽，蓋以三分損益，隔八相生而得之，餘律皆然，所謂律和聲也。人聲既和，乃以其聲被之八音而爲樂，則無不諧協而不相侵亂，失其倫次，可以奏之朝廷，薦之郊廟，而神人以和矣。抑考周禮，大司樂掌成均之法，以教國子。而孔子亦曰：「興於詩，成於樂。」蓋所以蕩滌邪穢，斟酌飽滿，動盪血脈，流通精神，養其中和之德而救其氣質之偏者也。是故聖人作樂以養性情、育人才，其功效神速，教養太子之具，未有切於此者。賈誼亦曰：「天下之命係於太子，太子之善在於早教諭與選左右。左右正則太子正而天下定矣。」合是觀之，樂以養之，左右以輔之，故太子乃生而近正人、聞正言、見正事、聽正聲，然而不正者，未之有也。後之爲教，不過記誦書札之間，無乃導欲益偏爾，於德性何補？於身心何益？程顥曰：「聲音所以養其耳，采色所以養其目，歌詠所以養其性情，舞蹈所以養其血脈。」今皆無之，是以古之成材也易，今之成材也難，可勝嘆哉！伏惟聖明留神，念君德太子不可不預養之訓，思禮樂百年可興之期，脩復先王之舊以爲教養之本，天下幸甚。

○商書伊訓：敷求哲人，俾輔于爾後嗣。

臣若水通曰：此伊尹舉成湯教養太子之事告太甲也。敷，廣也。俾，使也。輔，佐也。後嗣，謂太甲也。上文述成湯之脩人紀以至于有萬邦、造大業之難如此。然所以守大業於無窮者，惟在太子。故又言成湯廣求賢人，使輔于爾後嗣。蓋太子者，天下之根本、宗社之所由係於長短者也。故太子善，則大業定、宗社固矣。伊尹此言，真可爲萬世人君教養太子之法矣。

○詩周南麟趾：麟之趾，振振公子，于嗟麟兮。

臣若水通曰：麟趾，美文王公子也，而曰「麟之趾，振振公子」者，何邪？蓋言文王后妃有仁厚之德，故和氣薰蒸，而公子亦化於仁厚，猶麟性仁厚，而其趾亦仁厚，不踐生草、不履生蟲也。是故仁厚者，其所以教養太子之本乎！故曰：天地之大德曰生，聖人之大德曰仁，仁厚者，即天地生生之性也。人君教養太子，誠有以養其仁厚之心、天地之性，無驕縱刻薄之風，則國家元氣有所培植，而天下之大本正矣，此社稷生民之福也。後世之君，見不及此，輔養太子，付之非人。如始皇以趙高傅胡亥，所見者無非刑殺之事，故胡亥今日即位，明日殺人。漢文以晁錯傅景帝，所學者無非刻薄之術，故景帝方在青宮，格殺親戚。豈皆其性惡哉？輔之者非人，養之者非其術也。然則人主欲教養太子，必内有文王后妃仁厚之化，外有端正格心之人，内外夾輔，使之見正事、聞正言、行正道，則帝王德器有所成，此聖人之教也。

○禮記文王世子：「文王之爲世子，朝於王季日三。鷄初鳴而衣服，至於寢門外，問内竪之御者曰：『今日安否？何如？』内竪曰：『安。』文王乃喜。及日中又至，亦如之；及莫又至，亦如之。其有不安節，則内竪以告文王，文王色憂，行不能正履。王季復膳，然後亦復初。食上，必在視寒煖之節。食下，問所膳，命膳宰曰：『末有原。』應曰：『諾。』然後退。武王帥而行之，不敢有加焉。文王有疾，武王不説冠帶而養。文王一飯，亦一飯；文王載飯，亦載飯，旬有二日乃間。」又曰：「成王幼，不能莅阼。周公相，踐阼而治。抗世子法於伯禽，欲令成王之知父子君臣長幼之道也。成王有過，則撻伯禽，所以示成王世子之道也。」

臣若水通曰：文王之爲世子也，問安視膳；武王之爲世子也，帥而行之。真足以爲萬代世子之法。及成王幼而周公相，又抗其法於伯禽以教之，真足以爲萬代教世子之法。然而文武之所以行，周公之所以教，亦曰父子君臣長幼之道也，夫其所謂道，即天理爾，豈嘗外於人倫哉。

○文王世子：凡學世子，及學士，必時。春夏學干戈，秋冬學羽籥，皆於東序。小樂正學干，大胥贊之；籥師學戈，籥師丞贊之。胥鼓南。春誦夏弦，大師詔之。瞽宗秋學禮，執禮者詔之。冬讀書，典書者詔之。禮在瞽宗，書在上庠。

臣若水通曰：學，謂教也。以時教學者，所以效天地之變化也。干戈者，武舞也。羽籥者，文舞也。鼓南者，以鼓節二南之詩也。誦者，口誦樂歌之章也。弦者，以琴瑟播夫詩章也。禮者，經禮、曲禮之文也。書者，三皇五帝之紀也。凡此，皆學之事也。曰小樂正、曰大胥、曰籥師、曰丞、曰胥、曰大師、曰執禮者、曰典書者，皆學之官也。於東序、於瞽宗、於上庠，皆學之地也。世子於春夏秋冬而無不學之時如此。若學士者，皆將有輔世長民之責者也，故亦使之學世子之所學焉。噫！先王教養太子之法，不失其時如此。後之人君，於太子之幼則姑息不教，至於習惡成性，害其身，以墮先王之大業，豈不可惜哉。

○文王世子：凡三王教世子，必以禮樂。樂，所以脩內也；禮，所以脩外也。禮樂交錯於中，發形於外，是故其成也懌，恭敬而溫文。

臣若水通曰：養太子者，養其成性而已矣。禮也者，理此者也；樂也者，樂此者也。禮樂備而內外一。而云脩內脩外，則各言其類也爾矣。故五禮六樂，無一而非性也。禮樂交脩，成性存存，存中發外，成性之體用備矣。恭敬溫文，內敬而外恭，內溫而外文，內外合一而君德成矣。先王之教世子，豈責之以所無哉？亦使之勿壞其成性而已矣。

○文王世子：君之於世子也，親則父也，尊則君也。有父之親，有君之尊，然後兼天下〔一〕而有之。是故養世子不可不慎也。

臣若水通曰：君謂世子之父也，其於世子，以親而言則爲世子之父，是可以教父道矣。以尊而言則爲世子之君，是可以教君道矣。世子知爲君父之道，則可以父母君長乎百姓，而能保天下也。世子也者，繼君而保天下者也。故養不可不慎也，立君父之道以保天下也，可不慎乎？

○文王世子：故父在斯爲子，君在斯謂之臣。居子與臣之節，所以尊君、親親也。故學之爲父子焉，學之爲君臣焉，學之爲長幼焉，父子、君臣、長幼之道得而國治。

臣若水通曰：學謂教之也。父子也、君臣也、長幼也，三者人道之大也。君所以建極於天下者也，教世子所以立極也。故不知子之道，則不知父之道矣；不知臣之道，則不知君之道矣；不知幼之道，則不知長之道矣。故不學則不可以爲君、父、長、上矣，可不重乎。

○內則：異爲孺子室於宮中，擇於諸母與可者，必求其寬裕、慈惠、温良、恭敬、慎而寡言者，使爲子師，其次爲慈母，其次爲保母，皆居子室。他人無事不往。

臣若水通曰：寬裕、慈惠、温良、恭敬，中和之德也。以爲子之師慈、保母，養之以中和也。蒙以養正，聖功也。故蒙則有子師、慈母、保母，長則有師、傅、保之臣，則太子不能以不正，太子正而天下定矣。此先王養子之禮也，爲人君愛其子、愛天下者，可不重乎。

○祭義：天〔二〕子設四學，當入學而太子齒。

臣若水通曰：四學者，虞、夏、商、周之學也。有小學、大學、天子之學，建于王宮者小學也，建于國都者大學也。是故天子之元子，八歲則入小學，十有五歲則入大學。其入于學也，與同學者序齒焉，而莫之或異。夫學所以明人倫也，太子而齒于人，所以教其孝弟之行，養其謙沖之德，遏其驕侈之心也。有天下深長之慮者，宜於此而求之。

○哀公問：孔子曰：「子也者，親之後也，敢不敬與？」

臣若水通曰：子者，傳先君之後，以爲天地宗廟社稷之主，故不可不敬也。知敬之，則必教之矣。故古之聖帝明王，必於其太子而預養之，敬之至也。彼漢唐庸君，甘心於巫蠱之禍，逞意於誅夷之慘，詎非先王之讎賊、天地宗廟社稷之罪人乎？孔子斯言，雖以警哀公，寔足爲千古之法也。

○國語晉語：士蔿言於諸大夫曰：「夫太子，君之貳也。恭以俟嗣，何官之有？今君分之土而官之，是左之也，吾將諫以觀之。」乃言於公曰：「夫太子，君之貳也，而帥下軍，無乃不可乎？」又曰：「夫太子，國之棟也，棟成乃制之，不亦危乎？」公曰：「輕其所任，雖危何害？」

臣若水通曰：士蔿，晉大夫，劉累之後，隰朋之子子輿也。貳，副也。棟成，謂太子之名位已定，而更其制，使將兵，危之道也。明王教養太子，所以重宗社、承天心也。獻公溺於驪姬之讒，分申生以土而官之，又使之將下軍以伐翟，豈非責以難能，置之危地，以陰爲易嫡之謀乎？夫天下如大廈也，太子如大廈之棟也，棟成而易焉，大廈將顛矣。棄人滅天，忘宗亂紀，無甚於此。聞士蔿之言，可不戒哉。

○晉文公問於胥臣曰：「吾欲使陽處父傅讙也而教誨之，其能善之乎？」對曰：「是在讙也。籧篨不可使俛，戚施不可使仰，僬僥不可使舉，侏儒不可使援，矇瞍不可使視，嚚瘖不可使言，聾聵不可使聽，僮昏不可使謀。質將善而賢良贊之，則濟可竢也。若有違質，教將不入，其何善之爲？臣聞昔者大任娠文王不變，少溲于豕牢，而得文王，不加病焉。文王在母不憂，在傅弗勤，處師弗煩，事王不怒，敬友二虢，而惠慈二蔡，刑于大姒，比于諸弟。詩云：『刑于寡妻，至于兄弟，以御于家邦。』於是乎用四方之賢良。及其即位也，詢于八虞，而咨于二虢，度于閎夭，而謀于南宮，諏于蔡、原，而訪于辛、尹，重之以周、召、畢、榮，億寧百神，而柔和萬民。故詩曰：『惠于宗公，神罔時恫。』是則文王非專教誨之力也。」公曰：「然則教無益乎？」對曰：「胡爲文，益其質。故人生而學，非學不入。」公曰：「奈夫八疾何？」對曰：「官師之所材也，戚施直鎛，籧篨蒙璆，侏儒扶盧，矇瞍修聲，聾聵司火。僮昏、嚚瘖、僬僥，官師所不材也，以實裔土。夫教者，因體能質而利之者也。若川然有原，以卬浦而後大。」

臣若水通曰：陽處父，晋大夫陽子也。讙，文公子襄公名。籧篨，偃人，不可使俛。戚施，僂人，不可使仰。僬僥，長三尺，不可使舉重。侏儒，短者，不可使抗援也。口不道忠信之言爲嚚。瘖，不能言者。耳不別五聲之和曰聾，生而聾曰聵。僮，無知者。昏，闇亂也。言質性將自善而賢良之傅贊導之，則其成就可立竢也。娠，有身也。不變，不變動也。少，小也。溲，便也。豕牢，厠也。二虢，文王弟虢仲、虢叔也。刑，法也。二蔡，文王子。大姒，文王妃。詩，大雅思齊之二章。八虞，周八士：伯達、伯适、仲突、仲忽、叔夜、叔夏、季隨、季騧。南宫，名适；蔡，蔡公；原，原公；辛，辛甲；尹，尹佚，皆周太史。周，周文公。召，召康公。畢，畢公。榮，榮公。億，安也。八疾，謂籧篨至僮昏也。宗公，大臣也。恫，痛也。不入，謂不入於道也。直，主也，言主擊鍾。蒙，戴也。璆，玉磬也。不能俛，故使之戴磬。扶，緣也。盧，矛戟之柲，緣之以爲戲也。能，才也。卬，迎也。言川有原，因開利迎之以浦，然後大也。夫古之明王，太子乃生，立師、保、傅，三太三少，先後左右之，必曲盡輔翼之法以引導焉。故太子乃生而聞善言、見善行、行善政，故習與性成，不能不善也。若胥臣之所陳，亦詳且明矣。然必曰質將善而賢良贊之乃可濟爾，豈其然乎？孔子曰：「有教無類。」易曰：「童蒙，吉。」亦在有教，教之於早焉爾。有天下宗社之計者，不可不以此爲先務也。

○楚語：楚莊王使士亹傅太子箴，辭曰：「臣不材，無能益焉。」王曰：「賴子之善善之也。」對曰：「夫善在太子，太子欲善，善人將至。若不欲善，善則不用。故堯有丹朱，舜有商均，啓有五觀，湯有太甲，文王有管、蔡。是五王者，皆元德也，而有姦子。夫豈不欲其善？不能故也。若民煩，可教訓。蠻夷戎翟，其不賓也久矣，中國所不能用也。」王卒使傅之，問於申叔時，叔時曰：「教之春秋，而爲之聳善而抑惡焉，以戒勸其心。教之世，而爲之昭明德而廢幽昏焉，以休懼其動。教之詩，而爲之道廣顯德，以耀明其志。教之禮，使知上下之則。教之樂，以疏其穢而鎮其浮。教之令，使訪物官。教之語，使明其德而知先王之務用明德於民也。教之故志，使知廢興者而戒懼焉。教之訓典，使知族類，行比義焉。若是而不從，動而不悛，則文詠物以行之，求賢良以翼之。悛而不攝，則身勤之，多訓典刑以納之，務慎惇篤以固之。攝而不徹，則明施舍以道之忠，明久長以道之信，明度量以道之義，明等級以道之禮，明恭儉以道之孝，明敬戒以道之事，明慈愛以道之仁，明昭利以道之文，明除害以道之武，明精意以道之罰，明正德以道之賞，明齊肅以耀之臨。若是而不濟，不可爲也。且夫誦詩以輔相之，威儀以先後之，體貌以左右之，明行以宣翼之，制節義以動行之，恭敬以臨監之，勤勉以勸之，孝順以納之，忠信以發之，德音以揚之。教備而不從者，非人也。其可興乎？夫子踐位則退，自退則敬，不則赧。」

臣若水通曰：莊王，楚成王之孫，穆王之子旅也。士亹，楚大夫。箴，恭王名。朱，堯之子，封於丹。均，舜之子，封於商。啓，禹子也。五觀，啓子，太康昆弟也。觀，洛汭之地。太甲，湯孫，太丁之子，不遵湯法，伊尹不能正，放之於桐。管、蔡，文王子，周公兄也。叔時，楚賢大夫申公也。煩，亂也。世，先王之世系也。令者，先王之官法時令也。故志，謂前代之書。訓典，五帝之書。攝，固也。徹，通也。夫子，指太子。退，謙退也。不，與否同。夫莊王使士亹傅太子，其知教矣乎！士亹謂善在太子，其知學矣乎！是故教之在師傅，而學之在太子矣。夫教之而不學，則申叔時之論雖教導之方，何益於太子之善乎？是故教與學交致，而德業成矣。厥後鄢陵之戰，幾於覆楚。士亹其亦先見之乎！易曰童蒙之吉，此聖學之明訓也。

校記：

〔一〕「下」，原作「子」，據嘉靖本改。

〔二〕「天」，原作「君」，據禮記改。

聖學格物通卷之三十七

養太子下

〇秦始皇帝三十七年，趙高者生而隱宫。始皇聞其彊力，通於獄法，舉以爲中車府令，使教胡亥決獄，胡亥幸之。

〇漢文帝六年，賈誼曰：「夏、殷、周爲天子，皆數十世。秦爲天子，二世而亡。人性不甚相遠也，何三代之君有道之長，而秦無道之暴也？其故可知也。古之王者，太子乃生，固舉以禮，有司齊肅端冕見之南郊，過闕則下，過廟則趨，故自爲赤子而教固已行矣。孩提有識，三公、三少明仁孝禮義以道習之，逐去邪人，不使見惡行。於是皆選天下之端士孝悌博聞有道術者，以衛翼之，使與太子居處出入。故太子乃生而見正事、聞正言、行正道，左右前後皆正人也。夫三代之所以長久者，以其輔翼太子有此具也。及秦則不然，使趙高傅胡亥而教之獄，所習者非斬劓人則夷人之三族也。故胡亥今日即位，而明日射人，忠諫者謂之誹謗，深計者謂之妖言，其視殺人若刈草菅。然豈惟胡亥之性惡哉？彼其所以道之者非其理故也。」

臣若水通曰：刑獄者，天地肅殺之氣也，人君陰慘之政也。刑官不得與於祭，齊則不行刑，懼其氣之感也，顧可使太子親其事而近其人乎？太子始生，輔之以正，猶懼不正，況習與不正者處乎？此賈生以此而決秦之所以不二世而亡也。秦之覆轍未遠，漢文之教太子猶不知鑑焉，何哉？

○漢昭帝元鳳四年。初，衛太子之子史皇孫生子病已，號皇曾孫。生數月，遭巫蠱事，太子男女妻妾皆遇害，獨皇曾孫在，亦坐收繫獄。丙吉受詔治巫蠱獄，吉心知太子無事實，重哀皇曾孫無辜，擇謹厚女徒令乳養曾孫，置閒燥處。曾孫高材好學，然亦喜游俠，以是具知閭里奸邪、吏治得失。及昌邑王廢，霍光與張安世諸大臣議所立未定，丙吉奏記光曰：「武帝曾孫名病已者，至今十八九矣，通經術，有美材，行安而節和，願將軍定大册。」光與丞相敞上奏曰：「武帝曾孫病已年十八，師受詩、論語、孝經，躬行節儉，慈仁愛人，可以嗣孝昭皇帝後。」皇太后詔曰：「可。」迎曾孫即皇帝位。

臣若水通曰：丙吉護皇曾孫於艱險之時，必擇謹厚女徒養之，得蒙以養正之道矣。皇曾孫高材好學，行安節和，恭儉仁慈，教養之功不可誣也。及立爲宣帝，漢室復興焉。傳曰「以能保我子孫黎民」，其丙吉之謂乎！向非吉之仁，則漢統絶矣，何望乎中興之業哉。

○漢光武建武十三年，光武在兵間久，厭武事，且知天下疲耗，思樂息肩，自隴蜀平後，非警急未嘗復言軍旅。皇太子嘗問攻戰之事，帝曰：「昔衛靈公問陳，孔子不對，此非爾所及。」

臣若水通曰：太子天下本，本正而天下正矣。故素教預養之者，不可以不正。光武因皇太子問攻戰之事，戒之以孔子不對問陳之事，豈亦養之以正者哉？卒之建武、永平之政爲東都首稱，君子皆歸於養正之功焉。

○漢光武建武十九年六月，上以沛國桓榮爲議郎，使授太子經。榮辨明經義，儒者莫之及，特加賞賜。帝使左中郎將汝南鍾興授皇太子及宗室諸侯春秋，賜興爵關内侯，興辭以無功。帝曰：「生教訓太子及諸王侯，非大功邪？」興曰：「臣師少府丁恭。」於是復封恭，而興遂固辭不受。

臣若水通曰：世祖天資雖美，非知帝王教養太子之道者也。其使桓榮授經太子，特加賞賜，鍾興授春秋而賜以侯爵，且追封其師丁恭，尊師教子之禮亦隆矣。所惜者二臣徒事章句口舌之間，而無格心一德之道，其於世祖不有負哉？使世祖而知學，尊嚴光以爲之師，則懷仁輔義之學必能成太子之德業，而漢爲三代矣。

○漢光武建武二十八年，上大會群臣，問：「誰可傅太子者？」群臣承望上意，皆言太子舅陰識可。博士張佚正色曰：「今陛下立太子，爲陰氏乎？爲天下乎？即爲陰氏，則陰侯可。爲天下，則固宜用天下之賢才。」帝稱善，曰：「欲置傅者，以輔太子也，今博士不難正朕，況太子乎。」即拜佚爲太子太傅，以博士桓榮爲少傅，賜以輜車乘馬。

臣若水通曰：古者三公不惟其官惟其人，傅太子之官亦當如之。所謂其人者，必如伊傅之一德斯可矣。光武善張佚之言，而以佚爲太傅，若佚者固知其正直矣，然正直而不聞道者有之也。帝豈知佚爲其人，而以應對之間遽取之哉。若佚者，以爲諫議大夫可也。若敷求哲人以稱其任，有嚴光在焉。

○漢昭烈章武三年，詔敕太子曰：「人五十不稱夭，吾年已六十有餘，何所復恨？但以卿兄弟爲念爾。勉之，勉之，勿以惡小而爲之，勿以善小而不爲。惟賢惟德，可以服人。汝父德薄，不足效也。汝與丞相從事，事之如父。」

臣若水通曰：古之明王所以教養太子者，亦惟傅之以正人，命之以正言而已。昭烈病革，命太子父事丞相亮，是養之以正人也。又言勿以善小而不爲，勿以惡小而爲之，是養之以正言也。使能體先帝之德意而親賢去佞，爲善去惡，何恢復之業不可圖哉！奈何孔明不禄，黄皓用事，曾不旋踵，遂爾覆宗。嗚呼！何以見其先人於地下邪？謹録之以爲嗣君顛覆典刑者之戒。

○晉元帝太興元年，帝以賀循行太子太傅，周顗爲少傅，庾亮以中書郎侍講東宮。帝好刑名家，以韓非書賜太子。庾亮諫曰：「申、韓刻薄傷化，不足留聖心。」太子納之。

臣若水通曰：韓非，刑名之學也，王衍、何晏祖尚其説，已致禍亂，元帝中興，亦可監矣。顧乃教誨太子以韓非刻薄之書，庾亮雖諫以止之，特救弊補偏者爾。使進丹書之訓，則刑名邪説不能入矣。三代教養太子之道不講，中原不復，有由然哉。

○陳宣帝太建五年，周左宮正宇文孝伯言於周主曰：「皇太子四海所屬，而德聲未聞，且春秋尚少，志業未成，請妙選正人爲其師友，調護聖質，猶望日就月將。如或不然，悔無及矣。」

臣若水通曰：古之養太子者，必有師友之臣。所貴師友在正人，所貴正人在道德。故道德由師友有之，其任豈不重乎！後之太子之官三太、三少，非無師友之名，但惟其官，不惟其人，至有學術不齒於庸人者，望其成太子之德，豈不難哉。臣請以此廣孝伯之說。

○陳宣帝太建八年，周以左民部尚書江總爲詹事。吏部尚書孔奐奏曰：「江總文華之士，今皇太子文華不少，豈藉於總？願選敦重之才，以居輔導之職。」

臣若水通曰：古之教太子之道，有師、保、傅之官。師者道之教訓，保者保其身體，傅者傅之德義，而文華不與焉。若江總浮靡之士，豈輔養太子者哉，孔奐之言是矣。但謂太子文華不少，豈藉於總，然則文華不足者，可藉總邪？於是乎猶惜其信道不篤，而未知帝王之學不在文華，而文華適爲聖學敦本之累也。故教太子不以三代之法，鮮有不敗德喪邦者矣。此可以爲人君愛養太子者之鑒。

○唐太宗貞觀七年十二月，帝謂左庶子于志寧、右庶子杜正倫曰：「朕年十八猶在民間，民之疾苦情僞，無不知之。及居大位，區處世務猶有差失。況太子生長深宮，百姓艱難耳目所未涉，能無驕逸乎？卿等不可不極諫。」太子好嬉戲，頗虧禮法。志寧與右庶子孔穎達數直諫，上聞而嘉之，各賜金一斤、帛五百疋。

臣若水通曰：禮云：「禁於未發之謂豫。」發焉後禁，爲力難矣。故三代明王之教太子，必有師傅教之道德禮義，陳善以閉其邪，所謂禁之於未發也。發而後諫，斯爲下矣。惜乎太宗不知而于、杜諸人學不足以及此，無怪乎太子承乾嬉戲虧禮，而卒於見廢也。

○唐太宗貞觀十七年，定太子見三師儀：迎於殿門外。先拜，三師答拜。每門讓於三師，三師坐，太子乃坐。其與三師書，前後稱名「惶恐」。黄門侍郎劉洎上言，以：「太子宜勤學問，親師友。今入侍宮闈，動踰旬朔，師保以下，接對甚稀。伏願少抑下流之愛，弘遠大之規，則海内幸甚！」上乃命洎與岑文本、褚遂良、馬周更日詣東宮，與太子遊處談論。

臣若水通曰：自古帝王擇師傅以教太子，固有定法。太宗定太子見三師儀，所以養其尊師重傅之誠，可謂善矣。然不於立承乾之日，而於更立晋王治時，要亦有所懲而至是始悟也。奈何治竊太子之位，縱欲崇侈，乞優供給，雖劉、岑、褚、馬諸賢日與遊處談論，亦不能消其逸志。吁，哀哉！

○唐太宗貞觀十七年，嘗謂侍臣曰：「朕自立太子，遇物則誨之。見其飯，則曰汝知稼穡之艱難，則常有斯飯矣。見其乘馬，則曰汝知其勞，不竭其力，則常得乘之矣。見其乘舟，則曰水所以載舟，亦所以覆舟，民猶水也，君猶舟也。見其息於木下，則曰木從繩則正，后從諫則聖。」

臣若水通曰：太宗因事而誨太子，可謂愛之深矣。然而太子之未善者，豈亦身教之未至耶。

○唐德宗貞元十九年七月。初，翰林待詔王伾善書，王叔文善棋，俱出入東宮，娛侍太子。叔文詭譎多詐，太子嘗欲諫宮市事，叔文以不宜言外事止之，由是大愛幸，與王伾相依附。叔文因爲太子言：「某可爲相，某可爲將，幸異日用之」，密結翰林學士韋執誼及當時有名而求速進者陸淳、呂温、李景儉、韓曄、韓泰、陳諫、柳宗元、劉禹錫等，定爲死友，而凌準、程异又因其黨以進，日與遊處，蹤跡詭秘，莫有知其端者。藩鎮或陰進資幣，與之相結。

臣若水通曰：賈誼云：「太子乃生，而見正事、聞正言、行正道，左右前後皆正人，三代〔一〕之所以長久也。」夫養太子以正，猶恐不正，而況教之以不正乎？德宗之於太子，使小技博弈之群小彙進，教之奇巧，可謂正事乎？止宫市之諫，以爲不言外事，可謂正言乎？陰受資幣而不以爲非，可謂正道乎？死友十人，皆輕佻不逞之徒，以若人而與之前後左右，可謂正人乎？然則順宗之不肖，德宗養之也，可以爲萬世養太子者之戒矣。

○唐憲宗元和元年夏四月，元稹上書，勸上早擇脩正之士，使輔導諸子。以爲：「太宗自爲藩王，與文學清脩之士十八人居。後代太子諸王雖有僚屬，日益疏賤，至於師傅之官，非眊聵廢疾不任事者，則休戎罷帥不知書者爲之，其友諭贊議之徒，尤爲冗散之甚，搢紳皆耻由之。就使時得僻老儒生，越月踰時僅獲一見，又何暇傅之德義、納之法度哉？夫以匹士愛其子，猶知求明哲之師而教之，況萬乘之嗣，繫四海之命乎。」上頗嘉納其言，時召見之。

臣若水通曰：元稹勸憲宗擇脩正之士，使輔導諸子，是矣。至引太宗之事爲比，則非也。夫太宗開館延賢，先儒固已論其非，況所講者又不過文籍而已，亦何益哉？使知有格物窮理之學，則不致蹀血之禍矣。是故人君欲養太子者，必擇正人、論正學，夫然後可以輔成其德也。

○賈誼新書曰：殷、周之君有道之長，而秦無道之暴也，其故可知也。昔者周成王幼在襁褓之中，召公爲太保，周公爲太傅，太公爲太師。

臣若水通曰：師、保、傅，皆與太子遊處者也。傅者傅之義理，太傅以身、少傅以言申教之也。師者教之德行、物則、民彝，皆懿德也。保者保其身體，起居動息，皆天理也。其歸於行義道德一也，而皆得其人以脩其職焉，太子之德業其有不成，而治化其有不長乎？

○宋理宗開慶元年六月，立忠王禥爲皇太子。帝家教甚嚴，太子鷄初鳴問安，再鳴回宮，三鳴往會議所參決庶事。退入講堂，講經史。將晡，復至榻前起居，問今日講何經，答之是則賜坐賜茶，否則爲之反覆剖析。又不通則繼以怒，明日須更覆講，率爲常。

臣若水通曰：養太子之道，必擇正人以左右之，薰陶其氣質，涵養其德性，傅之詩書，以發其良知，參之幾事，以宏其大用。是故人己交脩，内外夾持，而後德業合一並進也。理宗之教太子之嚴如此，然究其所講，文義爾。至於朝夕問安，則亦庶乎文王世子之道，不可誣也。雖然，觀度宗嗣位之日，惟拱手於賈似道之權奸，則昔日之所養可知也。宋室之日淪於亡，其亦不講於三代有道之長教養太子之法然哉。

○宋儒程顥曰：勿謂小兒無記性，所歷事皆能不忘。故善養子者，當其嬰孩，鞠之使得所養，全其和氣，乃至長而性美，教之，示以好惡有常。至如養犬者，不欲其升堂，則時其升堂而扑之。若既扑其升堂，又復食之於堂，則使孰從？雖日撻而求其不升，不可得也。養異類且爾，况人乎？故養正者，聖人也。

臣若水通曰：易云「蒙以養正」，言養之於初也。又云「立不易方」，言養之於常也。初則易入，常則不變，易入而不變，則可以成性矣。此程顥之論，雖爲常人言，亦可爲教養太子之法者歟。

○程頤論經筵劄子有云：昔者周公輔成王，幼而習之，所見必正事，所聞必正言，左右前後皆正人，故習與智長，化與心成。今士夫家善教子弟者，亦必延名德端方之士，與之居處，使之薰染其性，故曰「少成若天性，習慣如自然」。伏以皇帝陛下春秋之富，雖睿聖之資得於天禀，而輔養之道不可不至。所謂輔養之道，非謂告詔以言，過而後諫也，在涵養薰陶而已。大率一日之中，親賢士大夫之時多，親寺人宫妾之時少，則自然氣質變化，德器成就。欲乞朝廷愼選賢德之士以侍勸講，講讀既罷，常留二人直日，夜則一人直宿，以備訪問。皇帝習讀之暇、遊息之間，時於内殿召見，從容宴語，不獨漸磨道義，至於人情物態、稼穡艱難，積久自然通達，比之常在深宫之中，爲益豈不甚大。

臣若水通曰：涵養氣質，薰陶德性，此教養太子之上策，而規諫不與焉。然非得盛德之士、動物之誠者不可也，故三王之養太子必先其人焉。書曰「侍御僕從，罔非正人，以旦夕承弼厥辟，出入起居，罔有不欽」，蓋以此也。若徒拱手默坐，當講者立案傍，解釋數行而退，則亦何益之有？夫人皆能之，又奚必擇其人爲哉？是故國家以養太子爲先，以擇賢德爲急矣。伏惟皇上講學之際，一留念焉。

○程頤上太皇太后書云：古人生子，能食能言，而教之大學之法，以豫爲先。人之幼也，知思未有所主，便當以格言至論日陳於前，雖未曉知，且當薰聒，使盈耳充腹，久自安習，若固有之，雖以他言惑之，不能入也。若爲之不豫，及乎稍長，私意偏好生於内，衆口辨言鑠於外，欲其純完，不可得也。

臣若水通曰：教子者以豫爲貴，蓋人之心恒主於先入之言也。學記曰「禁於未發之謂豫」，此之謂也。夫人少之時天性未鑿，知思未有所主，導之正則正矣，正則邪不能入矣。故君子豫之爲貴。易曰「蒙以養正，聖功也」，是蒙不可以不養也。況夫太子天下之本也，生民利害之所關，社稷存亡之所係，尤不可以不養，伏惟皇上爲社稷重之。

○國朝洪武元年正月戊寅，劉基、陶安言於皇祖曰：「適聞中書及都督府議，倣元舊制設中書令，欲奏以太子爲之。」皇祖曰：「取法於古，必擇其善者而從之。

苟惟不善，而一槩是從，將欲望治，辟猶求登高岡而却步，渡長江而回楫，豈能達哉？元氏胡人，事不師古，設官不以任賢，惟其類是與，名不足以副實，行不足以服衆，豈可取法？且吾子年未長、學未充，更事未多，所宜尊禮師傅，講習經傳，博通古今，識達機宜，他日軍國重務皆令啓聞，何必效彼作中書令乎？」乃令詹同取東宮官制觀之，謂同等曰：「朕今立東宮官，勳德老臣兼其職，老成舊人動有典則，若新進之賢者，亦選擇參用。夫舉賢任才，立國之本；崇德尚齒，尊賢之道。輔導得賢，人各盡職。故連抱之木必以授良匠，萬金之璧不以付拙工。」同對曰：「陛下立法垂憲之意，實深遠矣。」

臣若水通曰：太子固貴乎善養，而善養莫先於親賢。尊禮師傅，所以啓沃其心也。講習經傳，所以開發其心也；博通古今、識達機宜，所以擴充其心也。帝王之學，心學也。其心一正，則天理日以流行，國體日以諳練，天下事物皆其度内，而無難理者矣。皇祖治天下，深重國本，是以立東宮官，擇老成以輔導之，大本立而大治成矣。今日所以久安長治者，不有在於此乎。

○七月戊子，上謂皇太子曰：「天子之子與公、卿、士、庶人之子不同。公、卿、士、庶人之子，係一家之盛衰；天子之子，係天下之安危。爾承主器之重，將有天下之責也。公、卿、士、庶人，不能脩身齊家，取敗止於一身一家。若天子不能正身脩德，其敗豈但一身一家之比？將宗廟社稷有所不保，天下生靈皆受其殃，可不懼哉！可不戒哉！」

臣若水通曰：皇祖謂天子之子係天下之安危，與公、卿、士、庶人之子係一家之盛衰者不同，至哉聖心乎！大哉聖言哉！蓋天下之本在國，國之本在家，家之本在身，身之本在心。人君能務學以格物，則知至而意誠，心正而身脩，家以之齊，國以之治，天下以之平，宗社隆長，生靈樂育，有必然者。君若不能豫養太子於平日，至於繼體宴安之餘，縱欲敗度，安危利災，皇祖所謂不但一身一家，宗廟社稷之不保，天下生靈之受殃者，豈能免哉？

○洪武七年正月，上召太子宮臣諭之曰：「汝知所謂重器乎？」對曰：「豈非商彝周鼎乎？」上曰：「汝所謂商彝周鼎者，非重器也。太子者，天下之重器。人有鼎彝尚知寶愛，太子承主器之重，豈得不寶愛之乎？寶愛之者，必擇端人正士以爲輔翼，朝夕與居，使其熟聞善言，不見詖行，自然漸漬以成其德。若惟委之於便嬖近習，是委重器於途，而不知寶愛之矣。汝等日輔太子，講論之時，必道之以正，使其道明德立，才器充廣，庶幾他日克勝重任，可以副朕所望。」

臣若水通曰：太子固天下之重器，而聖德尤天地之至寶也。必得至寶，然後可以成重器矣。我皇祖諭太子宫臣之言，教養太子之道備矣。是故寶愛重器在於涵養，涵養本原在於親賢。故必輔以端人正士，朝夕與居，使其熟聞善言，不見詖行，便嬖近習不入其聰明。如是則道心有所養，而德性有所成，所謂天地之至寶，在太子之身矣。此皇祖拳拳諭宫臣，而以三代望其後也歟？

○天順二年，禮部請太子出閣讀書，英宗皇帝召學士李賢曰：「卿可定擬講讀等官，卿宜時常照管。」且曰：「先讀何書？」對曰：「四書經史，次第講讀，宜先大學、尚書。」上曰：「然。」及擬講讀官將二十人，上一一品其人物，皆當其才。

臣若水通曰：書曰：「一人元良，萬邦以貞。」記稱：「教世子必以禮樂，立之師傅。」古之慎教太子，如是之重也。英宗欲教太子，詔李賢，而惓惓焉以擇人講讀爲務，其慎教之心可謂至矣，其垂裕之道可謂盡矣。聖子神孫，其以先德爲念哉。

校記：

〔一〕「代」，原作「伐」，據嘉靖本改。

聖學格物通卷之三十八

嚴内外上

○易家人彖曰：家人，女正位乎内，男正位乎外。男女正，天地之大義也。

臣若水通曰：程頤云：「彖以卦才而言，陽居五在外也，陰居二處内也，男女各得其正位也。」臣謂内外，男女之大限也，遠別也。男之剛健中正，制義於外，正也；女之柔順中正，嚴肅於内，正也。男女者，天地之象也。男女正，則一陰一陽之爲道，一剛一柔之爲德，天地之大義也。治天下者觀于家，治家者觀于内外之正而已。人君欲正家者，在嚴其大限之分焉。

○睽彖曰：天地睽而其事同也，男女睽而其志通也，萬物睽而其事類也。睽之時用大矣哉。

臣若水通曰：天下之道，以異而同。一於同者，未有能同者也。故睽也者合之地也，不睽則不能合矣。故天高地下，睽也，上降而下升，其化育則以睽而成也。男剛女柔，睽也，男倡女隨，而其志交感以睽而通也。萬物散殊，睽也，然均稟同氣，則以睽而類也。聖人以三者而贊睽時用之大如此。齊家而嚴内外之限，睽也，睽則内外相維而家正矣，不睽則内外無别而家亂矣。人君觀睽之道，其知齊家之方也歟。

○詩大雅緜：迺立臯門，臯門有伉；迺立應門，應門將將。

臣若水通曰：此詩詠太王遷岐，首立門以嚴内外也。周禮五門，一曰臯門，四曰應門。詩言太王遷岐之初，則立臯門，伉而高大矣。又立應門，則將將而壯麗矣。太王於草昧之初，而嚴内外之防如此。蓋自古奸人盜竊，宫庭瀆亂，皆由内外之不嚴。内外不嚴則内言得出，外言得入，禍亂之所由生也。故古者諸侯三門，天子五門，門各有禁，所以嚴内外、謹出入，以防姦亂之萌也。故太王遷岐，首建二門，雖以壯觀廟宇，而其意實有所在也。雖然，此特嚴於有形者爾，其所以自嚴於無形，則在人主之一心。不然，始皇朝禁非不嚴也，而圖窮匕見，幾危環柱之厄，是誰爲之歟？明皇宫禁非不嚴也，號洗禄兒，卒兆漁陽之禍，果誰召之歟？良由一念貪淫之肆，雖曰徒嚴於外，而不知已瞰乎其中矣。是故人主欲嚴内外之禁，以杜禍亂之萌，惟在致謹於一心，則内嚴而外密矣。其密禁而曲防者，末焉者也。

○春秋僖公十四年：夏六月，季姬及鄫子遇于防，使鄫子來朝。

臣若水通曰：季姬，魯侯女。鄫，國名。防，魯地名。夫男女內外，天地之大防也。春秋書季姬及鄫子遇于防，譏魯也。女不出梱外，以內爲正者也。而魯侯鍾愛季姬，使自擇配，出遇鄫子于防，可謂能女乎？春秋書使鄫子來朝，病鄫也。男外言不入於梱，以剛御外爲正者也。而以季姬婦人，使之來朝，可謂能男乎？夫男女內外之防決，故夫婦之道喪，淫辟之風興矣。倡教阜俗，挽回關雎之化，將不在於盛世耶？

○僖公三十一年：冬，杞伯姬來求婦。

臣若水通曰：杞伯姬來求婦，曷爲而書？譏之也。婦言不出梱外，婚姻國之大事也，而使夫人主之，豈禮也哉？特書之，戒爲婦人之亂政也。夫亂匪自天生，自婦人牝雞之有晨，家之所以索也。杞伯姬之事，可以爲永鑑矣。

○禮記曲禮：男女不雜坐，不同椸枷，不同巾櫛，不親授。嫂叔不通問，諸母不漱裳。外言不入於梱，內言不出於梱。女子許嫁，纓，非有大故，不入其門。姑、姊妹、女子子已嫁而反，兄弟弗與同席而坐，弗與同器而食。

臣若水通曰：植者曰楎，橫者曰椸，枷與架同，巾以挩浣，櫛以理髮者也。不通問，無往來問遺也。諸母，庶母。不使漱裳，亦尊父之道也。梱，門限也。女子許嫁則繫以纓，明有屬也。

是故不雜不同不親也者，遠褻也；不通不漱也者，遠嫌也。外不入、內不出，遠別也。不入其門，慎變也。不同席、不同器，遠同等也，是故男女內外之分嚴矣。

○內則曰：外內不共井，不共湢浴，不通寢席，不通乞假。男女不通衣裳。內言不出，外言不入。男子入內，不嘯不指，夜行以燭，無燭則止。女子出門，必擁蔽其面，夜行以燭，無燭則止。

臣若水通曰：不共井，嫌同汲也。不共湢浴，嫌相褻也。不通寢席，嫌相親也。不通乞假，嫌往來也。不通衣裳，嫌淆雜也。內言不出，惡交於外也。外言不入，惡交於內也。不嘯不指，男入內之禮也。擁蔽其面，女出門之禮也。夜行以燭，則男女皆然者，所以明內外之辨也。雖然，內外之禍每生於言之相通，姑舉其尤者言之。呂后稱漢制而有諸呂之變，武后稱唐制而有改周之亂。書曰：「牝雞之晨，惟家之索。」詩曰：「婦有長舌，維厲之階。」自古以來，女禍未有不啓於言之相通也。

○內則：禮始於謹夫婦。爲宮室，辨外內。男子居外，女子居內。深宮固門，閽寺守之。男不入，女不出。

臣若水通曰：閨門者，萬化之原。故禮始於謹夫婦，爲宮室以居之，辨外內以防之。男外而女內者，順陰陽之道也。男不入而女不出，所以嚴別也。古之明君，致禁於桂掖椒房者嚴矣。至於漢以審食其監禁門軍，唐以安祿山典禁中，宋以徐知常出入劉妃所，亦獨何哉？

○周禮天官：小宰之職，掌建邦之宮刑，以治王宮之政令，凡宮之糾禁。

臣若水通曰：宮刑，王宮中之刑也。建，謂明而布告之也。政者，式法之謂。令者，告戒之謂。糾謂糾其過失，禁謂禁於未然。一宮之中而嚴之如此，則內政脩，家齊而國可治矣。

○天官：宮正，掌王宮之戒令糾禁。以時比宮中之官府、次舍之衆寡，爲之版以待，夕擊柝而比之。國有故，則令宿，其比亦如之。辨外內而時禁，稽其功緒，糾其德行，幾其出入，均其稍食，去其淫怠與其奇衺〔一〕之民，會其什伍而教之道藝。

臣若水通曰：官府次舍之衆有多寡，以時比較之，慮其離次失守也。爲之版以待，則籍其人使之可考也。夕擊柝而比，則人之在否可察也。以至國有變故，不可以常處也，則令宿衛，其比亦然。至於王宮之內外，在所當嚴，故有以辨之，而於啓閉之際，以時而察之。又慮其防之未至也，故考其功之見於事者，糾其德之見於行者，察其人之出入，均其人之廩祿。或有淫怠奇衺之民，則斥而去之，然後會其什伍而教以道藝，使之相觀而善，相勉而成焉。夫宮闈者內外之防，不可以不謹焉者也。謹而教之，其即所謂室家之壼者矣，又何有慚德之事哉？

〇周禮：閽人，掌守王宮之中門之禁，喪服、凶器不入宮，潛服、賊器不入宮，奇服、怪民不入宮。凡内人、公器、賓客無帥，則幾其出入，以時啓閉。凡外内命夫命婦出入，則爲之闢。

臣若水通曰：閽人，守門禁之官也。凶器者，兵喪之器也。潛服，幽隱之服；奇服，不正之服，皆非先王法服也。賊器者，不正之器，如淫巧是也。怪民，怪異之人。帥，謂引導者也。闢，謂除行人以避之也。王有五門，中門即雉門也。喪服、凶器不入者，遠不祥也。潛服、賊器不入者，防不道也。奇服、怪民不入者，禁不常也。皆所以嚴禁衛也。内人、公器、賓客之無帥導者，則幾其出入，所以防閑之也。時啓閉，循其常也。出入爲闢，致其肅也。夫如是，則門禁嚴而内外正、家道理矣。

〇左傳桓公十八年：春，公將有行，遂與姜氏如齊。申繻曰：「女有家，男有室，無相瀆也，謂之有禮。易此，必敗。」公會齊侯于濼，遂及文姜如齊，齊侯通焉。公謫之，以告。夏四月丙子，享公。使公子彭生乘公，公薨于車。

臣若水通曰：南山之詩，君子不屑道也，聖人著之於經，蓋以牀簀之言雖不踰閾，然微而著者，亦自有不容掩焉。公薨于車，天其假手於彭生乎？

○莊公十年：蔡哀侯娶于陳，息侯亦娶焉。息嬀將歸，過蔡。蔡侯曰：「吾姨也。」止而見之，弗賓。息侯聞之怒，使謂楚文王曰：「伐我，吾求救於蔡而伐之。」楚子從之。秋九月，楚敗蔡師于莘，以蔡侯獻舞歸。

臣若水通曰：蔡侯姨，息侯之妻，止見之者，無別也；弗賓者，無禮也，其失在蔡侯也。息侯不能禁妻之不見，徒惡人之無禮，至搆兵以逞其忿。吁！一男女之無別，遂延交兵之禍，可不戒哉。

○僖公二十二年：鄭文夫人芈氏、姜氏勞楚子于柯澤，楚子使師縉示之俘馘。君子曰：「非禮也。婦人送迎不出門，見兄弟不踰閾，戎事不邇女器。」丁丑，楚子入饗于鄭，九獻，庭實旅百，加籩豆六品。饗畢夜出，文芈送于軍，取鄭二姬以歸。叔詹曰：「楚王其不沒乎？爲禮卒於無別，無別不可謂禮，將何以沒？」諸侯是以知其不遂霸也。

臣若水通曰：論者徒咎楚成之不能遂霸於天下，何其責之薄也。楚成壞禮之罪甚矣，且無以自立於天下，況霸乎？禮始於男女，楚成取二甥女歸，違禮無別之甚也。商臣之禍，自取之矣。首惡者鄭文芈乎！而主之者則文公也。男女之防，可以不慎乎？

○國語魯語：哀姜至，公使大夫、宗婦覿，用幣。宗人夏父展曰：「非故也。」公曰：「君作故。」對曰：「君作而順則故之，逆則亦書其逆也。臣從有司，懼逆之書於後也，故不敢不告。夫婦贄不過棗、栗，以告虔也。男則玉、帛、禽、鳥，以章物也。今婦執幣，是男女無別也。男女之別，國之大節也，不可無也。」公弗聽。

臣若水通曰：公取於齊，曰哀姜。宗婦，同宗大夫之婦也。覿，見也。用幣，言與大夫同贄。宗人，宗伯也。夏父氏，展名。宗伯主男女贄幣之禮。故，故事也。順於禮，則書以爲故事。逆理亦書，言不可不慎也。從有司，言備位從有司後行也。玉，公執桓圭，侯執信圭，伯執躬圭，子執穀璧，男執蒲璧，孤執皮帛，卿執羔，大夫執鴈，士執雉，庶人執鶩，工商執鷄也。章，明也，明尊卑異物也。古者男女有別，各異其儀，使不相瀆。婦執棗、栗，男執玉、帛、禽、鳥，所以明別也。夫禮也者，天之所秩，雖人君不能易也。哀姜至，公使大夫、宗婦覿則用幣，非禮矣。乃曰自我作故，是豈知此禮作之於天，萬世不可易之道哉？

○魯語：公父文伯之母如季氏，康子在其朝，與之言，弗應。從之，及寢門，弗應而入。康子辭於朝而入見，曰：「肥也不得聞命，無乃罪乎？」曰：「子聞乎？天子及諸侯，合民事於外朝，合神事於內朝。自卿以下，合官職於外朝，合家事於內朝。寢門之內，婦人治其業焉。上下同之。夫外朝，子將業君之官職焉；內朝，子將庀季氏之政焉，皆非吾所敢言也。」

臣若水通曰：康子，魯大夫季孫肥也。神事，祭祀也。內朝，在路門內。外朝，君之公朝。寢門，正室之門。庀，治也。皆非吾所敢言，非婦人言語之所也。夫男不言內，女不言外，禮義之大閑也。文伯之母，其庶幾乎！後世女主臨朝，垂簾稱制，聞敬姜之言，亦可以警矣。

○魯語：公父文伯之母，季康子之從祖叔母也。康子往焉，闖門與之言，皆不踰閾。祭悼子，康子與焉，酢不受，徹俎不宴，宗不具不繹，繹不盡飫則退。仲尼聞之，以爲別於男女之禮矣。

臣若水通曰：闖，闢也。門，寢門也。閾，門限也。皆者，二人也。悼子，穆伯之父，敬姜先舅也。與，與祭也。不受，敬姜不親受也。祭畢徹俎，又不與康子宴飲也。繹，明日又祭也。宗，宗臣，主祭祀之禮者也。不具，謂宗臣不具在，則敬姜不與繹也。立飲曰飫，坐飲曰宴，言宗具則與繹，繹畢而飲，不盡飫禮而退，皆所以遠嫌也。夫男正位乎外，女正位乎內，男女正，天地之大義也。故江漢之化，基於國風。若文伯之母，闖門而與言，不踰閾，不受酢，不宴繹，不盡飫，真宮闈之軌範也乎！

○魯語：公父文伯之母欲室文伯，饗其宗老，而爲賦緑衣之三章。老請守龜卜室之族。師亥聞之曰：「善哉！男女之饗，不及宗臣；宗室之謀，不過宗人。謀而不犯，微而昭矣。詩所以合意，歌所以詠詩也。今詩以合室，歌以詠之，度於法矣。」

臣若水通曰：室，妻也。家臣稱老，宗人主禮樂者也。緑衣，詩邶風也，其三章曰「我思古人，實獲我心」也。守龜，卜人也。族，姓也。師亥，魯樂師之賢者。不過宗人，則不與他姓議，親親也，此宗人即上宗臣也。不犯，不犯禮也，微而昭。詩以合意也，合，成也。古者男子受室，謀及宗人，欲其不犯也。公父文伯之母欲室文伯，而饗其宗老，爲之賦緑衣之三章。雖前賢正室之道，何以過此？爲人君者，能取法焉，則能謹大昏之禮，爲天下則矣。

○漢光武建武二年，以宋弘爲大司空。湖陽公主新寡，帝與共論朝臣，微觀其意。主曰：「宋公威容德器，群臣莫及。」帝曰：「方且圖之。」後弘被引見，帝令主坐屏風後，因謂弘曰：「諺言『貴易交、富易妻』，人情乎？」弘曰：「臣聞貧賤之交不可忘，糟糠之妻不下堂。」帝顧謂主曰：「事不諧矣。」

臣若水通曰：禮，外言不入於梱，內言不出於梱，況從一而終，婦貞之吉。光武於新寡之公主與論朝臣，以觀其意，令坐屏後以蕩其心，謂之嚴内外不可也，徒論事之諧否，而内外之分不嚴，禮義之閑已壞，脩身正家之道歉矣，則夫風化之本，何自而端哉？後之君天下者，宜以爲戒云。

〇漢明帝永平十八年二月，太子即位，年十八。明帝初崩，馬氏兄弟争欲入宫。北宫衛士令楊仁被甲持戟，嚴勒門衛，人莫敢輕進者。諸馬乃共譖仁於章帝，言其峻刻。帝知其忠，愈善之。

〇章帝建初二年，欲封爵諸舅，太后不聽。會大旱，言事者以爲不封外戚之故。有司請依舊典，太后詔曰：「凡言事者，皆欲媚朕以要福爾。昔王氏五侯同日俱封，黄霧四塞，不聞澍雨之應。夫外戚貴盛，鮮不傾覆。故先帝防慎舅氏，不令在樞機之位。」又言：「我子不當與先帝子等。今有司奈何欲以馬氏比陰氏乎？吾爲天下母，而身服大練，食不求甘，左右但著帛布，無香薰之飾者，欲身率下也。以爲外戚見之，當傷心自敕，但笑言太后素好儉。前過濯龍門上，見外家問起居者，車如流水，馬如游龍，蒼頭衣緑褠，領袖正白，顧侍御者不及遠矣。故不加譴怒，但絶歲用而已，冀以默愧其心，猶懈怠無憂國忘家之慮。知臣莫若君，況親屬乎？吾豈可上負先帝之旨，下虧先人之德，重襲西京敗亡之禍哉？」固不許。帝省詔悲嘆，復重請曰：「漢興，舅氏之封侯，猶皇子之爲王也。太后誠存謙虛，奈何令臣獨不加恩三舅乎？」太后報曰：「吾反覆念之，思令兩善，豈徒欲獲謙讓之名，而使帝受不外施之嫌哉？昔竇太后欲封王皇后之兄，丞相條侯言高祖約無軍功不侯，今馬氏無功於國，豈得與陰、郭中興之后等耶？常觀富貴之家，禄位重疊，猶再實之木，其根必傷。吾計之熟矣，勿有疑也。」初，太夫人葬，起墳微高，太夫人，太后母也。太后以爲言，兄衛尉廖等即時減削。其外親有謙素義行者，輒假藉溫言，賞以財位，如有纖芥，則先見嚴恪之色，然後加譴。其美車服不遵法度者，便絶屬籍，遣歸田里。於是內外從化，被服如一，諸家惶恐，倍於永平時。置織室，蠶於濯龍中，濯龍，宮名。數往觀視，以爲娛樂。常與帝旦夕言道政事，及教授小王論語經書，述叙平生，雍和終日。馬廖慮美業難終，上疏勸成德政，太后深納之。

臣若水通曰：漢章之時，宮闈嚴內外之禁，人知由於楊仁之固守，而不知由於馬太后外戚無覬覦之私；人知由太后之恭儉，而不知由於馬廖。蓋馬廖慮美業難終，上疏勸成德政，故太后得以割其私恩，此外戚所以絶其覬覦之心也。太后不私外家，力止封爵，故楊仁得以列戟嚴衛，諸馬不得入宫，而章帝得以不行其譖也。然則章帝宫庭戚畹之正，上有太后，下有馬廖，忠孝賢德，萃于一門，兩漢稱首，固足爲劉氏之美，亦何負於馬氏哉。

校記：

〔一〕「衺」，原作「衺」，據周禮改。

聖學格物通卷之三十九

嚴内外下

〇漢章帝建初四年夏四月，有司連據舊典請封諸舅，帝以天下豐稔，方垂無事，癸卯遂封衛尉廖爲順陽侯，車騎將軍防爲潁陽侯，執金吾光爲許侯。太后聞之曰：「吾少壯時但慕竹帛，志不顧命。今雖已老，猶戒之在得。」廖等並辭讓，願就關内侯。帝不許，廖等不得已受封爵，而上書辭位，帝許之。

臣若水通曰：以戚畹而與朝憲，固非國家之令典，亦非外戚之福也。馬氏三舅辭避不已，受封爵而辭位就第，蓋由廖慮美業難終一念發之也。及其享積善履謙之祐，亦何負於廖等哉。要皆太后德化之所漸染，而廖之盛德不可誣也。豈若後世以皇戚而肆無厭之求，而卒以取敗者哉。

○漢章帝建初八年，中郎將竇憲恃宫掖聲勢〔一〕，以賤直請奪沁水公主園田。發覺，帝大怒，召憲切責，曰：「深思前過，奪主田園時，何用愈趙高指鹿爲馬？久念使人驚怖。國家棄憲如孤雛腐鼠爾。」憲大懼。皇后爲毁服深謝，良久乃得解。

○漢章帝建初八年，皇后兄憲爲侍中、虎賁中郎將，弟篤爲黄門侍郎，並侍宫省，賞賜累積，喜交通賓客。司空第五倫上疏曰：「願陛下中宫嚴敕憲等閉門自守，無妄交通士夫，防其未萌，慮於無形，令憲永保福禄，君臣交歡，無纖介之嫌，此臣之所至願也。」

臣若水通曰：前諸馬争欲入宫，章帝能遂楊仁之嚴拒，而不聽其譖。今明知竇憲奪沁水之田，指鹿爲馬而不終究，及諸竇又得以並侍宫省，妄通賓客而不能禁。何耶？豈前則明於公義，後則溺於私愛也歟？然而終貽外戚之禍，實非忠愛之道也。欲嚴内外者，尚鑒之哉。

○漢章帝章和二年春正月，帝崩，太子即位，年十歲。尊皇后曰皇太后。三月，太后臨朝，竇憲兄弟皆在親要之地。憲客崔駰以書戒憲曰：「傳曰：『生而富者驕，生而貴者傲。』今寵禄初隆，百僚觀行，豈可不庶幾夙夜以永終譽乎？昔馮野王以外戚居位，稱爲賢臣。近陰衛尉，克己復禮，終受多福。漢興以後迄于哀平，外家二十，保族全身四人而已。書曰『監于有殷』，可不慎哉。」

○漢和帝永元九年閏月辛巳，皇太后竇氏崩。甲子，追尊母梁貴人爲皇太后，追封梁竦爲褒親愍侯，封子棠爲樂平侯，棠弟雍爲乘氏侯，雍弟翟爲單父侯，位皆特進，梁氏自此盛矣。

臣若水通曰：竇氏之禍，起於太后之臨朝。梁氏之禍，起於三侯之並封。可以爲内外不嚴之覆轍矣。然和帝以幼冲能誅竇氏之惡，而不能禁梁氏之禍於未萌，豈欲故害之也，溺愛不明爾。

○漢殤帝延平元年八月，鄧太后詔告司隸校尉、河南尹、南陽太守曰：「每覽前代外戚賓客，濁亂奉公，爲民患苦，咎在執法怠懈，不輒行其罰故也。今車騎將軍騭等雖懷敬順之志，而宗門廣大，姻戚不少，賓客姦猾，多干禁憲。其明加〔一〕檢敕，勿相容護。」自是親屬犯罪，無所假貸。

臣若水通曰：鄧氏此詔，雖有感於竇氏之敗，要亦自讀書中來也。然稱制終身，號令自出，亂内外之政，長諸鄧之惡，何耶？太后徒號讀書，而不能知内外二字，雖多亦奚以爲？此史氏所以譏之也。

○漢順帝陽嘉元年春正月，立貴人梁氏爲皇后，后父商加位特進。頃之，拜執金吾。二年三月，封商子冀爲襄邑侯。尚書令左雄諫曰：「梁冀之封，事非機急，宜過災戹之運，然後平議可否。」六月，帝問以當時之敝、爲政所宜，李固對曰：「宜令步兵校尉冀及諸侍中還居黄門之官，使權去外戚，政歸國家。」

臣若水通曰：梁氏之權至此始盛，左雄、李固言之而帝不悟，其漸將有不可制者矣。如二臣之言，則國家無弑逆之禍，而梁氏亦無赤族之誅，豈不兩全也哉？

○漢質帝本初元年，沖帝立，尊梁后爲皇太后，臨朝。沖帝尋崩，復立質帝。質帝少而聰慧，嘗〔三〕因朝會目梁冀曰：「此跋扈將軍也。」冀聞，深惡之。閏月甲申，冀使左右置毒於煮餅而進之，帝苦煩而崩。冀迎蠡吾侯志即皇帝位，時年十五，太后猶臨朝政。

臣若水通曰：梁氏弑君之禍，由太后臨朝，踰内外之禮，執累世之權爲之也。且春秋之義，臣弑其君，凡在官者殺無赦。梁冀，弑君之賊，法所必誅，而朝臣緘舌，太后甘心。雖賴桓帝誅之，然不能正其不赦之罪。吁！可嘆也哉。

○漢桓帝永康元年，桓帝崩，無嗣。竇后爲皇太后臨朝，策立解瀆亭侯宏，是爲靈帝。太后父大將軍武謀誅宦官，中常侍曹節等殺武，遷太后於南宮。

○漢靈帝中平六年，帝崩，皇子辯即位，尊何后爲皇太后，臨朝。后兄大將軍進欲誅宦者，反爲所害。後董卓專政，遷太后於永安宮，爲所弒。

臣若水通曰：後漢皇后紀云：「主幼時艱，必委成冢宰，簡求忠賢，未有專任婦人斷割重器，漢權歸女主，外立者四帝，臨朝者六后，莫不定策帷帟，委事父兄，貪孩童以久其政，抑賢明以專其威。」臣按四帝：安、質、桓、靈也；六后：竇、鄧、閻、梁、竇、何也。嗚呼！既以中壺而預國政，又以外家而攬朝權，卒之並嬰禍敗也宜矣，尚鑒兹哉。

○魏文帝黄初三年，詔曰：「婦人與政，亂之本也。自今以來，群臣無得奏事太后，后族之家不得輔政。」

臣若水通曰：太后與政，后族輔政，二者交濟其惡而亂成矣。其在春秋，毋使婦人預國事。魏文無足取者，而此詔合春秋之大義，保國保家之令典也，豈可以人廢言哉。

○梁武帝普通六年，魏太后頗事裝飾，數出遊幸。元順面諫曰：「禮：『婦人夫没，自稱未亡人，首去珠玉，衣不文采。』陛下母臨天下，年垂不惑，脩飾過甚，何以儀刑後世？」太后慚而還宮，召順責之曰：「千里相徵，豈欲衆中見辱耶？」順曰：「陛下不畏天下之笑，而耻臣之一言乎？」

臣若水通曰：元順之諫，可謂切直矣，然不以古人男女内外之禮正其出遊之非，而徒論其裝飾女事之末，所謂放飯流歠而問無齒決者，非耶？宜乎不能服后之心也。使知内外之禮，則防閑嚴而出幸息，婦容之事，在所不必論也。

○梁武帝天監十五年，魏胡太后數幸宗戚勳貴之家。侍中崔光表諫曰：「禮：『諸侯非問疾弔喪而入諸臣之家，謂之君臣爲謔』，不言王后夫人，明無適臣家之義。夫人父母在，有歸寧，没則使卿寧。漢上官皇后將廢昌邑，霍光外祖也，親爲宰輔，后猶御武帳以接群臣，示男女之别也。今帝族方衍，勳貴增遷，祇請遂多，將成彝式。願陛下簡息遊幸，則率土屬賴，含生仰悦矣。」

臣若水通曰：男女有别而后家道正，天下之事可從而理。胡后以正位之尊，而下幸勳舊之室，甚哉其不正也。前有元順之諫而徒懟，今有崔光之諫而不悟。未幾穢德彰聞，彼既自賊其子，人亦共殺其身，而魏之天下因亦亂矣。嗚呼！其可戒哉。

○隋文帝開皇十一年二月，吐谷渾可汗世伏立使其兄子無素奉表稱藩，并獻方物，請以女備後庭。上謂無素曰：「若依來請，佗國聞之必當相傚，何以拒之？

朕情存安養，各令遂性，豈可聚斂子女，以實後宫乎？」竟不許。

臣若水通曰：華夷者，又天下内外之大閑也，故聖人之教嚴焉。奉職脩貢，禮之常也。無故獻女，非禮之誘也。故責之以禮則中國尊，貪其非誘則外夷慢。中外之防，孰大於是。爲人君者，不可以不謹。

○唐中宗神龍元年，桓彦範上表以爲：「易稱『無攸遂，在中饋，貞吉』。書稱『牝鷄之晨，惟家之索』。伏見陛下每臨朝，皇后必施帷幔坐殿上，預聞政事。竊觀自古帝王，未有與婦人共政而不破國亡身者也。且以陰乘陽違天也，以婦陵夫違人也。伏願陛下覽古今之戒，以社稷蒼生爲念，令皇后專居中宫治陰教，勿出外朝干國政。」

臣若水通曰：易：「女正位乎内，男正位乎外。」禮：「男不言内，女不言外。」故王率公卿、大夫、士以聽陽政，后率妃嬪、夫人以理陰政。中宗每臨朝，皇后必施帷幔預政，是廢男女内外陰陽之大閑矣。此彦範所以直諫而不避也。

○唐中宗神龍二年四月，處士韋月將上書，告武三思潛通宫掖，必爲逆亂。帝大怒，命斬之。黄門侍郎宋璟固執不奉詔，蘇珦等皆以爲方夏行戮有違時令，帝乃命與杖流嶺南。過秋分一日平曉，廣州都督周仁軌斬之。

○唐中宗景龍四年四月，定州人郎岌上言，韋后、宗楚客將爲逆亂。韋后白帝杖殺之。五月，許州司兵參軍燕欽融復上言：「皇后淫亂，干預國政，宗族强盛。安樂公主、武廷秀、宗楚客圖危宗社。」帝召欽融面詰之，欽融頓首抗言，神色不撓，帝默然。宗楚客矯制令飛騎撲殺之，投於殿庭石上，折頸而死。楚客大呼稱快，帝雖不窮問，意頗怏怏不悦，由是韋后及其黨始憂懼。

臣若水通曰：莫大之禍，起於一念之不忍。羞惡之心誰則無之？中宗不忍於韋后之愛，三思、廷秀、楚客得以出入禁庭而不能制，親爲點籌而不知耻。及穢德彰聞，又不忍私愛而殺月將之直言。又不忍，聽韋后而殺郎岌。又不忍，遂使楚客等得矯制殺欽融而不問。至是徒怏怏不悦，而亡身亂國之禍至矣。語曰：「小不忍則亂大謀。」惟其不忍，故棄先王内外之大防，一至於此極也。嗚呼！帝之愚惑不足論矣，仁軌獨非夫人之子歟？何其無人心也。

○唐穆宗長慶四年春正月庚午，上疾復作。壬申大漸，命太子監國，宦官欲請郭太后臨朝稱制。太后曰：「昔武后稱制，幾危社稷。我家世守忠義，非武氏之比也。太子雖少，但得賢宰相輔之，卿輩勿預朝政，何患國家不安。自古豈有女子爲天下主，而能致唐虞之理乎？」取制書手裂之。

臣若水通曰：郭太后此言，深明先王内外之禮，懲戒累朝稱制之非，真可爲萬世母后之龜鑑矣。唐稱賢后，孰有過於郭太后者哉？

○後唐莊宗同光元年，前蜀主王衍以文思殿大學士韓昭、内皇城使潘在迎、武勇軍使顧在珣爲狎客，陪侍遊宴，與宫女雜坐，或爲豔歌相唱和，或談嘲謔浪，鄙俚褻慢，無所不至，蜀主樂之。

臣若水通曰：男女無别，亂亡之道也。不以爲恥，而反以爲樂，豈蜀主果無羞惡之心哉？孟子曰「樂其所以亡」者，蜀主之謂也。嗚呼！本心一失，其顛倒錯亂，一至於此，史稱其有陳後主之風是矣。有國家者，可不戒哉。

○宋仁宗天聖七年，帝每以歲旦冬至，率百官上太后壽于會寧殿，遂同御大安殿以受朝。秘閣校理范仲淹上疏曰：「天子奉親于内，自有家人禮。今顧與百官同列，北面而朝，虧君體、損主威，非所以垂法後世也。」疏入，不報。

臣若水通曰：禮：「家無二主，國無二王。」奉親上壽者，家人之禮也。百官北面者，朝廷之禮也。家人之禮行於家，内政也，故人子得以伸無二主之敬。朝廷之禮行於國，外政也，故天子得以享無二王之尊。仁宗乃欲與群臣同列，上壽太后，是二王矣，亦豈所以尊太后乎？悖經失禮，莫此爲甚。仲淹之言，亦不見報。仁宗，賢君也，他尚何望哉？

〇宋高宗建炎三年，禁內侍干預朝政，詔：「內侍不得與主兵官交通，及饋遺、假貸、借役禁軍、干預朝政，外官非親戚亦不得往還。如違並行軍法。」

臣若水通曰：建炎之令，可謂內外人已兼盡者矣。禁內侍不得預朝政者，所以治內也。禁外官不得通內侍者，所以治外也。治內非病內也，使不預政則無敗事，乃保全其福爾。治外非病外也，使不交通則無玷行，乃保全其德爾。內外不亂，則朝廷自正，而安富尊榮，享無疆之休。故曰：內外人已兼盡者也。雖然，高宗此令固善矣，而使奸檜專制國命，殺忠良、虧元氣，而宋祚日以就亡，豈減於內侍預政之禍哉。

〇宋儒楊時述曾肇奏疏有曰：「伏見太皇太后聽政以來，止於延和殿垂簾視事，受契丹人使朝見，亦止御崇政殿，未嘗出踐外朝。蓋外朝，天子之正宁，太皇太后崇執謙德，不欲臨御，以爲天下後世法。」

臣若水通曰：延和、崇政，非外朝也。外朝，天子南面以聽天下之所也。高太后知內外之分如天地陰陽之不可易，不敢以或違。嗚呼！賢哉！

○國朝洪武十七年七月丁酉，敕内官毋預外事，凡諸司毋與内官監文移來往。上謂侍臣曰：「爲政必先謹内外之防，絶黨與之私，庶得朝廷清明，紀綱振肅。前代人君不鑒於此，縱宦侍與外臣交通，覘視動静，夤緣爲奸，假竊威柄，以亂國家，其爲害非細故也。間有發奮欲去之者，勢不得行，反受其禍，延及善類。漢唐之事，深可嘆也。夫仁者治于未亂，知者見于未形。朕爲此禁，所以戒未然爾。」

臣若水通曰：内外之防，乃天地之大義，陰陽之大分，不可紊焉者也。我皇祖敕内官毋預外事，諸司毋通内官，雖所以絶覘視、杜夤緣、振紀綱、清朝廷，亦所以懲前代内外之禍，而欲兩全其福禄也。夫仁者圖治於未亂，智者見禍於未形，非我皇祖體仁智之至者，曷足以及此。惟聖子神孫，其永鑒于兹哉。

○洪武十八年九月庚午，上御華蓋殿，文淵閣大學士朱善講周易至家人，上曰：「齊家治國，其理無二，使一家之内，長幼内外盡其分，事事循理，則一家治矣。一家既治，達之一國，以至天下，亦舉而措之爾。朕觀其要，只在誠實而有威嚴。誠則篤親愛之恩，嚴則無閨門之失。」善對曰：「誠如聖諭。」

臣若水通曰：家人者，治家之道也。在易家人彖曰「男女正，天地之大義也」，此我聖祖嚴之謂乎！其九五象曰「王假有家，交相愛也」，此我聖祖誠實親愛之謂乎！是則家人之道不在易，而在聖祖之心矣。夫惟嚴以涖之，愛以結之，而後齊家之道盡，嚴愛皆出於心也。伏惟聖明體而行之，則家齊國治，而天下平矣，幸甚。

○國朝〔四〕祖宗於門禁出入，其法最嚴。每四孟享太廟，夜間出鑰於門隙，早朝亦於御前奏知。各門監守官及各衛官軍，遇有出入者，必須有牌面方許其入。迨其出也，必搜檢之。其入也，不許攜寸鐵；其出也，不許帶一物。

臣若水通曰：此祖宗嚴宫禁之良法也。夫宫禁之嚴，閨門之約束也。閨門之道，治化之根本也。是故古先哲王，罔不於斯而致謹焉。致謹於斯，猶或有穢德亂正者，況不嚴於斯乎？此我祖宗宫禁立法之至意也。然欲嚴於此者，必嚴於心。心苟放肆，無嚴禁之不弛矣，可不戒哉。

校記：

〔一〕「勢」，原作「執」，據嘉靖本改。

〔二〕「加」，原作「知」，據嘉靖本改。

〔三〕「嘗」，原作「棠」，據嘉靖本改。

〔四〕「國朝」，嘉靖本無。

聖學格物通卷之四十

恤孤幼

○詩小雅角弓：騂騂角弓，翩其反矣。兄弟昏姻，無胥遠矣。

臣若水通曰：此詩刺王不親九族也。騂，赤色。角弓，張之則張，弛之則反，以比兄弟不相親也。長我者爲兄，少我者爲弟。昏姻，内外親戚也。胥，相也。凡人之情，近則親，遠則疏。詩言角弓之騂騂，其相反則翩然矣。王處兄弟骨肉之間，昏姻戚屬之類，庶幾尊其禄位，同其好惡，無爲大相反相遠，而不相親愛乎？雖然，堯典序堯德業之大，亦曰「克明峻德，以親九族」。中庸九經，親親亦本於脩身。蓋親親之恩本於德，德之盛者其親親，德之薄者其親疏。後世恩德衰薄，至有身爲天子極享富貴，九族之中有孤寒微賤、下同匹夫者。曹植親爲帝弟，至有「煮荳燃萁，同根相煎」之詠，則其所厚者薄亦可知矣，此角弓之所以作，爲薄骨肉者之刺也。夫惟行葦之詩乎？故曰「戚戚兄弟，莫遠具邇」，所以篤親親之義也。「騂騂角弓，翩其反而」，此所以恩義之薄也。揆厥所自，特由其心之不仁爾。不仁故不知同根一體之義，骨肉相殘，何所不至哉。故嘗觀戛羹之封，而悲漢高無人君之度。覩德昭之事，而憫宋太宗之秉心亦已忍矣。骨肉如此，況他人乎？

○春秋昭公元年：夏，秦伯之弟鍼出奔晉。

臣若水通曰：鍼者，秦桓之愛子，景之弟也。書「弟」、書「出奔晉」者，罪景之不友於弟，至不能容於我土也。夫爲人兄者能念天顯，念父母鞠子哀，則必根於天性，推其同氣之恩以慈其弟，尊其位、重其禄、同其好惡、共安富貴可也，何至使之出奔乎？雖爲大被長枕共榻可也，何至使之奔晉乎？景也殘忍刻薄，忮害同支，使之出奔越境，無異於路人，此天倫所由壞也。不然，弗去懼選，何爲其母亦誨之邪？春秋以能友責人兄，故罪景以爲後戒。

○禮記月令曰：安萌芽，養幼小，存諸孤。

臣若水通曰：此仲春之政令也。安者，無摧折也。存，亦安也。萌芽，草木之生意初發者。幼小，穉弱之嬰孩。孤者，幼而無父之人也。夫仁民而後愛物，施恩之序也。今先萌芽者，因萌芽而及幼少，因幼少而及諸孤，所以對時而育物也。

○漢光武建武二年夏四月，封兄縯子章爲太原王，興爲魯王。十三年二月，以太原王章爲齊公，魯王興爲魯公。十五年夏四月，追謚兄縯爲齊武公。帝感縯功業不就，撫育二子章、興，恩愛甚篤。以其少貴，欲令親吏事，使章試守平陰令，興緱氏令。其後章遷梁郡太守，興遷弘農太守。

臣若水通曰：光武之於兄子章、興，先封王矣，由王而公，由公而守令者，何邪？蓋先惑而後悟也。孔子曰：「愛之能勿勞乎？」生而王之，非所以至愛也。光武撫兄二孤盡恩，至使降富貴、親吏事、試守令，所以勞之，非禽犢之私矣，愛之不亦深乎。上恤孤則民不倍，此光武之所以中興而平天下也。

○漢和帝永元十五年夏四月甲子晦，日有食之。時帝遵肅宗故事，兄弟皆留京師。有司以日食陰盛，奏遣諸王就國。詔曰：「甲子之異，責〔一〕由一人。諸王幼穉，早離顧復。弱冠相育，常有蓼莪、凱風之哀。選懦〔二〕之恩，知非國典，且復宿留。」

臣若水通曰：和帝幼沖而能友愛兄弟，宿留京師，不以有司之請而少間。蓋其親親之仁根於天性故如此。彼蹀血禁門、推刃同氣者，獨何心哉？

○漢安帝建光元年。初，汝南薛包少有至行，父母亡，弟子求分財異居。包不能止，乃中分其財。奴婢引其老者，曰：「與我共事久，若不能使也。」田廬取其荒頓者，曰：「吾少時所治，意所戀也。」器物取其朽敗者，曰：「我素所服食，身口所安也。」弟子數破其産，輒復賑給。帝聞其名，令公車特徵至，拜侍中。包以死自乞，有詔賜告歸，加禮如毛義。

臣若水通曰：薛包孝友之行，讓財之善，皆曰所安，隱於無迹，蓋有泰伯之風矣，慈幼之道，豈不爲百世之師哉。使人人能是，則比屋有可封之俗矣。安帝聞其名，徵以公車，加以殊禮，其知風化之本也，不亦善哉。

○宋文帝元嘉十八年春正月，彭城王義康至豫章，辭刺史。甲辰，以義康都督江、交、廣三州諸軍事。前龍驤參軍、巴東扶令育詣闕上表稱：「昔袁盎諫漢文帝曰：『淮南王若道路遇霜露死，陛下有殺弟之名。』文帝不用，追悔無及。彭城王義康，先朝之愛子，陛下之次弟。若有迷謬之愆，正可數之以善惡，導之以義方，奈何信疑似之嫌，一旦黜削，遠送南垂？草萊黔首，皆爲陛下痛之，廬陵往事，足爲龜鑑。恐義康年窮命盡，奄忽于南，臣雖微賤，竊爲陛下羞之。陛下徒知惡枝之宜伐，豈知伐枝之傷樹？伏願急詔義康返於京甸，兄弟協和，君臣輯睦，則四海之望塞，多言之路絶矣。何必司徒公、揚州牧，然後可以置彭城王哉？若臣所言於國爲非，請伏重誅，以謝陛下。」表奏，即收付建康獄，賜死。

臣若水通曰：孟軻稱孩提無不知愛親敬兄爲人之良知良能，所不慮而知、不學而能者也。曾參亦曰未有學養子而後嫁者也，是慈孝乃人之本心固有者也。文帝於彭城王義康削黜遠投，獨無良知良能乎？及巴東扶令育之言宜悟矣，而反殺之。詩曰：「他人有心，予忖度之。」帝果無人心矣哉。

○唐中宗神龍元年二月。初，武后誅唐宗室，有才德者先死，惟吴王恪之子鬱林侯千里褊躁無才，又數獻符瑞，故獨得免。上即位，立爲成王，拜左金吾大將軍。武后所誅唐諸王、妃、主、駙馬等，皆無人葬埋，子孫或流竄嶺表，或拘囚歷年，或逃匿民間，爲人傭保。至是，制州縣求訪其柩，以禮改葬。追復官爵，召其子孫，使之承襲，無子孫者爲擇後置之。既而宗室子孫相繼而至，皆召見，涕泣舞蹈，各以親疏襲爵拜官有差。

臣若水通曰：孟軻曰：「未有仁而遺其親者也。」唐中宗收宗室子孫於武后誅殘之餘，死者禮葬，生者襲封，仁慈之推，燕及煢嫠，澤逮枯骨，不遺幽明矣。既而幼孤相繼召見，涕泣舞蹈，謂非仁心之感召哉。

○唐玄宗素友愛，近世帝王莫能及。初即位，爲長枕大被，與兄弟同寢。聽朝罷，多從諸王遊。在禁中，拜跪如家人禮，飲食起居相與同之。於殿中設五幄，與諸王更處其中，謂之五王帳。宋王成器尤恭慎，未嘗議及時政，與人交結，帝愈信重之，故讒間之言無自而入。

臣若水通曰：書云：「孝乎惟孝，友于兄弟，施於有政。」詩云：「刑于寡妻，至于兄弟，以御于家邦。」語曰：「孝弟也者，其爲仁之本與！」孝友根於天性，惟孝故弟，惟弟故慈，惟慈故有刑于之化以及家邦，皆推此仁而已矣。明皇友愛之至，而於兄弟寢食遊息動與之俱，可謂篤於天顯者矣。使能充是心而廣之，慈以畜其子，義以處其妻，恩以逮其臣下，則必不以讒殺其子，不以變黜其妻，不以無罪殄戮臣下，而疑忌宗室、幽閉骨肉之事必無矣，寧不爲全德之主乎？惜其明於此，暗於彼，不能學以充之也。孟軻氏曰：「苟能充之，足以保四海。苟不充之，不足以事父母。」君天下者，可不念哉。

○唐文宗太和七年，宰相李德裕言：「昔玄宗以臨淄王定内難，自是疑忌宗室，不令出閤。天下議者皆以爲幽閉骨肉，虧傷人倫。曏使天寶之末、建中之初，宗室散處方州，雖未能安定王室，尚可各全其生，所以悉爲安禄山、朱泚所魚肉者，由聚於一宮故也。陛下誠因册太子，制書聽宗室年高屬疏者出閤，且除諸州上佐，使携其男女出外婚嫁。此則百年弊法一旦因陛下去之，海内孰不欣悦！」帝曰：「兹事朕久知其不可，方今諸王豈無賢才，無所施爾。」八月，庚寅，册太子，因下制：諸王自今以次出閤，授緊、望州刺史、上佐。竟以議所除官不決而罷。

臣若水通曰：三代之君，所以分封同姓，而布之天下，各有寧宇，蓋推一念之孝慈以及之爾，非有所爲而爲也。至於藩垣屏翰，王室有賴焉。唐明皇友愛兄弟，枕被五帳，起居與處，此仁心矣。至於疑忌宗室，不令出閤，是爲能充其類也乎？文宗聽德裕之言，雖制諸王以次出閤，而除官不決，不可謂勇於爲義者矣。大抵玄宗之孝友兄弟，有所爲而發，故不能推其恩。文宗之制諸王，有所牽而滯，故不能遂其志。使文宗決而行之，雖不能如三代封建之制，而刺史、上佐猶可以盡其才能，庶幾蕃其枝葉以固其本根，則唐之祚本支百世，豈至傾覆相尋，而卒無靈長之福哉。

○宋儒楊時云：夫仁人之親愛其弟，非徒富貴之而已，亦必爲之節之也。富貴而不爲之節，使之驕慢陵僭以速禍敗，則其親愛之也，適所以害之爾。

臣若水通曰：孟子稱仁人之於弟，親愛之而已。又言舜封象於有庳，富貴之也。然必天子使吏治其國，不得暴彼民焉。故愛弟者如愛寶矣，愛寶者必防護不使物壞焉，愛之至也。後世之爲宗室者，以驕慢陵僭而受誅者多矣，是皆不能防慎之於始也。是故聖人之於宗室也，有愛之之仁，有節之之義焉。楊時之言，蓋本於孟子，而我國家之所已行者矣。爲宗藩者，其尚深體仁義之愛也哉。

〇國朝孝慈高皇后性慈惠，嘗語諸王妃、公主曰：「無功受福，造化所惡。吾與若屬，被錦繡、美飲食，終日無所爲，當勤女工，以報造物者。」太子、諸王，雖愛之甚篤，勉令務學，諄切懇至。嘗曰：「汝父尊臨萬國，身致太平，亦由學以聚之爾。小子當思繼繼繩繩，以不辱所生。」又曰：「汝輩異日有人民社稷之寄，尤必積累忠厚，乃可長世。切不可自恃而不務德，謂事有偶然也。汝切識之。」諸王或以衣服、器皿相尚者，高皇后曰：「唐堯、虞舜茅茨土階，夏禹、文王惡衣卑服，汝父猶惡奢麗，日夜憂勤，以治天下。汝輩無功，錦衣玉食，猶欲以服御相加，何志氣不同如是乎？惟當親師取友，講論聖賢之學，開明心志，自無此氣習也。」

臣若水通曰：孔子曰「愛之能勿勞乎」，蓋愛之不得不勞，而勞之乃所謂愛之深也。我孝慈高皇后性本慈惠，故其訓戒太子、諸王妃、公主，拳拳以勤女工、務講學、崇忠厚、尚節儉而教之甚嚴，豈非美質與孔子之意暗合歟？臣謹録之，以爲聖子神孫誦法之獻。

○永樂三年十月，太宗皇帝賜諸王皇明祖訓，且諭之曰：「皇考所以垂訓子孫，至要之道，具在此書。朝廷常守之，可以永安。宗室藩王常守之，可以長保富貴。朝廷與藩王，本同祖宗所出，但能皆以祖宗之心爲心，則自然各盡其道。前代有帝王不能保全宗室者，如宋太宗，亦有宗室不能自保全者，如周王三、漢七國，此皆是不能以祖宗之心爲心。朕與諸弟各勉之。」

臣若水通曰：祖宗之於子孫，如其心之於四肢百體，無尺寸之膚不愛，則無尺寸之膚不保全也。惟其愛之也深，則其慮之也至。仰觀聖祖述創業之艱，爲皇明祖訓以詔孫子，貽謀遠矣。太宗文皇帝既以之賜諸王，而又諭以保守之道焉，其恤孤幼之仁至矣。伏惟聖子神孫，以祖宗之心爲心，以其法爲法，則帝王之業永保無疆矣。

○永樂二十二年十一月，仁宗皇帝諭侍臣曰：「守成之主，動法祖宗，斯鮮過舉。書曰：『監于先王成憲，其永無愆。』後世嗣位者，往往作聰明、亂舊章，而卒致喪敗，可爲鑒戒。朕十有餘歲，侍太祖皇帝側，親見作祖訓，屢更改易而後成書。

是時秦、晉、周世子皆在，太祖閒暇即召太孫及諸世子于前，分條逐事委曲開諭之，皆持身、正家以至治天下之要道，爲天子、爲藩王能每事遵守，豈不福禄永遠者？朕寤寐不忘，今已命司禮監刊印，將賜諸子及弟姪。」侍臣對曰：「陛下此心，即太祖皇帝之心也。」

臣若水通曰：盈成之世，易至於驕肆也。惟其愛之也深，故其戒之也屢。太宗文皇帝既以祖訓賜諸王矣，及仁宗嗣位之初，又命司禮監刊印，賜諸子及弟姪。嗚呼！祖宗之心，其愛子孫屢屢無窮有如此也。爲子孫者，苟能推是心焉，則家可齊矣，家齊而國可治矣，於天下也何有？伏惟聖明留心焉，幸甚。

校記：

〔一〕「責」，原作「貴」，據嘉靖本改。

〔二〕「懦」，原作「懼」，據嘉靖本改。

聖學格物通卷之四十一

御臣妾上

○易剥：六五：貫魚，以宫人寵，无不利。

臣若水通曰：剥卦一陽居衆陰之上，陰受制於陽，宫人受制於君也。六五，后也，宫人之長也。率其類如魚行之有序，以承君之寵也，妻道也，治家有法而亂階不啓，故無不利也。非君子之刑于寡妻，其能致宫人之順序者如是哉？

○遯：九三：係遯，有疾厲，畜臣妾，吉。

臣若水通曰：九三下比二陰，故有係累於遯之戒。君子之於小人，異類也，遠之惟恐其不亟也，有所係而遯之不速，其爲危道也必矣，惟施之於臣妾則可爾。臣妾非可遠也，供使令者也。以之畜臣妾，恩以繫之則得其心而忠於上矣。何也？彼不知義而知恩也，人君恩以御夫臣妾而不失其義焉，則得矣。

○書周書伯冏〔一〕：昔在文武，聰明齊聖，小大之臣，咸懷忠良。其侍御僕從，罔匪正人，以旦夕承弼厥辟，出入起居，罔有不欽。發號施令，罔有不臧。下民祗若，萬邦咸休。

臣若水通曰：此周穆王舉先王謹於僕御臣妾之事，以命伯冏爲太僕正也。聰者無不聞，明者無不見，齊者齊一，聖者通明，忠者直也，良者善也。弼，輔也。辟，君也。欽，敬也。臧，善也。若，順也。休，美也。言文武之君既聰明齊聖，而小大之臣又咸懷忠良，如此似無待於侍御僕從之承弼者。然此時左右奔走皆得正人以承順正救之，故於出入起居無時不敬，號令無有不善，故民敬順而國治美也。夫文武君聖臣良，尚有賴於侍御僕從之臣如此，況其下者乎。此穆王所以拳拳於伯冏之命也。後世人主視此爲賤品而不知擇，曾不知朝夕與居，氣體移養常必由之，所謂潛消默奪於冥冥之中者，爲功甚多，而明争顯諫於昭昭之際，抑末矣。

○伯冏：僕臣正，厥后克正；僕臣諛，厥后自聖。后德惟臣，不德惟臣。

臣若水通曰：此亦穆王命伯冏之辭，以見僕御之重也。后，君也。諛，佞順也。臣，即僕臣也。自聖，自以爲聖也。言僕臣之賢否，係君德之輕重如此，不可不擇其人也。吕氏曰：

「自古小人之敗〔二〕君德爲昏、爲虐、爲侈、爲縱，曷其有極？至於自聖，猶若〔三〕淺之爲害。穆王獨以是蔽之者，蓋小人之蠱其君，必使之虛美薰心，傲然自聖，則謂人莫己若，而欲予言莫之違。然後法家拂士日遠，而快意肆情之事，亦莫或齟齬其間。自聖之證既見而百疾從之，昏虐侈縱皆其枝葉，而不足論也。」呂氏之言，可謂痛切著明。爲人君者，可不深思而懲戒之乎。

○詩大雅瞻卬：哲夫成城，哲婦傾城。懿厥哲婦，爲梟爲鴟。婦有長舌，維厲之階。亂匪降自天，生自婦人。匪教匪誨，時維婦寺。

臣若水通曰：此刺幽王嬖褒姒、任奄人以致亂之詩也。哲，知也。城，猶國也。哲婦，蓋指褒姒也。長舌，能多言者也。寺，奄人也。言男正位乎外，有哲則能立國。婦人無所事哲，哲則能傾人之城矣。何者？以爲懿之哲婦，則如鴟梟之陰怪，有長舌多言，足以爲人之危階，而禍亂由是而生矣。然書曰「胥教誨」，乃賢德之臣也。若夫此人言語雖多，殊無胥教胥誨之道，其惟婦寺乎！非特匪教誨而已，非譖人之行，則壞君之德也。由是言之，有以知人主之御臣妾，不可不明且遠也。苟見之不明，明之不遠，則蔽於近而婦寺之言入之矣，豈國家之福哉。何也？彼婦寺者，出入宮掖，探知主意，常冀其言之或中，以假竊威福之柄，故甘言悲辭日浸潤於君側。人主苟不明心察理，聽而信之，則變亂是非，上召天災，下速人禍，皆自此始。故曰：「昊天不惠，邦國殄瘁。」幽王往事亦可鑒矣。後世乃不此之鑒，西漢去此未遠，而王莽之禍起於外戚，黨錮之亂萌於宦官，亦獨何哉？成帝之優柔，桓、靈之暗弱，其心之不明且遠，無足怪矣。然則人主之於臣妾奈何？孔子曰：「惟女子與小人爲難養也。」必莊以莅之，慈以畜之，明以斷之，斯爲得御之之道矣。

○春秋宣公十年：齊崔氏出奔衛。

臣若水通曰：春秋書崔氏出奔衛，譏齊君無御臣之道也。臣下有罪，則與衆棄之可也。若其無罪，恃國之紀綱而自立爾。彼崔杼何爲而奔衛也？高固畏其逼而逐之也。使臣下以力相逐，猶爲御之有道乎？抑不思高氏既得以逐崔氏，則高氏之强不爲崔氏乎？曰：然則何以書氏？槩之於諸崔也。崔杼既去，國人宜可帖席矣。君子則曰禍之生不生於生之之日，崔氏之雄於齊者，不獨一杼也。盤根錯節，終有蔓延之理；鼠竄狐伏，豈無窺窺之勢？苟不預爲之圖，反噬之禍，吾知其不免矣。故春秋書崔氏以見爲崔氏猶在也，又以見强臣之宗類於崔氏，皆當辨之早也。

○昭公五年(四)：宋華合比出奔衛。

臣若水通曰：書華合比出奔衛，譏宋公之信讒，失御臣妾之道也。然則何以曰譏？蓋華合比之奔衛，宋寺人柳爲之也。坎、牲、埋書，告以將納亡人之族，此柳之中傷合比也。宋公聽其言而逐之，其心蔽矣。嗚呼！人君之心惟在於有養，養生明，明生斷。明足以燭奸，斷足以克愛。雖有百寺人，無能投其間矣。否則，昏淫縱欲日化於宦寵而莫之覺也。敗亡之禍，如秦之趙高，漢之恭、顯，唐之王守澄、田令孜，亦可以鑒矣。

○禮記曲禮曰：國君不名卿老世婦，大夫不名世臣姪娣，士不名家相長妾。

臣若水通曰：御臣妾者莫大於禮，禮達而分定，故上下能相親而不亂也。卿老者，貴卿也。世婦者兩媵也，次夫人，貴於妾者也。世臣者，父之臣也。姪娣者，妻之兄女及妹也。長妾者，妾之有子者也。卿老也、世臣也、家相也，外之佐也；世婦也、姪娣也、長妾也，內之佐也。不名之，斯重之矣。上重之而人不知自重者，非人也。人知自重而患不消事不成者，未之有也。內外之政舉而國不治者，未之有也。是故人君脩德行政，不敢侮於臣妾焉。

○月令曰：命奄尹申宮令，審門閭，謹房室，必重閉，省婦事，毋得淫。雖有貴戚近習，毋有不禁。

臣若水通曰：此仲冬之政令也。奄尹，群奄之長也。宮令，宮中之政令也。重閉，內外皆閉也。淫者，女工之過巧也。貴戚，天子之姻族。近習，嬖倖者也。重閉何也？應天地之閉藏也。省女工，教陰靜以養天地之靜也。是故御之得其道，而禍亂不作矣。

○緇衣：子曰：「邇臣不可不慎也，是民之道也。」

臣若水通曰：武王不泄邇，蓋謹之於狎侮也。夫君德之成，由於邇臣之習。而民之所瞻，又在夫人君之德也。是故邇臣必得正直端莊之士、道德純備之人以居之，則規益既多，而君之習染亦日與之化，可以爲民之具瞻矣。否則，其禍有不可勝言者。此明王之所以必慎而御之也。故程頤曰：「人主一日之間，接賢士大夫之時多，親宦官宮妾之時少，則可以涵養氣質，薰陶德性。」是矣。

○周禮内宰：以陰禮教六宮，以陰禮教九嬪，以婦職之法教九御，使各有屬，以作二事。正其服，禁其奇衺〔五〕，展其功緒。

臣若水通曰：古者明王之御臣妾，非專威以制之也，蓋有禮以教之也。教行則内治，而姦亂不生。故禮者，禁於未然者也。故六宮治内所以脩陰教也，陰禮即陰教也。六宮，一后、三夫人、九嬪、二十七世婦、八十一女御，主之者一后也。言教九嬪，則夫人、世婦在其中矣。九御，即女御也。婦職之法，組紃縫線之事也。有屬，以九九爲屬也。二事，絲枲之事也。正服，禁奇衺，展功緒，所以作之也。聖人之御臣妾，可謂至矣。

○左傳昭公元年：晋侯有疾，鄭伯使公孫僑如〔六〕晋聘，且問疾。叔向問焉，子産曰：「僑聞之，内官不及同姓，其生不殖。美先盡矣，則相生疾。君子是以惡之。

故志曰：『買妾不知其姓，則卜之。』違此二者，古之所慎也。男女辨姓，禮之大司也。今君内實有四姬焉，其無乃是也乎？若由是二者，弗可爲也已。四姬有省猶可，無則必生疾矣。」

臣若水通曰：娶同姓者瀆類，嬖四姬者蠱心。瀆類蠱心，是侮於臣妾矣。子産原晋平公之疾，曰「君内實有四姬」，又曰「有省猶可」，足爲人君處妾御者之法矣。

○國語晋語：范文子曰：「昭私難必作。」

臣若水通曰：文子，晋大夫士燮也。私，嬖臣妾也。昭，顯也。寵私必去舊，去舊必作難。書曰「德盛不狎侮」，故私昵之恩，聖人戒焉，以其示天下以私也。夫驕泰以昭厥私，其何能久。此文子祈死之詞，示於宗祝。御臣妾者，勿寵私昵以釁難召禍焉。

○晋語：陽畢曰：「行權不可以隱於私。」又曰：「行權隱於私則政不行，政不行，何以道民？」

臣若水通曰：陽畢，晋大夫。穆侯，唐叔八世之孫、桓叔之父也。以私恩隱蔽其罪，無以正國也。道，訓也。語有之：法之不行，自貴近者始。自古威權不振，多隱於私昵。隱於私昵，則政令不行矣。焉有政令不行，而可以爲君乎？平公患寇及身而不能忍於欒氏，民何以威？不能起瑕、原、韓、魏而賞之，民何以懷？陽畢之論，其忠於晋亦至矣。爲人君者，欲行威令以畏天下者，當自不隱於私昵始。

○漢文帝所幸慎夫人，在禁中常與皇后同席坐。袁盎引卻慎夫人坐，慎夫人怒，上亦怒。盎因前説曰：「臣聞尊卑有序則上下和，今既已立后，慎夫人乃妾爾，豈可與同坐哉？陛下獨不見人彘乎？」上乃悦，召語慎夫人，慎夫人賜盎金五十斤。

臣若水通曰：人君之御臣妾，惟其正而已矣。尊卑有序，天下之至正也。故人君愛其嬖妾，不可過於寵幸，寵幸之過是害之也。人彘之禍慘矣，人謂吕后殺之，而不知乃高祖殺之也。然則盎之引卻慎夫人坐，非忠愛慎夫人者哉？宜其賜金以酬之也。

○漢安帝建光元年夏四月，帝以江京嘗迎帝於邸，封都鄉侯；封李閏爲雍鄉侯。閏、京並遷中常侍，京兼大長秋，與中常侍樊豐、黄門令劉安、鉤盾令陳達及王聖、聖女伯榮，扇動内外，競爲侈虐。伯榮出入宫掖，傳通姦賂。司徒楊震上疏曰：「女子小人，近之喜，遠之怨，實爲難養。宜速出，阿母令居外舍，斷絶伯榮往來。」

臣若水通曰：甚矣！女子小人之難養也。御之之道，在恩嚴兼濟而已爾。安帝不能用楊震之言，不勝其閏、京迎立之私，恩寵過情，溺於阿母乳哺之愛。而伯榮潛通，怙勢恣横，甚至譖廢太子而不能辨。安帝之柔闇，嚴不勝恩一至於此。吁！可戒也哉。

○北魏明帝入宫，以高道穆爲御史中尉。帝姊壽陽公主行犯清路，赤棒卒呵之。不止，道穆令卒擊破其車。公主泣訴於帝，帝曰：「高中尉清直之士，彼所行者公事，豈可以私責之也？」道穆見帝，帝曰：「家姊行路相犯，極以爲愧。」道穆免冠謝，帝曰：「朕以愧卿，卿何謝也？」

臣若水通曰：剛正者，御近臣之道也。公主，帝姊也。高道穆，帝臣也。臣呵帝姊，容而自愧，臣不以勢撓法，君不以情廢法，可謂上下兩得其正矣。惜乎穢后專權，君不得以有爲。嗚呼！人君剛德可少也哉？

○梁武帝大同十一年，詔後宫貴妃以下，衣不曳地。

○陳宣帝太建九年，周詔後宫惟置妃二人、世婦三人、御妻三人，此外皆減之。

臣若水通曰：飲食男女，人之大欲也。善反之，則天理存焉。梁武儉於服御，周武約於宫嬪，其資性蓋近道矣，而不能充其類以御萬方，聖學之功可少也哉？後世號爲英君誼辟，往往溺情於奉御之私而不能自振者，觀此亦可愧矣。

○唐高祖武德九年八月癸亥，詔以宫女衆多，幽閟可愍，宜簡出之，各歸親戚，任其適人。貞觀二年九月，天少雨。中書舍人李百藥上言：「往年雖出宮人，竊聞太上皇宮及掖庭宮人無用者尚多，豈惟虚費衣食，且陰氣鬱積，亦足致旱。」上曰：「婦人幽閉深宫，誠爲可愍。灑掃之餘，亦何所用？宜皆出之，任求伉儷。」於是遣尚書左丞戴胄、給事中杜正倫於掖庭西門簡出之，前後所出三千餘人。

臣若水通曰：人君之御下，在順其情而不逆爾。聖王之治天下，鳥獸、魚鼈咸若。夫物則亦有然者也，而況於人乎？人情之順逆，取之己而已矣。順其情則和，逆其情則乖。和則和氣可致，祥瑞可格，而況於人乎？乖則戾氣可致，災異斯見，而況於人乎？昔者太王之興也，内無怨女。唐太宗之心猶太王乎？後世頌其盛德焉。人君之御宫妾，可不法諸？

○唐太宗貞觀二年正月，帝謂魏徵曰：「人主何爲而明，何爲而暗？」對曰：「兼聽則明，偏聽則暗。昔堯清問下民，故有苗之惡得以上聞；舜明四目、達四聰，故共、鯀、驩兜不能蔽也；秦二世偏信趙高，以成望夷之禍；梁武帝偏信朱异，以取臺城之辱；隋煬帝偏信虞世基，以致彭城閣之變。是故人君兼聽廣納，則貴臣不得壅蔽，而下情得以上通也。」帝曰：「善。」

臣若水通曰：帝王之御天下，位於至公至明而已矣。惟公故能兼聽，惟明故能照徧，其要在人君之一心爾。心存天理則公，公則明，明則耳目〔不蔽於〕〔七〕近習。故書曰：「視遠惟明，聽德惟聰。」太宗問明暗之辨，而魏徵有兼聽偏信之對，可謂當矣。使太宗能因徵之言反求於學，存天理之公以明諸心焉，則何隱弗燭，何遠弗屆乎？惜乎君臣之間徒知明暗之辨而不知本，亦徒講説爾，宜其明於此而或暗於彼，漸不克終，有以也夫。

○貞觀二年十二月壬午，以黄門侍郎王珪爲守侍中。上嘗閒居，與珪語，有美人侍側。上指示珪曰：「此廬江王瑗之姬也，瑗殺其夫而納之。」珪避席曰：「陛下以廬江納之爲是邪？爲非邪？」上曰：「殺人而取其妻，卿何問是非？」對曰：「昔齊桓公知郭公之所以亡，由善善而不能用，然棄其所言之人，管仲以爲無異於郭公。今此美人尚在左右，臣以爲聖心是之也。」上悦，即出之，還其親族。

臣若水通曰：人君閨門之私，至易溺也；人臣房闥之私，至難言也。郅惲曰「父不可得之於子，君不可得之於臣」，而況臣之於君乎？太宗之納美人而不知其爲廬江殺夫之所致，則惑矣。然聞言即悟，改過不吝，非勇於從善者能之邪？後世人臣之諫語及房闥，人君輒肆加責，其愧於太宗遠矣。有志脩身齊家者，當於人言求之。

○貞觀十六年，帝嘗指殿下樹愛之，殿中監宇文士及從而譽之不已。帝正色曰：「魏徵嘗勸我遠佞人，我不知佞人爲誰，意疑是汝，今果不謬。」士及叩頭謝。

臣若水通曰：孔子曰「遠佞人」，又曰「佞人殆」。蓋佞人者，樂阿順事容悦，使人君以狥欲爲樂而忘理，以從利爲心而滅義，人君於此不辨而遠之，危亡之禍至不旋踵矣。太宗知宇文士及之佞而正色以折之，可謂有御物之明者矣。而不能即黜遠之，以親正人、講正學，此太宗所以不得爲純德之君也已。

校記：

〔一〕「伯冏」，書原篇名作「冏命」。下同。
〔二〕「敗」，原作「改」，據嘉靖本改。
〔三〕「若」，原作「者」，據嘉靖本改。
〔四〕按下引文實見春秋昭公六年。
〔五〕「衺」原作「衮」，據周禮改。
〔六〕「如」下原衍一「如」字，據左傳删。
〔七〕「不蔽於」，據嘉靖本補。

聖學格物通卷之四十二

御臣妾下

○唐中宗神龍元年八月戊申，以水災求直言。右衛騎曹參軍西河宋務光上疏，以爲：「水陰類，臣妾之象，恐後庭有干外朝之政者，宜杜絶其萌。」

臣若水通曰：君德以剛爲主，剛則陽，陽則明。剛明者，御臣妾之道也。臣妾，陰類也。水，陰氣也。務光上疏，欲杜絶宫闈預政之端，以消水沴之變，真確論也。帝溺於衽席之愛，終使政歸房帷，天子拱手，貽笑天下後世，可謂之剛明矣乎？端本善則之君，其鑒之哉。

○唐玄宗開元十五年夏五月，命妃嬪以下宫中育蠶，欲使之知女功。丁酉夏至，賜貴近絲，人一綟。

臣若水通曰：人勞則思，思則善心生，善心生則邪慝不作。妃嬪群居，飽食玩日，玄宗命育蠶宮中，使勤女工，可謂御之有道矣。夏至賜貴近絲，人一綟，皆女工所給也。然天寶以後艷妃亂政，何制御之不克終耶？故人君欲御下者，當先御其心。

○玄宗開元十九年正月，王毛仲賜死，自是宦官勢益盛。高力士尤爲帝所寵信，嘗曰：「力士上直，吾寢則安。」故力士多留禁中，稀至外第，四方表奏皆先呈力士然後奏御，事小力士即決之，勢傾內外。

臣若水通曰：書稱「惟辟作福，惟辟作威」。此言人君之御臣下，不可假以威福之柄也。明皇寵任力士而使之省決章奏，可謂威福下移矣。故力士竊權怙寵，而威福之作無所不至，卒之引類植黨而貽禍無窮，豈非明皇無御下之道所致乎？

○開元二十四年，武惠妃譖太子瑛、鄂王瑤、光王琚。帝大怒，以語宰相，欲皆廢之。張九齡諫曰：「陛下踐祚垂三十年，太子諸王不離深宮，日受聖訓，天下之人皆慶陛下享國久長，子孫蕃昌。今三子皆已成人，不聞大過，陛下奈何一旦以無根之語、喜怒之際盡廢之乎？且太子天下之本，不可輕搖。昔晉獻公聽驪姬之讒殺申生，三世大亂；漢武帝信江充之誣罪戾太子，京城流血；晉惠帝用賈后之譖廢愍懷太子，中原塗炭；隋文帝納獨孤后，黜太子勇，立煬帝，遂失天下。由此觀之，不可不慎。陛下必欲爲此，臣不敢奉詔。」帝不悦。李林甫初無所言，退而私謂宦官之貴幸者曰：「此主上家事，何必問外人。」帝猶豫未決，惠妃密使官奴牛貴兒謂九齡曰：「有廢必有興，公爲之援，宰相可長處。」九齡叱之，以其語白帝。帝爲之動色，故終九齡罷相，太子得無動。明年，將廢太子，帝召宰相謀之，林甫對曰：「此陛下家事，非臣等宜預。」帝意乃決。

臣若水通曰：甚矣！邪佞之言，入人主之腹心，割骨肉之至愛。故人主之御臣妾，不可不慎也。自古宫闈之禍亂，多生於后妃嬖幸之讒譖。雖以父子之愛出於天性，猶能易之爲寇讎，而兵加骨肉焉。英明之主、名德之士，往往墮其計中，豈特明皇之於武惠妃欲廢三子哉？雖賴輔相忠直如九齡者維持於一時，豈能終釋乎？

○代宗優寵宦官，奉使者不禁其求取。嘗遣中使賜妃族，還，問所得頗少，代宗不悦，以爲輕我命。妃懼，遽以私物償之。由是中使公求賂遺，無所忌憚。宰相常貯錢於閣中，每賜一物，宣一旨，無徒還者。出使所歷州縣，移文取貨，與賦税同，皆重載而歸。德宗素知其弊，及即位，遣中使邵光超賜李希烈旌節，希烈贈之僕、馬及縑七百疋、黄茗二百斤。帝聞之怒，杖超六十而流之。於是中使之未歸者，皆潛棄所得於山谷，雖與之，莫敢受。

臣若水通曰：同一宦官也，代宗縱之則賄賂公行，德宗懲之則奸貪屏跡。故人主於臣妾，亦視其御之之道何如爾。昔齊威王烹阿大夫，爲其善事左右以取譽也。人徒知齊威之怒阿大夫，而不知懲善事左右者也；人徒知齊威之懲善事左右者，而不知乃深懲所事左右之人也。御臣妾之道，齊威其得矣。蓋禄位者，人主之大柄；毁譽者，左右之利口。故貪禄位者必取於譽言，通譽言者必賂於左右。今以譽言之至，而推及於善事左右之奸而遂并誅焉，威王之見卓矣。代宗者乃獨賞善事而怒不善事，何其謬於齊威也？德宗懲之，是矣，不知異日白志貞、竇文瑒之掌禁兵，乃又授之以天下大柄，自是數代子孫之廢置皆出其手，血流禁庭，而唐遂以亡，何德宗之能明於其小而暗於其大哉？故學術不可不講也。

○唐敬宗寶曆三年，帝遊戲無度，狎暱群小，善擊毬，好手搏。禁軍及諸道爭獻力士，又以錢萬緡付内園，令召募力士，晝夜不離側。又好深夜自捕狐狸。性復褊急，力士或恃恩不遜，輒配流籍没；宦官小過，動遭捶撻，皆怨且懼。十二月辛丑，帝夜獵還宫，與宦官劉克明、田務澄、許文端及擊毬軍將蘇佐明、王嘉憲、石從寬、閻惟直等二十八人飲酒。帝酒酣，入室更衣，殿上燭忽滅，蘇佐明等弑帝於室内。劉克明等矯稱帝旨，命翰林學士路隋草遺制，以絳王悟句當軍國事。壬寅，宣遺制，絳王見宰相百官於紫宸外廡。克明等欲易置内侍之執權者，於是樞密使王守澄、楊承和、中尉魏從簡、梁守謙定策，以衙兵迎江王涵入宫。發左右神策、飛龍兵進討賊黨，盡斬之。克明赴井，出而斬之，絳王爲亂兵所害。癸卯，以裴度攝冢宰。百官謁見江王於紫宸殿外廡。甲辰，見諸軍使於少陽院。乙巳，文宗即位，更名昂。

臣若水通曰：臣讀史至敬宗宫闈之變，而嘆人主御臣妾之道誠不可不講也。孔子曰：「惟女子與小人爲難養也，近之則不孫，遠之則怨。」傳者云「莊以莅之，慈以畜之」，然後能無二者之弊。敬宗狎昵群小，晝夜不離，可謂近之矣。擊毬手搏，可謂莊乎？動遭捶撻，配流籍没，可謂慈乎？不莊不慈，可謂御臣妾之道乎？宜其身弑國危，而二日之間三易其主，自開闢所無之禍變一時迭見。嗚呼！慘哉。然裴度位居上相而身繫安危，弑逆之賊而不能討，廢置之謀而不能預。噫！敬宗昏童，殺身固其自取，不足論也。以度之勳德而有此焉，何耶？春秋書趙盾弑其君，以盾爲正卿，出不越境，入不討賊，故弑君之罪不得辭焉，若度者其能免春秋之誅乎？

○文宗大和九年十一月，帝與李訓、鄭注謀誅中官。訓及王璠、郭行餘、李孝本、羅立言誅中官不克，訓出奔。仇士良等知帝預謀，怨憤出不遜語，帝慙懼不復言。士良等遣禁兵露刃出閤門，逢人即殺，死者千六百餘人，横尸流血，狼籍塗地，擒王涯、賈餗、舒元輿等繫兩軍。或斬李訓首送京師，左神策出兵三百人，以李訓首引王涯、王璠、羅立言、郭行餘；右軍出兵三百人，擁賈餗、舒元輿、李孝本獻於廟社，徇于兩市。命百官臨視，斬於獨柳之下，梟其首於興安門，親屬無問親疏皆死，孩穉無遺。時數日之間，殺生除拜皆決於兩中尉，帝不預知。鳳翔監軍斬鄭注，獻其首，梟之，滅其族。仇士良等各進階遷官，自是天下事皆決於北司，宰相行文書而已。宦官氣益盛，迫脅天子，下視宰相，凌暴朝士如草芥焉。

臣若水通曰：人君之於臣妾，在慎所以御之之術爾。有曲突徙薪之防，則無焦頭爛額之災。禁兵之柄，蓋人主授之，則人主亦可得收之也。宋初諸將之兵權亦不細也，太祖以從容杯酒解之，若無事然，故在善御之而已爾。苟能任賢擇相，脩復紀綱，罷中尉之設，以還祖宗之舊，左右權幸諭之以禍福，不絶其富貴，人心既安，法官廷議，公去渠魁，餘皆罔治，則弑君之罪正，逮下之恩乎。蓋若良醫之去病，病去而人不知，乃兩得兼善矣。不知出此而妄行邪謀，禍亂愈熾。惜矣，其不講於御小人之術也。

○唐武宗會昌三年，仇士良以左衛上將軍、内侍監致仕，其黨送歸私第。士良教以固權寵之術，曰：「天子不可令閒，常宜以奢靡娱其耳目，使日新月盛，無暇更及他事，然後吾輩可以得志。慎勿使之讀書親近儒生，彼見前代興亡，心知憂懼，則吾輩疏斥矣。」其黨拜謝而去。

臣若水通曰：仇士良愚君固寵之術，人以爲巧矣，臣獨以爲拙也，拙於自謀也。今夫同舟之人，中道遇風濤之險，雖在素所讎怨者，猶同心共願其舟之不破。何者？蓋各自爲也。天下如一舟也，君相者，舟師之執柁者也，勳戚、臣庶、内宦、嬖近，皆舟中之人也，其濟其溺，死生共之。今仇士良乃教其黨類愚弄迷惑其人主，是猶同舟者鴆毒其舟師，俾破鑿其舟，折毀其柁，及舟溺身死而不悟。然則士良之術巧乎？拙乎？害人乎？害己乎？其黨慮不下千百人，無一人靈覺者，何也？噫！後世内外之臣不知此義，而終日鑿舟自溺者多矣。臣故附其説於御臣妾之後，庶聞者亦當傾聽，平心以共濟於大治也哉。

○會昌三年八月，帝從容言文宗好聽外議，諫官言事多不著名，有如匿名書。李德裕曰：「臣頃在中書，文宗猶不爾。此乃李訓、鄭注教文宗以術御下，遂成此風。人主但當推誠任人，有欺罔者，威以明刑，孰敢哉？」帝善之。

臣若水通曰：人主御下之道，至誠而已矣。至誠而不動者未之有也，不誠未有能動者也。故上御之以誠，則下亦以誠應之矣；上御之以術，則下亦以術應之矣。訓、注以術惑文宗，文宗以術令臺諫，上下内外一於術，而誠信之風亡矣。夫任術者，未有不反殃其身者也，識者蓋已先卜文宗、訓、注之不免矣。人君御下之道，可不以至誠爲本乎？

○唐僖宗乾符二年，帝之爲晋王也，小馬坊使田令孜有寵。及即位，使知樞密，遂擢爲中尉。帝時年十四，專事遊戲，政事一委令孜，呼爲阿父。令孜頗讀書，多巧數，招權納賄，除官及賜緋紫皆不關白於帝。每見，常自備米食兩盤，與帝相對，飲啗從容，良久而退。帝與内園小兒狎昵，賞賜樂工伎兒，所費動以萬計，府藏空竭。令孜説帝籍兩市商旅寶貨，悉輸内庫。有陳訴者，付京兆杖殺之，宰相以下鉗口莫敢言。

臣若水通曰：政權者，人主御天下之術，如太阿之柄，而以授人，是反刃自戕也。田令孜果何人，斯僖宗使之知樞密、擢中尉，而政權一以委之，且呼之爲阿父，與之以對食，任其縱恣攬權納賄而不之禁，非授之以太阿之柄乎！卒之毒流中外而禍唐家國，豈非僖宗之自貽也哉？於乎！履霜堅冰至，君天下者，誠不可不知慎其微也已。

○僖宗廣明元年二月，左拾遺侯昌業以盜賊滿關東，而帝不親政事，專務遊戲，賞賜無度，田令孜專權無上，天文變異，社稷將危，上疏極諫。帝大怒，召昌業至内侍省賜死。

臣若水通曰：人主之於臣妾，一失其御，遂爲邪佞所入，本心蠱惑，則是非黑白莫能辨矣。僖宗之惑於田令孜，天有顯戒，人有顯愆，臣有直言而不悟，反殺之，則御下之道於君德豈小也哉！然昌業於唐室之將危而上疏極諫，其忠足稱矣。事之無益，而徒以殺身，悲夫！范祖禹謂其忠而未仁，臣則謂其忠而未智也，於乎惜哉。

○昭宗天復元年六月，崔胤請帝盡誅宦官。宦官屬耳頗聞之，韓全誨等涕泣求哀於帝，帝乃令胤百事密封疏以聞，勿口奏。宦官求美女知書者數人内之宫中，陰令伺察其事，盡得胤密謀。全誨等大懼，每宴聚流涕相訣，日夜謀所以去胤之術。時胤領三司使，全誨等教禁軍諠譁，訴胤減損冬衣。帝不得已，解胤鹽鐵使。時朱全忠、李茂貞各有挾天子令諸侯之意，全忠欲帝幸東都，茂貞欲帝幸鳳翔。胤知謀泄，急遺朱全忠書，稱被詔令全忠以兵迎車駕，且言：「上反正，公之力，而鳳翔入朝引功自歸，今不速至，必成罪，豈唯功爲他人所有，且見征討。」全忠得書，十月舉兵發大梁。全忠至河中，表請車駕幸東都。京城大駭，士民亡竄山谷，百官皆不入朝。十一月壬子，全誨等陳兵殿前，奏曰：「全忠以大兵逼京師，欲劫天子幸洛陽，求傳禪，臣等請陛下幸鳳翔，收兵拒之。」帝不許，仗劒登乞巧樓。全誨等急，即火其下。帝降樓，乃與皇后、妃嬪、諸王百餘人皆上馬，慟哭聲不絶。全誨等遂火宫城。壬戌，車駕至鳳翔。二年六月，全忠敗李茂貞之師于虢縣之北，進軍攻鳳翔。九月，全忠圍鳳翔。十月，茂貞出兵擊之，又敗還。汴軍每夜鳴鼓角，城中地如動。是冬大雪，城中食盡，凍餒死者不可勝計，或卧未死，肉已爲人所咼。市中賣人肉斤直錢百，犬肉直錢五百。茂貞儲偫亦竭，以犬彘供御膳，帝鬻御衣及小皇子衣於市以充用，削漬松柹以飼御馬。十二月，帝召李茂貞等食，議與朱全忠和。帝曰：「十六宅諸王以下，凍餒死者日有數人。在内諸王及公主、妃嬪，一日食粥，一日食湯餅，今已竭矣。卿等意如何？」皆不對。帝曰：「速當和解爾。」

○三年正月，茂貞請誅韓全誨等與朱全忠和，奉車駕還京。帝即遣内養帥鳳翔卒四十人收全誨等，斬之。以第五可範、仇承坦爲左、右軍中尉，王知古、楊虔朗爲樞密使。是夕，又斬李繼筠等十六人，遣使囊全誨等首以示全忠。時鳳翔所誅宦官已七十三人。全忠使京兆，捕九十人。甲子，帝幸全忠營。己巳，入長安。庚午，崔胤奏誅宦官。是日，全忠以兵驅第五可範以下數百人於内侍省，盡殺之，寃號之聲徹於内外。其出使者詔所在捕誅之，止留黄衣幼弱者三十人以備灑掃。帝愍可範等咸無罪，爲文祭之。自是宣傳詔命皆以宫人，其兩軍内外八鎮兵悉屬六軍，以崔胤兼判六軍十二衛。

臣若水通曰：有唐宦官之禍慘矣。人皆以宦官之擅權，而不知德宗以下諸君假之權也。及其敗也，人皆以宦官之自取，而不知德宗以下諸君假之權，實殺之也。蓋權莫大於征伐，而彼典禁兵矣。事莫重於廢置，而彼專予奪矣。故始也與南司水火而已，其既也呼天子爲負義門生，愛則非次而立之，惡則改慮而除之，至僖、昭而極矣。然天道好還，逆甚失速，邠岐之託雖親，宣武之勢實熾。至是天子祈請而二虜交歡，反本窮源，則惟宦者之是誅爾。一舉而誅七十，再舉而誅九十，三舉而誅數百，而在省者溺其宫，出使者梟諸驛，號聲動地，而諸帝之寃雪矣，衆正之氣伸矣，萬民之憤紓矣。然而宦官非能自擅也，諸君失御之之術而以權假之也。諸君假之權而使伏誅，非諸君殺之而何哉？使其徒知足安分而以忠謹自保，亦將福禄攸同，而何至此極也？吁！

○宋儒程頤舊在講筵説論語，「南容三復白圭」處，内臣帖却「容」字，因問之。内臣云：「是上舊名。」先生講罷，因説：「適來臣講書，見内臣帖却『容』字。夫人主處天下之尊，居億兆之上，只嫌怕人尊奉過當，便生驕心，是皆左右近習之人養成之也。嘗觀仁宗時，宫嬪謂『正月』爲『初月』，『蒸餅』爲『炊餅』，皆此類。請自後只諱正名，不諱嫌名及舊名。」

臣若水通曰：書云「位不期驕」，非止自驕也，乃左右驕之，斯自驕矣。人君至尊且貴，尤易至於驕也。近正人、明正學，猶恐不免，而況溺於臣妾者乎？夫臣妾志在要寵，凡可以諛悦者無所不至，人主不可不察焉。程頤之言，可謂中古今之病者，伏惟皇上三復之。

○程頤在講筵，每講一處，有以開導人主之心者便説。始初内臣宫嬪們皆携筆在後抄録，後來見説着倖人之類，皆惡之。吕微仲使人言：「今後且不可傷觸人。」范祖禹云：「但不道着名字，儘説不妨。」

臣若水通曰：昔鄭莊公縱其弟叔段之驕横以及於誅，君子以爲莊公之薄於其弟。夫愛而節之，愛之至也。然則人主節宦官之權横，非惡之也，乃所以愛而保全其富貴爾。儒臣之以是進講於君，非惡宦官也，乃所以欲君節而全之，謂非愛之，不可也。爲宦官者聞其言而惡之，是惡其人之愛己也，不亦誤乎？人主御臣妾之道，不可不辨好惡之實焉。

○楊時上欽宗皇帝書，畧曰：「臣竊考自古奄人用事，未有無後患者。漢之竇武、何進以肺腑之親，因天下怨怒，收攬英豪如李膺、陳蕃諸人，共起而誅之，卒不勝，皆駢頸受戮。唐之昭宗信狎宦者，至東宫之幽，其爲歷世之禍大矣。」

臣若水通曰：人主之於宦官嬖倖之人，誠不可不善其制御之術也。御之不得其術，縱之則至於文昭廢主之禍，攻之則至於何竇諸人駢頸之戮，兩敗俱傷，其機始於一念爾。語曰：「前車覆，後車戒。」然則後之人君御之之道如何則可？亦在慈嚴兼盡、仁義並行爾。與之以富貴，而不假之以威權，夫然後爲嚴慈、仁義兩得也。

○朱熹曰：宫闈之内，端莊齊肅。后妃有關雎之德，後宫無盛色之譏。貫魚順序，而無一人敢恃恩私以亂典常，納賄賂而行請謁，此則家之正也。退朝之後，從容燕息，貴戚近臣、攜僕奄尹陪侍左右，各恭其職，而上憚不惡之嚴，下謹戴盆之戒，無一人敢通内外、竊威福，招權市寵，以紊朝政，此則左右之正也。

臣若水通曰：臣妾狎恩恃愛，甚爲難處者也。近則不孫，遠則怨。御之不外乎中正之道焉爾。中正之道在正心始，心正身脩，則恩威兩盡矣，於御臣妾也何有？伏惟皇上立中道以御下，幸甚。

○元城劉安世曰：「雖大無道之君亦惡亂亡，而明皇中材之主，知姦邪而用之，何也？」曰：「此蔽於左右之佞幸爾。蓋所謂佞幸者，嬪御也、内臣也、戚里也、幸臣也，此皆在人主左右，而可以進言者也。」

臣若水通曰：人君之蔽於近習，非近習能蔽之也，自蔽也。由於御之無道，則臣妾得以肆其奸，而曲投所好，是以不覺其入而信之深也。故夫人君之德，莫大乎剛明。剛足以斷，明足以照，則衆邪無以遁其情而畏服之矣。唐明皇任用姦邪而不能去者，得非不剛不明，而私愛有以蔽之也耶？

○國朝洪武元年三月辛未，上命翰林儒臣脩女戒，謂學士朱升等曰：「治天下者脩身爲本，正家爲先。正家之道，始於謹夫婦。后妃雖母儀天下，然不可使預政事。至於嬪嬙之屬，不過備職事、侍巾櫛，若寵之太過，則恐犯分，上下失序。觀歷代宮閫，政由内出，鮮有不爲禍亂者也。夫内嬖惑人甚於鴆毒，惟賢明之主能察之於未然，其他未有不爲所惑者。卿等爲我述女戒及古賢妃之事可爲法者，使後世子孫知所持守。」

臣若水通曰：自古宮闈之變，非但后妃爾，亦雜出於嬖妾之人。所以然者，蓋由創業之君私愛寵嬖，不能脩身正家以立法垂訓也。我皇祖知其然，乃脩女戒以訓内宮，且曰后妃不預政事，嬪嬙備職巾櫛，凛然而不可犯者，御臣妾之道備矣。大哉聖言，其即文王刑于寡妻之教也。聖子神孫，以皇祖之心爲心，不牽於私愛，則宮闈和敬，天下太平，豈不爲有道之世也哉？

○天順初，副都御史年富被石亨姪彪奏，自大同逮繫至京。英宗問學士李賢曰：「此人何如？」對曰：「行事公道，能革宿弊。」上曰：「必石彪被阻，不遂其私爾。」召錦衣衛推問明白，已而進狀果不實。賢請遣人體勘，庶不枉人。上曰：「然。」乃遣給事中、郎中二人，又曰：「再遣武職一人，不然縱得其實，彼必以爲回護。」賢曰：「陛下所慮極是。」勘回，果無實，富得致仕而歸。

臣若水通曰：人君御下之道在於明，明則讒邪無所遁其情。彪奏年富，欲以逞報怨之私，而英宗皇帝即詢於賢輔導，又審於三人之勘，則彪之讒譖無所投，而後之爲彪之奸者可息矣，得非御臣妾之要道乎？

○英宗皇帝留心政務，漸覺左右招權納賂之非，嘗謂李賢曰：「爲之奈何？」賢謂：「人君之權不可下移，果能自攬，彼之勢自消。惟此爲良法，其私情既不得行，趨附之人漸亦少矣。」上以爲然，且曰：「無此相礙，何事不順。吾早辰拜天謁祖畢，視朝後閱章奏，易決者即批出，可議者送先生處參決。」賢曰：「臣等所見不到，更望再加詳審斟酌，然後施行。」上曰：「然左右乃曰：『此等章奏，何必一一親覽，亦不必送與閣下看。』且曰：『差便差到底。』奸邪不忠如此。」賢曰：「惟陛下明見。」

臣若水通曰：臣妾之柔佞，縱之則驕，激之則變，漢唐之迹可鑒矣。李賢謂果能攬權，彼勢自消，其真得御臣妾之道乎。使唐德宗諸君而知出此，則上無廢置之禍，下無殺戮之慘，而上下安寧，保全福慶矣。

聖學格物通卷之四十三

治國格 凡七目

事君使臣　立教興化　事長慈幼　使衆臨民　正朝廷　正百官　正萬民

臣若水序曰：治國何以言格物也？程頤曰：「格者，至也。物者，理也。至其理，乃格物也。」至也者，知行並進之功也。於國焉而至之也，至其在國之理也。故大學「治國」章，以孝弟慈、以心、以仁讓、以恕言之。吾心感應乎國之理也，是故事君使臣也，立教興化也，事長慈幼也，使衆臨民也，正朝廷也，正百官也，正萬民也，皆國之事理也。人主讀是編焉，感通吾心治國之理，念念而知於斯，存存而行於斯，以有諸己，則格物之功庶乎於治國而盡之矣。

事君使臣上

○易坤文言：陰雖有美，含之以從王事，弗敢成也。地道也，妻道也，臣道也。地道无成而代有終也。

臣若水通曰：此文言釋坤六三爻辭「含章可貞，或從王事，无成有終」之義也。六三以陰居陽，以柔順之美德闇然而不著，晦其美者也。然已居下之上，近君之位，故或出而從王之事，亦以柔順之德弗敢專其功者，其分則然也。如地承天之施而成其功，不敢專其資始者也。如妻從夫之命以治其事，无攸遂而不敢專其家者也。蓋臣之於君，宣化承流，欽若君之命而不敢專制其國也。故三之始无成者，事君之忠也。繼代而有終者，效己之能也，亦忠也。人臣事君之義，當以六三爲正。

○比象曰：地上有水，比。先王以建萬國、親諸侯。

臣若水通曰：此比卦之象。比卦，坎上坤下，爲地上有水之象。物之相親者，莫如水與地，蓋水地一體也。君子觀水地比之象，建萬國，親諸侯，親之爲言，君臣一體者也。書曰「百姓不親」，大學曰「在親民」。聖人之心，豈不欲盡親天下之民，而天下之民不可以一人親比也。裂天下而分建諸侯之國，與賢者、能者共之，使各比其民。諸侯既建，則有巡狩、述職、朝聘、往來之禮，而上下相交，則諸侯親矣。諸侯親，則德意流通，有以宣上之德，親天下於無間也。故封建興而君臣比，君臣比而天下皆比矣。柳宗元謂封建非聖人之意者，豈足以語治天下之道哉？

○比：六四，外比之，貞吉。象曰：外比於賢，以從上也。

臣若水通曰：四與内之初不相應，外比近於五，而五比之。以六居四，固爲得正。又君臣相與之正，乃得貞正而吉也。象又釋爻辭之義，言外比而貞吉者，蓋以五陽剛中正，賢也，居尊位在上也，四之親賢從上，所以爲貞吉也。蓋君臣相遇難矣，四之比五，雖以下從上，正也，而以己之正事君之賢亦正也，仕適其可又正也，志可大行而澤可遠施，非吉而何？苟非其君之賢，凶且不免矣，而況吉乎？故君臣相遇，自古爲難，事君者如四之比五，吉之道也。

○泰象曰：泰，小往大來，吉亨。則是天地交而萬物通也，上下交而其志同也。

臣若水通曰：此泰卦之彖辭。坤陰在外，乾陽在内，有小往大來之象。陰爲小，陽爲大，往來者陰陽之交，吉而亨泰之道也。以言乎天地，則陽氣降而陰氣升，二氣絪緼，萬物化生矣。以言乎君臣，則君不負其勢而下交於臣，臣不負其能而上交於君，咸有一德而志意之相孚，明良之會也。夫天地交者，氣化之泰也；君臣交者，人事之泰也。氣化人事相爲致泰，其唐虞三代之盛，而後世不可復也已。非不可復也，君臣之分雖存，而志通者鮮矣。若不相疑而相契，則以人事而挽氣化之隆，孰謂泰之不復見耶？

○大有：九三，公用亨于天子，小人弗克〔一〕。

臣若水通曰：九三，剛而得正，居下之上。在下而居人之上，爲公侯賢德之象也。五居尊位，爲天子之象也。公侯上承天子，其朝聘獻享之典，固其禮之常也。而賢者愛君之誠，忘己之私，以爲普天之下莫非王土，己之富盛皆天子之有也。故享其有於天子，不敢私其利，敬之至也。小人惟無其德，則以爲己私，而不能如九三之享矣。雖然，小人之不能享，則無忠君愛國之誠可知矣，終亦豈能以獨享其有哉？

○坎：六四，樽酒，簋貳，用缶，納約自牖，終无咎。

臣若水通曰：六四以陰居陰，爲以正近君之臣也，故能質實結信，而因明悟君也。在險之時，君臣最貴相合也。於此時尤不宜華飾，惟當純誠質實，以孚於君。如燕享之禮，惟用一樽之酒，則至誠一而不分矣；惟用二簋之食，而復用瓦缶之器，則至敬質而不飾矣。以誠敬感君之心，其有不孚乎？至於進結於君之道，亟攻其蔽，則蔽益深，惟通其所明，則聰明易發。牖在暗室爲開明之處，因其明處而結納焉，則暗者以明矣。因明以悟君心，君心其有不悟乎？如是則君臣道合，而險可濟矣，其事君之忠盡矣，終何咎焉？

○睽：九二，遇主于巷，无咎。象曰：遇主于巷，未失道也。

臣若水通曰：睽卦上離火，下兑澤，二體相背，故爲睽。然二與五爲正應相與，故於睽之中又有終遇之理。九二以陽剛居中，而上遇六五柔中之君，故未爲失道也。蓋君臣之分，無所逃於天地之間者也。君或睽於臣下，臣不可以自外於君。故如巷之委曲以遇之，而不失其正，非枉己以求合也。若拘固於常道，則終不遇矣。變而通之，旁行而不流，委曲以期乎君之遇也，非過也，臣事君之道也。君臣道合，而濟睽之功大矣，夫何咎焉？

○蹇：六二，王臣蹇蹇，匪躬之故。象曰：王臣蹇蹇，終無尤也。

臣若水通曰：臣之事君，致身以濟難，忠而已矣。六二具中正之德，故能於蹇難之時，竭忠於君而忘其身如此。夫主憂臣辱，主辱臣死，竭力以脱君於險，蹇而又蹇，不有其身。傳曰：「主爾忘身，公爾忘私。」其志盡忠，故終無尤罪之者矣。諸葛亮曰：「鞠躬盡瘁，死而後已。成敗利鈍，非臣之愚所能逆睹也。」其意正與此合。忠義之氣，百世之下，聞者莫不興起，豈但無尤而已哉？

○書虞書大禹謨：曰若稽古。大禹曰：「文命敷于四海，祗承于帝。」曰：「后克艱厥后，臣克艱厥臣，政乃乂，黎民敏德。」

臣若水通曰：此史臣記大禹陳謨於帝舜之言也。命，教也。祗，敬也。帝，謂舜也。史臣言大禹當文命四敷，東漸西被，朔南暨，聲教訖于四海之時，猶陳其謨以敬承于舜。以爲爲君不敢易其爲君之道，爲臣不敢易其爲臣之道，君臣交相責難，則政事乃能脩治，而黎民速於從上之德教矣。夫文命四敷，禹之功可謂大矣。然猶且陳謨于舜，欲君臣克艱，共相警戒，此君臣所以各盡其道，聖之所以益聖，治之所以益隆也。後之君臣，可不鑒哉。

○益稷：舜曰：「予違汝弼，汝無面從，退有後言，欽四鄰。」

臣若水通曰：此帝舜命大臣輔己之言也。帝舜言我有違戾於道，汝當弼正其失。汝無面諛以爲是，而背毀以爲非，不可不敬爾鄰之職也。臣謂面從者非惟不能正君之失，且將長君之惡矣。退有後言者，則是心非腹誹、怨謗其君者，罪莫大焉。舜大聖人，宜無違可弼也，猶拳拳責望於禹如此，況庸常之君乎。後世人君以面從爲忠愛，以面折爲誹謗，遂至忠言不聞，聰明日蔽，自取喪亡而不悟，可不戒哉。

○益稷：帝庸作歌曰：「敕天之命，惟時惟幾。」乃歌曰：「股肱喜哉！元首起哉！百工熙哉！」皋陶拜手稽首颺言曰：「念哉！率作興事，慎乃憲，欽哉！屢省乃成，欽哉！」乃賡載歌曰：「元首明哉，股肱良哉，庶事康哉！」又歌曰：「元首叢脞哉，股肱惰哉，萬事墮哉！」帝拜曰：「俞，往，欽哉！」

臣若水通曰：此乃帝舜與皋陶賡歌相責難之詞。庸，用也。歌，詩歌也。敕，戒敕也。幾，事之微也。股肱，臣也。元首，君也。熙，廣也。拜手稽首者，首至手又至地也。大言而疾曰颺。率，總率也。屢，數也。賡，續。載，成也。續帝歌而成其義也。帝拜者，重其禮也。俞〔二〕者，然其〔三〕言也。惟時者，無時而不戒敕也。惟幾者，無事而不戒敕也。帝舜用作歌，先述其所以歌之意，以爲天命無常，理亂安危相爲倚伏，今雖治定功成，禮備樂和，然頃刻敬畏之不存，則怠惰之所自起，所以無時而不戒謹也。毫髮幾微之不察，則禍患之所自生，所以無事而不戒謹也。舜既言此，乃作歌，言人臣爲君之股肱，樂於趨事赴工〔四〕，則人君之治爲之興起，而百官之功皆廣矣。皋陶聞舜之歌，遂拜手稽首大言之，述其所以賡歌之意，以爲人君爲臣之元首，當總率群臣以起事功，又必謹其所守之法度。蓋樂於興事，易至於紛更，故深戒之，欲其不可不敬也。又言既興事而又數考其成，如日省月試，三載考績，三考黜陟幽明，則有課功覈實之效，而無誕慢欺蔽之失。此又不可不敬也，故兩言欽哉者，興事、考成二者，皆所當深敬而不可忽者也。皋陶既言此，乃賡歌言君明則臣良，而衆事皆安，所以勸之也。君行臣職，煩瑣細碎，則臣必懈怠不肯任事，而萬事廢壞，所以戒之也。帝舜又拜而然之，曰：「汝當往治其職，不可不敬也。」夫有虞之治，君明臣良，治化隆盛之至矣，而舜作歌以責難於臣，皋陶賡歌以責難於君，君臣之相責難者如此。此有虞之時，聖之所以益聖，而治之所以益隆也歟。洪惟我太祖高皇帝君臣同遊，相與交孚之盛，垂訓簡册。伏望聖明，近脩祖宗之典，遠法唐虞之隆，日召賢臣相與責難，以成光明正大之德業，天下幸甚！

○商書說命：昔先正保衡作我先王，乃曰：「予弗克俾厥后惟堯舜，其心愧恥，若撻于市。」

臣若水通曰：高宗以伊尹望傅說，故舉伊尹自任之言告之也。夫君道至堯舜而止，故昔先正伊尹之爲保衡，作興我先王成湯之治，乃自期責曰：「事君而不能使吾君爲堯舜之君，則臣職猶未盡，故其心愧恥，若撻之于市。」然其志大矣，厥後成湯聖敬日躋，功格皇天，可以追蹤堯舜，則伊尹之心果無愧矣。世之事君者，當法伊尹責難其君；後之使臣者，當以伊尹責望其臣，然後君臣之道盡。

○周書君奭：亦惟純佑秉德，迪知天威，乃惟時昭文王迪見冒，聞于上帝，惟時受有殷命哉。

臣若水通曰：此周公舉五臣之輔文王者，留召公也。言亦惟天佑文王者純一，蓋以虢叔、閎夭、散宜生、太顛、南宫适如是秉德之臣，迪知天威。秉者，執持之意。德者，心之天理。天理有之於己，則能知天之所爲，故曰迪知天威。迪知者實知，而非測度聞見之知也。以是昭明文王，啓迪其德，使著見於上，覆冒於下，而升聞于上帝。惟是之故，遂能受有殷之天命也。夫秉德之臣有係於君德，有關於上下天命如此之重，則後之人君使臣，其可忽諸？

○詩小雅四牡：四牡騑騑，周道倭遲，豈不懷歸？王事靡盬，我心傷悲。

臣若水通曰：此君勞使臣之詩也。君之使臣，臣之事君，以禮以忠而已。四牡之詩，其上下之交盡乎！君臣相與一心也。故燕享之際作詩，述其臣奉使之勞，言駕騑騑之四牡，馳倭遲之周道。斯時也，使臣豈無懷其室家父母之心？但以王事不可以不堅，而我心則傷悲矣。夫君臣各盡其道者也。臣之奉使也，驅馳道路而不敢自以爲勞，臣何心哉？君之遣使也，叙情憫勞而不敢自以爲安，君何心哉？臣則曰：奔走王事，吾之職也。吾盡吾職，所以盡吾爲臣之心也。君則曰：誠心體下，吾之責也。吾盡吾責，所以盡吾爲君之心也。臣盡其臣之心，則事君以忠矣；君盡其君之心，則使臣以禮矣。君臣上下各盡其道，此周之盛時所以臣無曠職，君無少恩，庶績咸熙，有自來矣。豈若後世，君無體悉之誠，臣無奉公之敬，是以君臣離心，而德業不成也歟！

○大雅烝民：肅肅王命，仲山甫將之。邦國若否，仲山甫明之。既明且哲，以保其身。夙夜匪解，以事一人。

臣若水通曰：此詩美山甫之盡職也。肅肅，嚴也。將，奉行也。若，順也，順否猶臧否。明，謂明於理。哲，謂察於事。解，怠也。一人，天子也。詩言山甫謹於承王之嚴命，而邦國臧與否，則山甫明之。非但明而已，又哲而明之，盡于以保其身，而又夙夜匪解，盡心力以事天子焉。夙夜匪解者，此心之敬無間於朝夕也。蓋人臣事君之不忠者豈有他哉，皆由此心之不敬。不敬則懈心生，懈心一生，則此心之天理不存，凡所以欺君罔上、鰥官竊禄、鄙夫之事，何所不爲哉？故敬也者，人臣所以事君之本也。誠使此心常存天理，乾乾而不懈，則有以見夫國家之事，凡其勢之所可爲，力之所能爲者，皆臣子之分所當爲，鞠躬盡力，死而後已，爲之無不盡矣，寧肯曠厥職哉？雖然，臣固不可以不敬，君亦不可以不仁。仁則明，明則有以辨邪佞、察忠直，而不失其所以爲敬。苟不仁，則不明，不明則將以奔走承順爲恭，而以責難陳善爲非敬，邪佞日親，忠直遠矣，甚非社稷生民之福也。故不敬則當責之臣，不仁尤當責諸君。

〇春秋隱公四年：秋，翬帥師會宋公、陳侯、蔡人、衛人伐鄭。

臣若水通曰：翬，公子翬也。書翬帥師，譏不臣也。諸侯謀伐鄭，宋公來乞師，隱公不許。翬主兵，請以兵會，公不許，固請以行，無君之心也。孔子告哀公：「君使臣以禮，臣事君以忠。」翬主兵，方命而固請以兵會宋，是謂無君不忠。隱公平日不能御臣，而使之擅權自恣，是謂縱下無禮。春秋書翬帥師，則君不君、臣不臣之罪，其間不能以寸矣。此鍾巫之難所以不能免也，有國者可不慎乎。

○閔公元年：冬，齊仲孫來。

臣若水通曰：仲孫，齊之大夫也。來者，來魯也。胡安國云不稱「使」而曰「來」者，畧其君臣之常詞，以見桓公使臣不以禮，仲孫事君不以忠也。臣謂使齊侯以魯有弑逆之難，苟存憂恤之誠，必脩方伯之職，聲罪以奉天討可也。而使仲孫來省難，得無幸災樂禍之心、窺亂取國之謀乎？則使臣非以禮矣。使仲孫誠以不去慶父，魯難未已，苟存責難之忠，必勸其君急魯國之難，脩請討之禮可也。而仗義之言未聞，得無使君忘恤鄰之典，有緩追逸賊之尤乎？則事君非以忠矣。至使慶父稔惡，閔公再弑，則桓公與仲孫始謀不臧之所致爾。直書「齊仲孫來」，交譏之也。

○禮記曲禮：爲大臣之禮，不顯諫，三諫而不聽，則逃之。

臣若水通曰：此言大臣以道事君、不可則止之義也。不顯諫者，即易所謂「納約自牖」，書所謂「爾有嘉謀嘉猷，入告爾后于内」，孔子所謂「吾其從諷諫」之意。三諫，反復不一之意也。逃，謂隱而去其位也。夫既曰「不顯諫」，則其諫也深矣。諫而至於三，則其諫也數矣。如是而不聽，又不能去，則爲貪位慕禄，斯必至於辱矣，此臣之所以必於逃也。嗚呼！忠臣愛君，豈願至此？爲人君使其臣逃而去之，亦危矣。詩曰「人之云亡，邦國殄瘁」，是可不爲之寒心哉？

○少儀：爲人臣下者，有諫而無訕，有亡而無疾，頌而無諂，諫而無驕，怠則張而相之，廢則埽而更之，謂之社稷之役。

臣若水通曰：人臣之事君，君有過，諫之使止可也，過而至於訕之，則不恭矣。諫不從，逃而去之可也，過而疾之，則太傷矣。頌而無諂，則所頌爲公；諫而無驕，則所諫爲正。志怠則張大而相之，事廢則埽蕩而更之，皆有功於社稷者也，是之謂社稷之臣。雖然，漢武帝知汲黯爲社稷之臣，而使之終卧淮陽。唐太宗謂蕭瑀爲社稷之臣，而不免溺於戴巳。故忠君者固在乎臣，而容臣者尤在乎君也。

○表記：事君，大言入則望大利，小言入則望小利。故君子不以小言受大禄，不以大言受小禄。

臣若水通曰：大言者，言之所關者大，大本大原，如正君心之非是也。小言者，言之所關者小，一事一物，如用人行政之間是也。所存者小，則言不可强而大，故不受大禄。所存者大，則言不能貶而小，故不受小禄。亦各稱其德而已矣。

○緇衣：子曰：「爲上可望而知也，爲下可述而志也，則君不疑於其臣，而臣不惑於其君矣。」

臣若水通曰：陳澔曰：「君之待臣，表裏如一，故曰可望而知。臣之事君，一由忠誠，其職業皆可稱述而記志，此所以上下之間不疑不惑也。」臣謂可望而知，則人君正大光明之氣象可想矣。可述而志，則人臣德政純懿之情狀可見矣。君臣相遇如此，豈非千古之一大快哉？

○孝經：孝子之事上也，進思盡忠，退思補過，將順其美，匡救其惡，故上下能相親也。

臣若水通曰：盡忠者，盡心而不欺，即退而所思補過之誠悃也。補過者，改過而復無過，即進而所思盡忠之實事也。將順者，涵養其善端，引之當道，志於仁也。匡救者，繩其愆、糾其謬也。進退思惟無一念而不在於陳善而閑邪焉，則忠臣之道盡矣。臣以是事君，君必以義接下，故上下能相親也。

校記：

〔一〕本句下，嘉靖本有「亨當作享」四字小注。

〔二〕「俞」，原作「命」，據嘉靖本改。

〔三〕「其」，原作「戒」，據嘉靖本改。

〔四〕「工」，嘉靖本作「功」。

聖學格物通卷之四十四

事君使臣中

○論語：定公問：「君使臣，臣事君，如之何？」孔子對曰：「君使臣以禮，臣事君以忠。」

臣若水通曰：禮是天理之見於實事者，忠是天理之發於實心者。定公之時，君弱臣强，上下無道，使臣、事君之問，亦有所感而發也，故孔子告之以此。蓋君之所使於臣之事，必其天理之所當爲，而非所不當爲而爲者，斯乃謂之禮，則臣必可奉行矣。臣之所事於君之道，必由於天理之正，而非罔所不正以爲正者，斯乃謂之忠，則君必無過矣。然天理一而已矣，上以禮感，下以忠應，有不可誣者。君禮臣忠，則各盡其道，上下交而爲泰矣。堯舜之克艱，亦不過如此。聖人之言，真萬世君臣之龜鑑歟。

○所謂大臣者，以道事君，不可則止。

臣若水通曰：大臣即是大人爲之，所養者大，故其德業亦大。所謂大者，道是也。所謂道者，天理是也。大臣以此事其君，引之當道，格其心而志於仁。若其言之不聽，諫之不行，則道有不合矣，則去之而不苟留也。是其仕也以道，止也以道，樂則行之，憂則違之，進退以道，確乎而不可拔矣。故嘗論之，以道事君者，固愛君也；不合而去者，亦所以愛其君也。何也？道不合而弗去，則將苟焉以徇利，是使君輕視其臣，謂可以利籠絡之也。君而輕視其臣，何所不至。惟大臣者能以道爲去就，則足以起其君敬畏之心。君而有敬畏之心，則大臣雖退猶進也，雖去猶留也，是之謂愛君之道。夫子之不許由、求，以其無大人之學爾，若顏、曾、冉、閔者其人乎，惜乎魯之君臣莫能用也。

○子路問事君，子曰：「勿欺也，而犯之。」

臣若水通曰：犯，謂犯顏諫諍也。欺，謂所犯之言或有不由其誠、不當於理，而猶涉於欺罔也。禮曰：「事君有犯而無隱」，書曰：「予違汝弼，汝無面從。」則事君固貴於面折犯顏，然而不免有欺君罔上之言雜乎其間，則固已得罪於君，又得罪於天矣，雖能犯而亦何取？故孔子告子路以有勿欺之心而犯，則忠直並行，而事君之道盡矣。後之爲臣，犯則往往有之，或由於好名，或由於附勢，凡有所爲而爲，則欺君之罪已先不能免矣，何以望其君之感悟哉？

○孟子曰：欲爲君盡君道，欲爲臣盡臣道，二者皆法堯舜而已矣。不以舜之所以事堯事君，不敬其君者也。不以堯之所以治民治民，賊其民者也。

臣若水通曰：孟子此言堯舜爲君臣盡人倫之至，所以曉告當時君臣取法之也。夫堯以道治民，君道之至也。舜以道事君，臣道之至也。道者，天理是也。爲君而未至於堯，是君道猶有未盡也，故猶爲賊害其民。爲臣而未至於舜，是臣道猶有未盡也，故猶有不敬其君。慢君賊民，則無道極矣，可不懼哉？夫後世之爲君者，與堯之爲君同此心也，同此理也。後世之爲臣者，與舜之爲臣亦同此心也，同此理也。何後世之爲君臣者，其去堯舜之君臣若是相遠哉！盡心與不盡心爾。伏惟聖明求諸臣知堯舜之心學者而講習之焉，則君臣咸有一德，而堯舜之治可幾矣。

○左傳僖公九年：初，晉獻公使荀息傅奚齊。公疾，召之，曰：「以是藐諸孤，辱在大夫，其若之何？」稽首而對曰：「臣竭其股肱之力，加之以忠貞。其濟，君之靈也；不濟，則以死繼之。」公曰：「何謂忠貞？」對曰：「公家之利，知無不爲，忠也；送往事居，耦俱無猜，貞也。」及里克將殺奚齊，先告荀息曰：「三怨將作，秦、晉輔之，子將何如？」荀息曰：「將死之。」里克曰：「無益也。」荀息曰：「吾與先君言矣，不可以貳。能欲復言而愛身乎？」里克殺奚齊，荀息立公子卓，里克殺之，荀息死之。

臣若水通曰：荀息之死於所事爲忠，不食所言爲信。而公利必爲，往來耦俱，蓋其忠貞之小者，固不論也。若息者，庶可以爲事君之法矣，後或從而玷之，臣不知也。

○僖公九年：夏，會于葵丘，尋盟，且脩好，禮也。王使宰孔賜齊侯胙，曰：「天子有事于文武，使孔賜伯舅胙。」齊侯將下拜，孔曰：「且有後命。天子使孔曰：以伯舅耋老，加勞，賜一級，無下拜。」對曰：「天威不違顏咫尺，小白余敢貪天子之命無下拜？恐隕越于下，以遺天子羞。敢不下拜？」下，拜，登，受。

臣若水通曰：周室東遷，綱常淪斁。以天子而下堂見諸侯，則君臣之禮壞也極矣。葵丘之會，尊王之義著，而三綱賴以不墜。宰孔一言，幾敗大事矣。桓公卒能尊天顏以就下拜，而天地冠屨之大義明，此桓公之所以爲霸主也歟。

○僖公二十八年：冬，會于溫。是會也，晉侯召王，以諸侯見，且使王狩。仲尼曰：「以臣召君，不可以訓。」故書曰「天王狩于河陽」，言非其地也，且明德也。

臣若水通曰：君臣者，天地冠屨之大義，不可得而犯也。且桓、文所恃以服諸侯、成功伐者，非尊君之義乎？晉文方平衛、許之訟，乃遽召見天子，其與齊桓固請下拜天子之賜者何如邪？故曰：「齊桓公正而不譎，晉文公譎而不正。」

○定公四年：初，伍員與申包胥友。其亡也，謂申包胥曰：「我必復楚國。」申包胥曰：「勉之！子能復之，我必能興之。」及昭王在隨，申包胥如秦乞師，曰：「吳爲封豕、長蛇，以荐食上國，虐始於楚。寡君失守社稷，越在草莽，使下臣告急曰：『夷德無厭，若鄰於君，疆埸之患也。逮吳之未定，君其取分焉。若楚之遂亡，君之土也。若以君靈撫之，世以事君。』」秦伯使辭焉，曰：「寡人聞命矣。子姑就館，將圖而告。」對曰：「寡君越在草莽，未〔一〕獲所伏，下臣何敢即安？」立，依於庭牆而哭，日夜不絕聲，勺飲不入口七日。秦哀公爲之賦無衣。九頓首而坐，秦師乃出。

臣若水通曰：包胥興楚之心，猶伍員報楚之心也。包胥之興楚也爲君，伍員之報楚也爲親。爲親者孝，爲君者忠，皆不忘所天者也。後之爲子者有伍員之孝，其爲臣必有包胥之忠矣。經曰「事親孝故忠可移於君」，其二子之謂乎？

○國語周語：劉康公曰：「臣聞之，爲臣必臣，爲君必君。寬肅宣惠，君也；敬恪恭儉，臣也。寬所以保本也，肅所以濟時也，宣所以施教也，惠所以和民也。本有保則必固，時動而濟則無敗功，教施而宣則偏，惠以和民則阜。若本固而功成，施偏而民阜，乃可以長保民矣，其何事不徹？敬所以承命也，恪所以守業也，恭所以給事也，儉所以足用也。以敬承命則不違，以恪守業則不懈，以恭給事則寬於死，以儉足用則遠於憂。若承命不違，守業不懈，寬於死而遠於憂，則可以上下無隙矣，其何任不堪？上任事而徹，下能堪其任，所以爲令聞長世也。」

臣若水通曰：劉，畿内之國。康公，正卿王季子也。上下，君臣也。隙，瑕釁也。君君臣臣，則上下交而爲泰，則德業成矣。劉康公其知道乎！夫寬肅宣惠，君之道也；敬恪恭儉，臣之道也。知所使事，則上事無不徹，下任無不堪矣。欲爲君盡君道，欲爲臣盡臣道，其可不法康公之言乎？

○魯語：魯饑，臧文仲言於莊公曰：「今國病矣，君盍以名器請糴。辰也備卿，辰請如齊。」公使往。從者曰：「君不命吾子，吾子請之，其爲選事乎？」文仲曰：「賢者急病而讓夷，居官者當事不避難，在位者恤民之患，是以國家無違。今我不如齊，非急病也。在上不恤下，居官而惰，非事君也。」文仲以鬯圭與玉磬如齊告糴。

臣若水通曰：莊公，魯桓公之子同也。臧文仲，魯大夫，名辰。告，請也。選事，自選擇其執事也。夷，平也。無違，無相違狠也。鬯圭，祼鬯之圭，長尺二寸，有瓚，以祀廟。玉磬，鳴璆也。夫國病則主憂，主憂則臣辱，相視一體者也。故人君者賴臣之力以弘濟於艱難，人臣者濟君之艱以急國家之難，而安其民者也。此臧文仲事不辭難，可謂能事君矣。

○魯語：宣公夏濫於泗淵，里革斷其罟而棄之，曰：「今魚方別孕，不教魚長，又行網罟，貪無藝也。」公聞之，曰：「吾過而里革匡我，不亦善乎。是良罟也，爲我得法。使有司藏之，使吾無忘諗。」師存侍，曰：「藏罟不如置里革於側之不忘也。」

臣若水通曰：宣公，魯文公之子倭也。濫，漬也，漬罟於泗水之淵以取魚也。泗，在魯城北。罟，網也。別，別於雄而懷子也。藝，極也。良，善也。諗，告也。師，樂師。存，名也。古之忠臣，不從君之欲，而引之於志仁。古之明君，不徒從臣之言，而貴於改過。魯宣濫於泗淵，而里革斷罟，公命藏之，則君明臣直，兩得之矣。使若置里革於側，其所拾遺補過顧不多歟？有天下者，能師宣公無忘之心，必近忠直之臣，其爲盛德大業可量也哉。

○晉語：寺人勃鞮曰：「事君不貳是謂臣，好惡不易是謂君，君君臣臣是謂明訓。明訓能終，民之主也。」

臣若水通曰：勃鞮，寺人披也。訓，教也。夫人臣之事君也不貳其心，人君之使臣也不阿其好惡，君臣各盡其心，而其道盡矣。寺人勃鞮雖不足道，然其所稱亦有格言矣，君子其勿以人而廢言哉。

○晉語：夙沙釐曰：「臣委質於翟之鼓，未委質於晉之鼓也。臣聞之，委質爲臣，無有二心。委質而策死，古之法也。君有烈名，臣無畔質，敢即私利以煩司寇而亂舊法，其若不虞何！」穆子嘆而謂其左右曰：「吾何德之務，而有是臣也？」乃使行。既獻，言於頃公，與鼓子田於河陰，使夙沙釐相之。

臣若水通曰：夙沙釐，姓名，鼓子之臣也。鼓本屬翟，今爲晉所取也。策死，謂書名於策，必死其事也。烈，明也。無畔質，示必死也。若夙沙釐之於鼓子，可謂忠於事君。而穆子之於夙沙釐，可謂明於使臣矣。後之爲臣者當以夙沙釐爲法，爲君者當以穆子之告頃公爲法。

○晉語：趙簡子曰：「夫事君者諫過而賞善，薦可而替不，獻能而進賢，擇才而薦之，朝夕誦善，敗而納之。道之以文，行之以順，勤之以力，致之以死。聽則進，不則退。」

臣若水通曰：諫過，匡救其惡也。賞善，將順其美也。薦，進也。替，去也。死，死其難也。夫匡惡而順美，選賢而薦才，道文行，效死力，知進退，簡子論事君之道盡矣，真可以爲萬世人臣之龜鑑歟。

○周威烈王二十三年，趙襄子漆智伯之頭以爲飲器。智伯之臣豫讓欲爲之報讎，乃詐爲刑人，挾匕首入襄子宫中塗厠。襄子如厠，心動，索之，獲豫讓。左右欲殺之，襄子曰：「義士也，吾謹避之爾。」乃捨之。讓又漆身爲癩，吞炭爲啞，行乞於市。其妻不識也，其友識之，爲之泣曰：「以子之才，臣事趙孟，必得近幸。子乃爲所欲爲，顧不易邪？何乃自苦如此。」讓曰：「不可。既以委質爲臣，而又求殺之，是二心也。凡吾所爲者極難爾，然所以爲此者，將以愧天下後世之爲人臣懷二心也。」襄子出，豫讓伏於橋下。襄子至橋，馬驚，索之得豫讓，遂殺之。

臣若水通曰：豫讓出百死以圖爲智伯報讐，事雖不成，而不以生死存亡貳其心，又不肯委質而求逞志，若豫讓，可以爲社稷之臣矣。襄子始以其爲義士而謹避之，終不能不殺之，則何以使人臣之盡忠邪？然而以衆人、國士之遇而異其報，則何自待之不厚矣。

○周赧王三十一年，樂毅聞畫邑人王蠋賢，令軍中環畫邑三十里無入，使人請蠋，蠋謝不往。燕人曰：「不來，吾且屠邑。」蠋曰：「忠臣不事二君，烈女不更二夫。齊王不用吾諫，故退而耕於野。國破君亡，吾不能存。而又欲劫之以兵，吾與其不義而生，不若死。」遂經其頸而死。

臣若水通曰：王蠋之死，不事二君之志明矣。而所以致之者，毅也。方其初也，以禮聘之，至再至三而不起，則就其廬而訪焉可也，何至不來且屠邑哉？封墓之舉，亦爲徒然矣。臣愚於毅不能無憾焉。

○漢高帝六年，項羽已滅，田横懼誅，與其徒五百餘人入居海島中。帝恐其爲亂，乃使人赦横罪而召之，曰：「横來，大者王，小者侯。不來，且舉兵加誅。」横乃與其客二人乘傳詣洛陽，未至三十里自殺。帝拜其二客爲都尉，以王禮葬之。横既葬，二客穿其冢旁皆自剄，下從之。帝聞之大驚，聞其餘五百人在海中，使使召之。至則聞横死，亦皆自殺。

臣若水通曰：二客以不貳心於横，而自剄以死，則生平之所以事其主者，將無所不盡其忠矣。田横致二客、五百人之從己以死，則平日之所以恩禮結之者，亦將無所不盡其誠矣，可以爲後世上下之法也已。

○漢文帝六年，賈誼曰：「人主之尊譬如堂，群臣如陛，衆庶如地。故陛九級上，廉遠地，則堂高。陛無級，廉近地，則堂卑。高者難攀，卑者易陵，理勢然也。故古者聖王制爲等列，内有公、卿、大夫、士，外有公、侯、伯、子、男，然後有官師小吏，延及庶人，等級分明，而天子加焉，故其尊不可及也。里諺曰：『欲投鼠而忌器。』此善諭也。鼠近於器尚憚不投，恐傷其器，況於貴臣之近主乎。廉恥節禮以治君子，故有賜死而無戮辱，是以黥劓之罪不及大夫，以其離主上不遠也。」

臣若水通曰：人君之使臣，謹以擇之於初，誠以任之於後，因其德而爵之，朝無非德之大夫也。故禮，刑不上大夫。誼欲文帝禮大臣而有賜死而無戮辱之言過矣。蓋未知國君進賢如不得已，卑踰尊、疏踰戚尚不可不謹，況加刑乎？啓人君賜死之非者，必自斯言矣。

○漢武帝天漢元年，蘇武使匈奴，單于使衛律召武，欲降之。律謂武曰：「律前負漢歸匈奴，幸蒙大恩，賜號稱王，擁衆數萬，馬畜彌山，富貴如此。蘇君今日降，明日復然。空以身膏草野，誰復知之？」武不應。律曰：「不聽吾計，後雖欲復見我，尚可得乎！」武罵律曰：「汝爲人臣子，不顧恩義，畔主背親，爲降虜於蠻夷，何以汝爲見？」律知武終不可脅，白單于，單于乃幽武置大窖中，絶不飲食。天雨雪，武卧齧雪，與旃毛并咽之，數日不死，匈奴以爲神，乃徙武北海上，使牧羝，曰羝乳乃得歸，别其官屬常惠等，各置他所。

臣若水通曰：蘇武之爲人臣，孤忠大節可與日月争光，有補於天地冠履之大義，其功德茂矣。夫何還自匈奴，拜爲典屬國，賜錢、田宅，而竟不聞以處公卿之位，則宣帝使臣之道可知矣。

○漢宣帝元康二年。丙吉爲人深厚，不伐善。自曾孫遭遇，吉絶口不道前恩，故朝廷莫能明其功也。會掖庭宫婢自陳嘗有阿保之功，辭引使者丙吉知狀。上親見問，然後知吉有舊恩而終不言，上大賢之。

臣若水通曰：書曰「汝惟不伐，天下莫與汝争功」，丙吉以之。此宣帝所以益賢之也。雖然，臣子之身皆君父之身，所能爲者，乃可盡分爾，何伐之有？然則吉之義，可以愧天下後世貪薄之夫之矜伐者矣。

○漢成帝元延元年，槐里令朱雲上書求見，公卿在前。雲曰：「今朝廷大臣上不能匡主，下無以益民，皆尸位素餐。臣願賜尚方斬馬劍，斬佞臣一人頭，以厲其餘。」上問誰也，對曰：「安昌侯張禹。」上大怒，曰：「小臣居下訕上，廷辱師傅，罪死不赦。」御史將雲下，雲攀殿檻，檻折。雲呼曰：「臣得下從龍逢、比干遊於地下，足矣。」御史遂將雲去。左將軍辛慶忌免冠叩頭殿下曰：「此臣素著狂直，使其言是，不可誅；使其言非，固當容之。」上意解。及後當治檻，上曰：「勿易，因而輯之，以旌直臣。」

臣若水通曰：朱雲位卑而言高，所以取罪，然其心實痛禹之邪佞，一時近臣無言者，故發憤如此。然其事上不欺之忠，固出於廷臣之上矣。成帝始怒欲誅之，及悟，戒勿易檻，以旌其直，可謂能補過者哉。

○漢孺子嬰初始三年，王莽遣使者奉璽書印綬迎龔勝。勝稱病篤，使者以印綬就加勝身，勝輒推不受，謂門人高暉等曰：「吾受漢家厚恩，無以報。今老矣，誼豈以一身事二姓？」語畢，遂不復開口飲食，積十四日而死。

臣若水通曰：龔勝不受莽之印綬，而繼之以死，人臣不貳之忠盡矣。至云吾受漢家厚恩無以報，是又足以愧莽賊之心歟。然則後世人君之待臣，可不以恩禮耶？

校記：

〔一〕「未」，原作「小」，據嘉靖本及左傳改。

聖學格物通卷之四十五

事君使臣下

○漢光武建武五年，馮異治關中，出入三歲，上林成都。人有上章言異威權至重，百姓歸心，號爲「咸陽王」。帝以章示異，異惶懼，上書陳謝，詔報曰：「將軍之於國家，義爲君臣，恩猶父子，何嫌何疑，而有懼意？」

臣若水通曰：君臣之間，嫌隙易生。光武之於馮異，不以人言而間，示之章奏，恩如父子，真所謂推赤心置人腹中矣。此其所以豪傑響應而再延漢祚也。後之人君御臣之道，當以光武爲法。

○漢光武建武九年，潁陽成侯祭遵爲人廉約小心，克己奉公，賞賜盡與士卒，約束嚴整，所在吏民不知有軍，取士皆用儒術，對酒設樂必雅歌投壺，臨終遺戒薄葬，問以家事，終無所言。帝愍悼之，喪至河南，車駕素服臨之，望哭哀慟，復親祠以太牢。詔大長秋、謁者、河南尹護喪事，大司農給費。至葬，車駕復臨之。既葬，又臨其墳，存見夫人、室家。其後朝會，帝每歎曰：「安得憂國奉公如祭征虜者乎？」

臣若水通曰：君止於仁，臣止於敬。祭遵之憂國奉公，光武之哀痛葬祭，君仁臣敬兩無愧矣。然則人君於效忠之臣，可不知所以厚之哉？人臣於恩禮之君，孰不思所以報之哉？

○漢光武建武十二年，帝以睢陽令任延爲武威太守，親見戒之曰：「善事上官，無失名譽。」延對曰：「臣聞忠臣不和，和臣不忠。履正奉公，臣子之節。上下雷同，非陛下之福。善事上官，臣不敢奉詔。」帝歎息曰：「卿言是也。」

臣若水通曰：履正奉公，人臣事君之忠也；舉直錯枉，人君用人之道也。有臣如任延，斯可勝公卿之任矣，何必圖〔一〕讖之求哉。

○晋孝武帝咸寧四年，羊祜疾篤，舉杜預自代。辛卯，以預爲鎮南大將軍，都督荆州諸軍事。

臣若水通曰：薦賢所以爲國，羊祜疾篤，舉預自代，以人事君之心，死而不忘。若祜者，可以爲大臣事君之法矣。人之有技，娼嫉以惡之；人之彦聖，而違之俾不通。其上負於君，下負天下之賢才多矣。有臣如此，迸諸四夷，不與同中國，豈不宜哉。

○北漢劉殷常戒子孫曰：「事君當務幾諫。凡人尚不可面斥其過，況萬乘乎。夫幾諫之功，無異犯顔，但不彰君之過，所以爲優爾。」殷在公卿間，常恂恂有卑色，故能處驕暴之國，保其富貴，不失令名。

臣若水通曰：書稱：「爾有嘉謀嘉猷，入告爾后于内，爾乃順之于外。曰：斯謀斯猷，惟我后之德。」其幾諫之意乎！夫人臣諫君，欲以全其德，愛也。而以幾諫，不欲顯君之過，善則歸之，以全令名，又愛之至也。然直諫難容，幾諫易入，期於補過則一，而幾諫之收功多矣。此在後世爲臣者，尤所當法焉。漢主劉聰殺兄之惡，而劉殷忘同姓之恥，以二女爲貴嬪。殷豈幾諫之人，聰豈幾諫所能正哉？其爲此言，蓋欲爲全身保富貴之計耳。

○晋成帝咸和二年，宣城内史桓彝欲起兵以赴朝廷，其長史裨惠以郡兵寡弱、山民易擾，謂「宜且按甲以待之」。彝厲色曰：「見無禮於其君者，若鷹鸇之逐鳥雀也。今社稷危逼，義無宴安。」

臣若水通曰：桓彝既不怯於兵力之薄，又不貳於裨惠之言，討賊一念，終始不渝，既而忠貞之志感夫裨將，雖死猶不負彝，猶彝之不負國也。嗚呼！雖不幸而敗，人臣之義何愧哉。

○晉簡文帝咸安元年，王猛以六州任重，言于秦王堅，請改授親賢及府選便宜。堅報曰：「朕之於卿，義則君臣，親踰骨肉。雖復桓昭之有管樂，玄德之有孔明，自謂踰之。夫人主勞於求才，逸於得士。既以六州相委，則朕無東顧之憂，非所以爲優崇，乃朕自求安逸也。夫取之不易，守之亦難，苟任非其人，患生慮表，豈獨朕之憂，亦卿之責也。故虛位台鼎，而以分陝爲先。卿未照朕心，殊乖素望。新政俟才，宜速銓補，俟東方化洽，當袞衣西歸。」猛乃視事如故。

臣若水通曰：猛辭任讓賢，事君之忠也。堅委心付托，待臣之誠也。比諸桓公之管仲，燕昭之樂毅，劉備之孔明，真無愧哉。

○北魏成帝命古弼輔太子決庶政，古弼爲人忠慎質直，嘗以上谷苑囿太廣，乞減太半，以賜貧民。入見魏主，欲奏其事，帝方與給事中劉樹圍棋，志不在弼。弼侍坐良久，不獲陳聞。忽起，捽樹頭，掣下牀，搏其耳，毆其背，曰：「朝廷不治，實爾之罪。」帝失容捨棋，曰：「不聽奏事，朕之過也，樹何罪置之？」弼具以狀聞，帝皆可其奏。弼曰：「爲人臣無禮至此，其罪大矣。」出詣公車，免冠徒跣請罪。帝召入，謂曰：「吾聞築社之役，蹇蹷而築之，端冕而事之，神降之福。然則卿有何罪？其冠履就職，苟可以利社稷、便百姓者，竭力爲之，勿顧慮也。」

臣若水通曰：古弼之捽樹直諫，而以身請罪；成帝之霽怒優容，而勉使竭力，君臣可謂兩得矣。至於玩人喪德、玩物喪志之規未聞，而自怨自艾、改過遷善之勇不著，惜哉。

○唐太宗貞觀元年，有上書去佞臣者，上因告之曰：「君，源也；臣，流也。濁其源而求其流之清，不可得矣。君自爲詐，何以責臣下之直乎？」

臣若水通曰：唐太宗君臣源流之喻切矣。然徒知源之不可濁，而不能浚之以清；知其自爲詐，而不能養之於誠，乃至以己之尚詐，以恕其佞臣而不問。夫佞者固不臣矣，容佞者果得其爲君之道乎？

○唐太宗貞觀元年十二月，或告右丞魏徵私其親戚，上使御史大夫温彦博按之，無狀。彦博言於上曰：「徵不存形迹，遠避嫌疑，心雖無私，亦有可責。」上令彦博讓徵，且曰：「自今宜存形迹。」他日徵入見，言於上曰：「臣聞君臣同體，宜相與盡誠。若上下俱存形迹，則國之興喪尚未可知，臣不敢奉詔。」上瞿然曰：「吾已悔之。」徵再拜曰：「臣幸得奉事陛下，願使臣爲良臣，勿爲忠臣。」上曰：「忠良有以異乎？」對曰：「稷、契、皐、陶，君臣協心，俱享尊榮，所謂良臣。龍逢、比干，面折廷争，身誅國亡，所謂忠臣。」上悦，賜絹五百匹。又六年閏月乙卯，上宴近臣於丹霄殿，長孫無忌曰：「王珪、魏徵昔爲仇讎，不謂今日得此同宴。」上曰：「徵、珪盡心所事，故我用之。然徵每諫我不從，我與之言輒不應，何也？」魏徵對曰：「臣以事爲不可故諫，陛下不從而臣應之，則事遂施行，故不敢應。」上曰：「且應而復諫，庸何傷？」對曰：「昔舜戒群臣：『爾無面從，退有後言。』臣心知其非，而口應陛下，乃面從也，豈稷、契事舜之意邪？」上大笑曰：「人言魏徵舉止疏慢，我視之更覺斌媚，正爲此爾。」徵起拜謝曰：「陛下開臣使言，故臣得盡其愚。若陛下拒而不受，臣何敢數犯顔色乎？」

臣若水通曰：太宗之於魏徵，可謂信任矣。然聞人之言，猶不能不假他人之考按者，是得爲任賢勿疑乎？魏徵之告太宗欲爲良臣矣，然而無皐、夔、稷、契之學，故不能致其主，得盡事君之忠乎？故爲君者，舍堯、舜、禹、湯之學，未盡其爲君也。爲臣者，舍皐、夔、稷、契之學，未盡其爲臣也。仰惟聖明，天授聰明，負堯、舜、禹、湯、文、武之資，陋太宗而不屑爲也。而輔養聖學者，必皆臯、夔、稷、契其人然後可也。

○賈誼新書曰：上設廉恥禮義以遇其臣，而群臣不以節行而報其上者，即非人類也。故化成俗定，則爲人臣者主爾忘身，國爾忘家，公爾忘私。

臣若水通曰：上以廉恥禮義遇之，則使臣以禮矣。下以節行忘私報之，則事君以忠矣。故上以禮則下以忠，感應之必然也。爲人君欲得臣之報禮以圖治理者，何憚而不以禮乎。

○劉向說苑曰：人臣之行有六正、六邪。行六正則榮，犯六邪則辱。榮辱者，禍福之門也。賢臣處六正之道，不行六邪之術，故上安而下治，生則見樂，死則見思。

臣若水通曰：六正者，曰聖、曰良、曰忠、曰智、曰貞、曰直。善雖不同，同歸於治也。六邪者，曰具、曰諛、曰姦、曰讒、曰賊、曰亡國。惡雖不同，同歸於亂也。故與治同道罔不興，與亂同事罔不亡矣。君子小人分，而治忽見矣。則何以辨之？曰：自君心好惡始。故人君之心，能公則明，明則邪正不混矣。故臣之事君，當正其術。君之取臣，當正其心。

○劉向曰：虛心白意，進善通道，勉主以禮義，諭主以長策，將順其美，匡救其惡，功成事立歸善於君，不敢獨伐其勞。

臣若水通曰：陳善閉邪，敬之至也。歸善不有，尊之至也。劉向之言，其知事君之道哉。

食君之禄，荷君之恩者，宜佩之無斁也。

○班固白虎通曰：君使臣以禮，臣事君以忠。謙謙君子，利涉大[二]川，以貴下賤，大得民也。

臣若水通曰：君臣一心而治化行矣，君臣二心則禍亂至矣。是故以貴下賤，禮以使臣，君之心即臣之心也。利涉大川，忠以事君，臣之心即君之心也。夫一心者，豈人之所不能哉，不爲爾。一之何如？曰：在講學。學一則德一，德一則心一矣。

○宋儒程顥曰：今天下之士人，在朝者又不能言，退者遂忘之又不肯言，此非朝廷吉祥。雖未見從，又不曾有大横見加，便豈可自絶也？君臣即如父子也，父子之義不可絶，豈有身爲侍從，尚食其禄，視其危亡，曾不論列，君臣之義，固如此乎？

臣若水通曰：古之君臣之喻多矣，有喻之以父子者，非不親也，然而有父子不相顧者矣。有喻之以元首股肱、腹心手足者，非不一體也，然而有痛癢不相關者矣。至於喉舌之喻，則一體死生以之，可不懼乎。夫君猶心腹也，臣之侍從言論猶喉舌也，侍從臺諫之官不言，如喉舌不通，其身心將與喉舌俱死矣。此非特人君家國之憂，亦爲人臣者終身之憂也。臣愚敢以此廣程顥、孟軻之説，以爲明主獻，以爲言路規。

○程頤曰：爲人臣者，居其位，食其禄，必思何所得爵禄來處，乃得〔三〕君也。必思所以報其君，凡勤勤盡忠，爲報君也。

臣若水通曰：程頤之説，蓋就〔四〕中人以下食禄思報者之警策也。語曰：「肉食者謀之。」又曰：「朝不坐，燕不與，殺三人足以反命。」議者謂其自待之薄。夫君臣之義，不可解於心者也，有去就而無厚薄。扶危濟傾之力，多出於疏遠下位之臣，豈以其禄之厚薄異其心哉？故臣之盡忠，非欲以相報也，乃自盡也。人之所以根於天性者也，夫豈有所爲而爲之者哉？必如此而後君臣之義正。

○或謂程頤曰：「先生於上前委曲已甚，不亦過乎？」曰：「不於此致力盡心，而於何所？」

臣若水通曰：孟子稱「我非堯舜之道，不敢以陳於王前」，程頤學似孟子者也，故其在經筵，容貌極其莊，誠敬極其至，宜乎或人有已甚之疑也。他日，文彦博聞其講説，嘗歎曰：「真侍講也。」若程頤者，可謂萬世事君者之法矣。

○龜山楊時曰：人臣之事君，豈可佐以刑名之説？如此是使人主失仁心也。人主無仁心，則不足以得人。故人臣能使其君視民如傷，則王道行矣。

臣若水通曰：易曰：「立天之道曰陰與陽，立地之道曰柔與剛，立人之道曰仁與義。」人主之學，在知道而已矣。知道則仁義並行，而天地、陰陽、剛柔備矣。故禮以勸之，刑以懲之，同於仁義也，同於道也。故春以生之，秋以殺之，而萬物成矣。楊時之所惡刑名者，蓋謂商鞅、韓非慘刻者之刑爾，非謂弼教之刑也。所謂仁者，蓋能好惡人之仁也，非姑息之仁也。時之言，蓋有爲而發也歟。

○五峰胡宏曰：自三代之道不行，君臣之義不明，君誘其臣以富貴，臣干其君以文藝。夫君臣相與之際，萬化之原也。既汩於利矣，末流其可禁乎？此三代之治所以不復也。

臣若水通曰：三代君臣以道相與，以義相合，誠而已矣。上下交誠，然而德業不成者，未之有也。後世君誘其臣以富貴，臣干其君以文藝，相率爲僞而已矣。上下交僞，然而災害不生者，未之有也。治不古若，無怪乎其然矣。爲人君者，其可專以文辭取士，而徒以富貴誘其臣哉？

○張栻回嚴主簿啓有云：皇家設科，本收多士之用。而君子從士，豈爲一身之謀？故官無尊卑，而報國則均；事無大小，而行志則一。

臣若水通曰：君之取士也，爲其賢也；臣之事君也，爲其道也。故君有取於其臣，臣有期於其君。期之者至矣，夫何有尊卑、大小之間哉？臣於人者，可以悟矣。

○張九成曰：君不信其臣，故以術而御其臣；臣不信其君，故以術而防其君。君臣上下無非以術相與，欲其終始無間，難矣。

臣若水通曰：君臣相與之際，信與不信而已。夫信者，結於心者也。信則用誠，不信則用術。誠則始終皆一，術則始終皆二。君以術而御其臣，臣以術而應其君，相二相間，則臣之寵愛不終，而君之盛德有累，而亂亡之所由起也。臣故揭之以爲萬世君臣之戒。

○張浚曰：事君者必此心純一，而後能有感格。

臣若水通曰：上下之心，一而已矣。理，一而已矣。故純一則不雜，不雜則誠，未有誠而不動者，一心之感應也。故言無不聽，諫無不行，信在言前也。然則爲人臣欲格君心者，其可不求夫純一之學也哉？

○國朝洪武十七年十一月乙丑，上御東閣，從容謂侍臣曰：「責難之辭，人所難受，明君受之爲無難；諂諛之語，人所易從，昏主信之爲易入。朕觀唐虞君臣賡歌責難之際，氣象雍容。後世以諂諛相歡，如陳後主、江總輩，汙穢簡策，貽譏千古。此誠可爲戒。」右春坊右贊善董倫對曰：「誠如陛下所諭，惟明主則能慎擇之。」上曰：「責難易入於賢君，而諂諛難動乎明主。人臣以道事君，惟在守之以正。若患得失，則無所不至矣。」

臣若水通曰：書云：「有言逆于汝心，必求諸道；有言巽于汝志，必求諸非道。」責難者，逆心之言也，故難受；諂諛者，巽志之言也，故易入。賢明之君，在審之而已矣。責難之言入，則天下蒙其福；諂諛之言入，則天下受其殃。故人君以難受爲藥，以易入爲毒；人臣以責難爲恭，以諂諛爲賊。則君臣上下各盡其道，而國治矣。皇祖論侍臣及此，灼見其弊，非天下之至明，其孰能與於斯？此聖子神孫當念之以爲御臣下聽言之法也。

○國朝太祖高皇帝大誥曰：昔者人臣得與君同遊者，其竭忠誠全其君，飲食夢寐未嘗忘其政。所以政者何？惟務爲民造福，拾君之失，撙君之過，補君之闕，顯祖宗於地下，歡父母於生前，榮妻子於當時，身名流芳，千萬載不磨。

臣若水通曰：此聖祖君臣同遊之誥也。蓋君臣之分，如天尊地卑之嚴，嚴則疏，疏則上下不交，而德業日廢矣。故唐虞三代之時，君臣相親於一堂之上，都俞吁咈，將順匡救，無非講學之時也。此德業之所以隆盛乎！自漢唐以下諸君，非不有時而同遊，不過宴賞觴詠，助欲喪德而已。我聖祖君臣同遊之語，直欲拾其失、撙其過、補其闕，不忘其政以福乎民，而涵養德性、變化氣質之益，又默寓於其間，所以格心成德，尤有出於言語之外者。仰惟聖明，俻復舊章而力行之，則君聖臣賢，一舉兩得，而萬化成矣，天下幸甚。

○正統四年，欽定憲綱：居風憲者，須用持身端肅，公勤詳慎，毋得褻慢怠惰。凡飲食供帳只宜從儉，不得踰分。風憲之職，其任至重，行止語默必須循理守法，若纖毫有違，則人人得而非議之，爲風憲之累矣。故所至州縣，取假分毫之物即自玷溷。在我無瑕，方可律人。若於各衙門囑託公事，比常人加三等，有贓者從重論。

臣若水通曰：風憲之職，在廉以律己、正以格物而已矣。英廟以是諭其臣，得使臣之道矣。爲臣以是奉其公，得事君之道矣。臣故敬表而出之，以爲萬世使臣事君之龜鑑焉。

○憲綱：出巡同事之人須相協和，若有所見不同而行事乖礙者，可於無人之處，從容陳説利害以開導之，彼心既悟，自能從正。凡人言語須虚心以聽，不可偏執己見。若聽者能從，則言者亦不可矜爲己功。大抵同事當如兄弟，相親相愛，積誠相與，未有不相契者。凡有善相勸，有過相規，相規亦不可對衆發之，庶其能從，不可推惡避勞，不可妨彼利己，不可揚己抑人，必務協和以相助益。不但風憲如此，諸司處同僚者，亦皆當然。

臣若水通曰：共事之道不貴於同，而貴於和。同則不和，而和所以濟其同也。同者，私也；和者，公也。甲曰可，乙亦曰可，所謂同也，是未得可之正也。甲曰可，乙曰不可，是必求得夫可之正矣。所謂和也，鹽梅酸鹹不同，而同於和羹。以梅濟梅，以鹽濟鹽，其能有和乎？書曰：「庶官乃和，不和政厖。」夫和者，人臣事君之忠也。祖宗憲綱所謂「不同乖礙，有過相規」，則亦不貴乎同也。所謂「必於無人之處從容開導」，則亦所以爲和也。雖然，世之士夫外每失於同，而內則不足於和，何邪？則盍反其本矣。書曰：「同寅協恭和衷哉。」故欲相濟於和者，必有寅恭之心然後可。

校記：

〔一〕「圖」，原作「國」，據嘉靖本改。
〔二〕「大」，原作「人」，據嘉靖本改。
〔三〕「得」後，嘉靖本有「于」字。
〔四〕「就」，嘉靖本作「爲」。

聖學格物通卷之四十六

立教興化上

○易觀象曰：風行地上，觀。先王以省方觀民設教。

臣若水通曰：觀卦上巽下坤，風行地上，動盪周遍，有行教以觀於民之象。先王體觀之象，立爲省方觀民設教之禮。王者省於方岳，諸侯省於境内，因民俗而設教以觀之，布其政教號令之典，奢則約之以儉，儉則示之以禮，抑其過，引其不及，而約民於中也。後世此典不行，而民俗之善與否，人君罔或知之，安望其化民成俗之治耶？

○坎象曰：水洊至，習坎。君子以常德行，習教事。

臣若水通曰：坎爲水。習，重也。洊亦重疊之義，重坎，故有水洊至之象。君子體此，内常其德行，外習其教事，亦皆重洊之義。君子之盡性，物我無間也，故德行存乎己，教事施於人，一理也，皆待習而後熟也。常德行則動靜無間、内外一致，而爲教事之體矣。習教事則勤於教詔、詳於辨論而爲德行之用矣。書曰「惟斆學半」，自學、教人，並行兼濟者也。成己成物，皆性之德，合内外之道也。在己爲德行，在人爲教事，不盡乎己則無以推於人，不盡乎人則己之性分有歉也。故君子舉其性之全體而盡之，夫然後可以成其至治也歟。

○書虞書舜典：慎徽五典，五典克從。

臣若水通曰：此史臣叙舜歷試諸難，此則教化之事也。徽，美也。五典，五常也。從，順也。言堯使舜爲司徒，美其五常之教，使父子有親、君臣有義、夫婦有别、長幼有序、朋友有信，而天下化之，自相親、相義、相别、相序、相信，而無不從順矣。不曰敷五典，而曰慎徽五典，慎者謹其立教之本也。謹而徽之，使人倫各盡其分，無一毫欠闕。舜蓋以身教天下者，所以當時各從其教，無有梗化，所謂以身教者從也。後世爲教，已無躬行之實，而徒用心於科條之煩，無怪乎民之不從，而俗之不善也歟。

○皋陶謨：天叙有典，敕我五典五惇哉。天秩有禮，自我五禮有庸哉。同寅協恭和衷哉。

臣若水通曰：此皋陶陳安民之謨於帝舜之言也。叙，倫也。典，常也。敕，正也。惇，厚也。秩，品也。庸，用也。衷，中也。言天生人以君臣、父子、兄弟、夫婦、朋友之倫叙，然正之使叙倫而益厚，在我而已。天生人以五典之中，有尊卑、貴賤等級降殺之品秩，然用之使品叙而有常，則在我而已。然惇之庸之，必本於一德。故君臣當同其寅畏，協其恭敬，誠一無間，融會貫通，而民彝物則，各得其正，使和順中正，以歸人倫之極可也。臣嘗論之，人君惇典庸禮，非有外益之也，不過因其固有者裁之爾。孟子曰：「孩提之童，無不知愛其親；及其長也，無不知敬其兄。」是其良知良能，本然天理，故謂之天叙天秩也。然氣質之偏、氣習之蔽，漸不如初，或失之太過，或失之不及，不能歸於中道。是故必待於人君與臣惇之庸之，而和衷之也。所以惇庸之、和衷之者，亦不過復其本然者而已。故寅恭者，立教之本也。上下一於恭敬，則天地之中以立而皇極建矣。伏惟聖明留意，寅恭和衷，以立天下之極，幸甚。

○商書湯誥：惟皇上帝，降衷于下民。若有恒性，克綏厥猷惟后。

臣若水通曰：此成湯克夏以誥萬方，言君道所係之重如此。夫天以陰陽五行化生萬物，而氣之中者即性，無所偏倚，故謂之降衷，劉子所謂人受天地之中以生是也。人能順其自然而不鑿以私智，固有仁、義、禮、智、信之常性矣。然氣習不能無異，故必待人君建極立教，而後能使之安於其道，故曰「克綏厥猷惟后」。子思作中庸，首章言性、道、教，其原蓋出於此。夫道者，用也。性者，體也。天也者，性、道之原也。故道本於性，性出於天。人君立極以教天下者，不可不知性、道之原，伏惟聖明留意焉。

○周書多方：愼厥麗，乃勸；厥民刑，用勸。

臣若水通曰：此成王舉成湯之教化乎民者，以告多方也。愼，謹也。麗，依也。刑，儀刑也。言成湯深謹其所依，所依謂仁也。仁者人心之天理，君民同然者也。上行之則下效之，而興其同然之心，故以勸勉其民，則民皆儀刑而用勸勉也。人君之於天下，仁而已矣；天下之民心，亦仁而已矣。爲人君者，欲興教化，豈待外求之哉。

○君陳：惟民生厚，因物有遷，違上所命，從厥攸好。爾克敬典在德，時乃罔不變，允升于大猷。

臣若水通曰：此成王命君陳往下都監殷頑民之言也。典者常道，君臣、父子、夫婦、長幼、朋友是也。德者，心之所得之理也。允，信也。猷，道也。言斯民得天地之和氣以生，故其性本淳厚，知誘物化，遂漸移而澆薄爾。然厚既可遷而薄，則薄者豈不可反而厚乎？厚者乃其本然也，反之之道，惟在於上爾。民之於上，固不從其令，而從其好爾。當敬其君臣、父子、夫婦、長幼、朋友之常道，而無不在於德。蓋在心爲德，在事爲道，德者體而道者用也。敬典而在德，則道由中出，教由我行。以身教者從，故其感人捷於桴鼓，所以時乃罔不變，而信升于大猷也。蓋人人各率其性，各由其道，則天下爲大道之世矣。後之人君，欲移風易俗，必自身心之德始也。伏願聖明留神講求，脩德凝道，以升大猷之治，幸甚。

○君牙：弘敷五典，式和民則。爾身克正，罔敢弗正。民心罔中，惟爾之中。

臣若水通曰：此穆王命君牙爲司徒之言也。弘，大也。敷，布也。式，敬也。和者，和衷之和。身，亦心也。則者，有物有則之則。言大布君臣之義、父子之親、夫婦之別、長幼之序、朋友之信五者之常道，敬以和民之則。典以道言用也，則以心言體也，即親、義、序、別、信之心，下文所謂中正是也。正也、中也，即民則之體，而人之所同然者也。正以不偏不倚言，中以無過不及言，皆所謂則也。又言爾克正則民化之無不正矣。民有不中，則在爾心之中以化之矣。其中其正，皆係於一心之敬，敬立則上感下應，民則和而五典克從矣。

○詩周頌時邁：明昭有周，式序在位。載戢干戈，載櫜弓矢。我求懿德，肆于時夏，允王保之。

臣若水通曰：式，敬也。櫜，藏弓矢之囊也。戢，聚也。肆，陳也。夏，中國也。此巡守而朝會祭告之樂歌也。詩言明顯昭彰乎我周也，既以慶讓黜陟之典敬序在位之諸侯，又斂其干戈弓矢，益求懿美之德，以布列此中國，則信乎王之能保天命矣。蓋偃武脩文則立教化，而國祚可永也。武王以革命之初即大明黜陟，式序諸侯，則大政舉矣。又戢其武備，陳其懿德，則文教興矣。政教並行，天命丕新，蓋由武王實有安天下之心，故一政一教皆發於仁義之自然，有不容已爾。苟無仁義之心，徒欲行乎政教以鼓舞於一時，則是後世駕御之術，將治之而不服，教之而不從矣，安能保人心而永天命哉？

○春秋定公十二年：叔孫州仇帥師墮郈。季孫斯、仲孫何忌帥師墮費。

臣若水通曰：郈、費者，叔孫、季孫之邑也。春秋之時，君臣之禮不行，政在三家，固城自强，公室不能制矣。及陪臣執命，據邑以叛，三家亦不能制矣。一聞孔子禮可治國之教，家不藏甲，邑無百雉之言，叔孫、季孫感化而帥師以墮之焉。然則禮教者，可以定分，可以化强，可以撥亂，教化之大本也。向使推而行諸天下，興道致治，可以回關雎、麟趾之風，東周之嘆豈虚語哉。惜乎聖人有通天下之化，天下莫能用也。

○樂記曰：然後聖人作爲父子君臣，以爲紀綱。紀綱既正，天下大定。

臣若水通曰：聖人之教立於國，行於天下者也，故教立而父子君臣之名作矣。父子君臣之名作，而紀綱立矣。夫作者非聖人作之也，天作之也。故紀綱立，而天下無無人倫之人者矣。紀綱也者，紀綱乎人道者也。

○祭義：孔子曰：「立愛自親始，教民睦也；立敬自長始，教民順也。教以慈睦，而民貴有親；教以敬長，而民貴用命。孝以事親，順以聽命，錯諸天下，無所不行。」

臣若水通曰：此言先王立教於國之要也。孝弟者人之心也。孝弟本乎心，行乎家，而國之教立矣。感乎民而民化之，放諸四海而準，以其心之同也。使人而無是心也，又何感化之有？伏惟聖明躬行孝弟，以教於國，由是擴而充之，則天下感慕而化，有不期然者矣。

○祭義：曾子曰：「夫孝，置之而塞乎〔一〕天地，溥之而橫乎四海，施諸後世而無朝夕，推而放諸東海而準，推而放諸西海而準，推而放諸南海而準，推而放諸北海而準。」

臣若水通曰：孝者立教之本也，人心同然之理，良知良能者也。故四海之準，以其同然也。豈但四海哉，上下四方之宇，古今往來之宙，理一而已矣。故古之先王以孝理天下，亦因其同然之心爾。爲人君者，可不務乎？

○祭統：夫祭之爲物大矣，其興物備矣。順以備者也，其教之本與！是故君子之教也，外則教之以尊其君長，内則教之以孝於其親。是故明君在上，則諸臣服從；崇事宗廟社稷，則子孫順孝。盡其道、端其義，而教生焉。

臣若水通曰：祭祀之禮，所以事天也，而教乎人；所以事先也，而教乎後。外祭天地，使人知有尊尊之義也，然而諸臣服從矣；内祭宗廟，使人知有親親之義也，然而子孫順孝矣。孝敬盡于一人，德教興于一國，然則盡道端義者，其惟君乎。人君之學，求之此心而已矣。孝敬存於心，而教化立於家、行於國、達於天下，是之謂要道也。

○表記：子言之：「君子之所謂仁者，其難乎！詩云：『凱弟君子，民之父母。』凱以强教之，弟以説安之。樂而毋荒，有禮而親，威莊而安，孝慈而敬，使民有父之尊，有母之親，如此而後可以爲民父母矣。非至德，其孰能如此乎？」

臣若水通曰：爲民父母，在於嚴慈兼濟而已。非嚴不敬，非慈不愛。愛而不敬則流，敬而不愛則離。父以尊之，則民知嚴；母以親之，則民知恩。强教説安，同歸於親愛而已矣。若夫失於刑法之酷而以爲强教，失於姑息之弊而以爲説安，則何凱弟之有哉？

○周禮地官：以鄉三物教萬民，而賓興之。一曰六德：知、仁、聖、義、忠、和；二曰六行：孝、友、睦、婣、任、恤；三曰六藝：禮、樂、射、御、書、數。以鄉八刑糾萬民：一曰不孝之刑，二曰不睦之刑，三曰不婣之刑，四曰不弟之刑，五曰不任之刑，六曰不恤之刑，七曰造言之刑，八曰亂民之刑。

臣若水通曰：物猶事也，以鄉三物而教乎民，是故六德藴之於心也，六行見之於行也，六藝游之於藝也。以三者而教之，夫然後教之事備矣。教之而不化，又輔之以八刑。是故勸之有道，而徵之有具，宜乎民日遷善而不自知也。有國家者，盍亦留意於斯哉。

○論語：君子篤於親，則民興於仁。故舊不遺，則民不偷。

臣若水通曰：親者全其親，故者全其故。親故者，人之情、天之理也。然上之人同此心也，同此理也，下之人亦同此心也，同此理也。故我能盡此心於親親，則下興其仁愛之心同然矣；我能循此理而不遺故舊，則下亦感化而厚勃然矣。是故文武興則民好善，幽厲興則民好暴。感應之機，何異於影響之捷哉？人君惟慎其所感而已矣。

○孝經曰：先王見教之可以化民也，是故先之以博愛，而民莫遺其親；陳之以德義，而民興行；先之以敬讓，而民不争；導之以禮樂，而民和睦；示之以好惡，而民知禁。

臣若水通曰：博愛者，老吾老以及人之老，故無不愛也。陳之以德義者，陳説其德行道義以感動之，得其心之所同然，故興行也。先以敬讓者，躬行恭敬辭讓，則感其辭讓之本心，故不争也。禮以理其心，樂以樂其心，故和睦也。示好以引之，示惡以止之，故知禁也。博愛也，德義也，敬讓也，禮樂也，好惡也，上之教也；不遺親也，興行也，不争也，和睦也，知禁也，下之化也。是故觀其教化，而人心之同然者可知矣。

○孝經曰：故親生之膝下，以養父母日嚴。聖人因嚴以教敬，因親以教愛。聖人之教不肅而成，其政不嚴而治，其所因者本也。

臣若水通曰：何以謂親生之膝下也？親愛之心，自孩提之時生也。何以謂養日嚴也？既長而養父母，則知識漸開，明乎父子尊卑之分，故日加敬於父母也。親也，嚴也，是人之良心也。故聖人因之教以敬愛焉，是故教不肅而成，政不嚴而治也，然後知聖人之政教非强爲之也，根之於天性者如是也。

○孝經曰：教民親愛，莫善於孝；教民禮順，莫善於悌；移風易俗，莫善於樂；安上治民，莫善於禮。

臣若水通曰：教親愛以孝者何也？孝親之心，即親愛其君之心也。教禮順以悌者何也？敬兄之心，即禮順長上之心也。樂作而平中，故風移而俗易也；禮達而分定，故上安而下順也。孝弟、禮樂，其立教之本乎。

○孝經曰：君子之教以孝也，非家至而日見之也。教以孝，所以敬天下之爲人父者也；教以悌，所以敬天下之爲人兄者也；教以臣，所以敬天下之爲人君者也。

臣若水通曰：孝、悌、忠，人心之固有者也。君子之教，盡心焉爾矣。人各盡其心，然後不獨盡其心，以其得所同然者爾。君子以孝教乎國，而凡天下之爲子者，無弗敬其父焉。以悌教其國，而凡天下之爲弟者，無弗敬其兄焉。以忠教其國，而凡天下之爲臣者，無弗敬其君焉。是則天下之孝、悌、忠，皆君子教之也，非德之至乎？

校記：

〔一〕「乎」，原作「之」，據嘉靖本改。

聖學格物通卷之四十七

立教興化中

○漢光武建武元年，宛人卓茂寬仁恭愛，爲密令，視民如子，舉善而教，口無惡言，吏民親愛，不忍欺之。民嘗有言部亭長受其米肉遺者，茂曰：「亭長爲從汝求乎？爲汝有事囑之而受乎？將平居自以恩意遺之乎？」民曰：「往遺之爾。」茂曰：「遺之而受，何故言邪？」吏顧不當乘威力彊求請爾，亭長素善吏，歲時遺之，禮也。」民曰：「苟如此，律何故禁之？」茂笑曰：「律設大法，禮順人情。今我以禮教汝，汝必無怨惡。以律治汝，汝何所措其手足乎？且歸念之。」初，茂到縣，有所廢置，吏民笑之。鄰城聞者，皆嗤其不能。河南郡爲置守令，茂不爲嫌，治事自若。數年，教化大行，道不拾遺。遷京部丞，密人老少皆涕泣隨送。及以病免歸，詔曰：「夫名冠天下，當受天下重賞。今以茂爲太傅，封褒德侯。」

臣若水通曰：善政不如善教之得民也。卓茂以禮教治邑，民不忍欺，教化大行，謂非得其本哉？其折禮遺亭長之數言，藹然尚德君子矣！吏民始嗤而久服之，秉彝之在人者，不可誣也。光武褒德之賞，其爲世教之勸大矣哉。

○漢桓帝延熹四年夏四月，以太常劉矩爲太尉。初，矩爲雍丘令，以禮讓化民。有訟者，常引之於前，提耳訓告，以爲忿恚可忍，縣官不可入，使歸更思。訟者感之，輒各罷去。

臣若水通曰：爲國以禮讓爲本，孔子曰：「必也使無訟乎。」劉矩令雍丘，以禮讓化民，而訟者罷去，得其本之明效也。然則人君之爲治，豈可不端其本哉？

○延熹七年，陳留仇香至行純默，鄉黨無知者，年四十爲蒲亭長。民有陳元，獨與母居。母詣香，告元不孝。香到元家，爲陳人倫孝行，譬以禍福之言。元感悟，卒爲孝子。考城令王奐署香主簿，謂之曰：「聞在蒲亭，陳元不罰而化之，得無少鷹鸇之志邪？」香曰：「以爲鷹鸇不若鸞鳳，故不爲也。」奐曰：「枳棘之林非鸞鳳所集，百里非大賢之路。」乃以一月俸資香，使入太學。郭泰、符融齎刺謁之，因留宿。明旦，泰起下牀拜之曰：「君泰之師，非泰之友也。」

臣若水通曰：甚矣！教化之易以感人也！得乎人心之所同然故也。仇香陳人倫孝行，卒能化成蒲民之孝，其所以見署於王奐，取重於郭泰，非得其同然者如是乎！

○延熹八年秋七月，議郎王暢嘗爲南陽太守，奮厲威猛。張敞諫曰：「愍愍用刑，不如行恩；孳孳求姦，未若禮賢；化人在德，不在用刑。」暢深納其言，更崇寬政，教化大行。

臣若水通曰：化人在德不在刑。德者，順也；刑者，逆也。信乎張敞之言矣。王暢然其言，改威猛而崇寬厚，卒之教化大行，貴戚豪族斂手革心，而前所謂發屋伐樹、堙井夷竈之嚴猛，將焉用哉？

○延熹八年十一月，徵東海相劉寬爲尚書令。寬歷典三郡，溫仁多恕，雖在倉卒，未嘗疾言遽色，吏民有過，但用蒲鞭罰之，示辱而已，終不加苦。每見父老，慰以農里之言，少年勉以孝弟之訓，人皆悅而化之。

臣若水通曰：傳云：「孝弟，順德也。」觀劉寬歷典三郡，溫仁多恕，蒲鞭示辱，藹然愷悌君子矣！及慰父老以農里之言，所謂上老老而長長者耶。其訓勉少年以孝弟，卓乎順德之化矣。此其所以感人心而受上賜也歟！然則爲治者奚以嚴峻苛刻爲哉？

○延熹九年，賈彪嘗爲新息長。小民困貧，多不養子，彪嚴爲其制，與殺人同罪。城南有盜劫害人者，北有婦人殺子者，彪出案驗，掾吏欲引南，彪怒曰：「賊盜害人，此則常理。母子相殘，逆天違道。」遂驅車北行，案致其罪。城南賊聞之，亦面縛自首。數年間，人養子者以千數，曰：「此賈父所生也。」皆名之爲「賈」。

臣若水通曰：乍見孺子入井，在他人猶有怵惕惻隱之心，而況於骨肉乎？甚哉風俗之移人，雖人心天性，尤不能不爲之奪也。賈彪之治新息，不治劫人之盜，而獨案殺子之罪，可以教人慈矣。遂使民間養子俱稱賈父，天性之愛豈終泯也？臣聞兩浙之間，以婚嫁侈靡殺其女，雖名士大夫之家，慈母之愛猶不能免，況貧困小民乎？其滅天之性、傷天之和，莫大於此，甚爲國家治化之累也。伏望聖明推大孝之心，以爲慈幼之政，詔浙江有司嚴禁，示以殺人之罪，徐以遍及天下，則人倫之愛同，天理之和積，而休徵至矣。幸甚。

○齊武帝永明五年十二月，魏主問高祐曰：「何以止盜？」對曰：「昔宋均立德，猛虎渡河；卓茂行化，蝗不入境。況盜賊人也，苟守宰得人，治化有方，止之易矣。」

臣若水通曰：教化之於人大矣。猛虎、蝗蟲，異類無知，猶且感格，而況於盜賊乎？而況於人乎？所以然者，以其氣之一也。夫守令近民也，人君爲國得人，以立教化，如均、茂焉，則人人施其教而天下平矣。

○齊武帝永明十年八月，魏司徒尉元、大鴻臚卿游明根，累表請老，魏主許之。引見，賜元玄冠素衣，明根委貌青紗單衣及被服、雜物等，而遣之。魏主親養三老、五更於明堂。己酉，詔以元爲三老，明根爲五更。帝再拜三老，親袒割牲執爵而饋；肅拜五更，且乞言焉。元、明根勸以孝友化民。又養庶老、國老於階下，禮畢，各賜元、明根以步挽車及衣服，禄三老以上公，五更以元卿。

臣若水通曰：魏主禮尉元、明根爲三老、五更，所以老老賢賢之禮其至矣！及元、根勸之孝友化民，卒以孝稱。詩曰：「無言不酬，無德不報。」元、根之於魏主，以之夷狄之君猶能行之，以立教化，亦可以見天理之在人心矣。爲中國之大君者，可不動心哉。

○齊明帝建武三年二月丙午，魏詔：「畿内七十已上，暮春赴京師行養老之禮。」三月丙寅，宴群臣及國老、庶老於華林園，詔：「國老黄耇以上，假中散大夫、郡守；耆年以上，假給事中、縣令；庶老，直假郡縣。」各賜鳩杖衣裳。

臣若水通曰：上老老而民興孝，上長長而民興弟。魏主詔畿内七十以上至京師，行養老之禮，所謂老老而長長矣。所以厚風俗而崇治化，豈小小哉。先王養老之政，至五代蕩不復存矣。孰知舉盛典於久曠之餘，乃出於夷狄之君也耶？

○陳文帝太建六年五月，周禁佛、道二教，經像悉毀。

臣若水通曰：異端之害道，凡志於道皆知距之，然卒未能殄絶之者，何也？凡以吾道之未明也。孟子曰：「君子反經而已矣。經正，則庶民興；庶民興，斯無邪慝矣。」周武帝知排佛老，可謂難矣。使能明先王之道以教國天下，則二氏之學不毀而自廢矣。雖然，後世之君尚崇信焉，其視武帝又何如耶？

○唐太宗貞觀四年十二月，上之初即位也，嘗與群臣語及教化。魏徵對曰：「久安之民驕佚，驕佚則難教；經亂之民愁苦，愁苦則易化。譬猶饑者易爲食，渴者易爲飲也。」封德彝非之曰：「三代以還，人漸澆訛。故秦任法律，漢雜霸道。蓋欲化而不能，豈能之而不欲耶？」魏徵曰：「五帝三王，不易民而化。若謂古人淳樸，漸至澆訛，則至于今日，當化爲鬼魅矣，人主安得而治之？」上卒從徵言。

臣若水通曰：唐太宗不可謂無志於教化者矣。惜乎魏徵之徒，知教化之可興，而不知興教化之有本，是以貞觀之治不能如三代之時雍也。夫形之不端，影將何正？立身刑家，多欲慚德，尚能以教而化人哉？易曰：「聖人以神道設教而天下服。」知神道者，而後可以語治化矣。

○貞觀十六年十一月壬申，上曰：「朕爲兆民之主，皆欲使之富貴。若教以禮義，使之少敬長、婦敬夫，則皆貴矣。」

臣若水通曰：太宗欲教民興禮義，使之少敬長、婦敬夫，庶乎知天之良貴矣。然教化之立，豈無所謂本與則者哉？記曰：「所藏乎身不恕而能喻諸人者，未之有也。」人君爲教化之主者，可不端本以善則哉？

○劉向説苑曰：道之所在，天下歸之；德之所在，天下貴之；仁之所在，天下愛之；義之所在，天下畏之。

臣若水通曰：道、德、仁、義，一理而已。以其事理之常行，則謂之道；以其得諸心，則謂之德；以其全體好生，則謂之仁；以事得其宜，則謂之義，此理不出於吾心也。以是而立教焉，則以心感心，天下豈有不興起者哉？

○宋理宗嘉熙二年，蒙古建太極書院于燕京。時濂溪周子之學未至於河朔，楊惟中用師于蜀、湖、京、漢，得名士數十人，始知其道之粹。乃收集伊洛諸書，載送燕京。師還，與姚樞謀建太極書院及周子祠，以二程、張、楊、游、朱六子配食，請趙復爲師，選俊秀有識度者爲道學生，由是河朔始知道學。

臣若水通曰：孟子曰：「吾聞用夏變夷，未聞變於夷者也。」臣嘗憤胡元入主中國，曠古所無之大變。及觀史至楊惟中與姚樞奮然興起道學，而嘆其有以也，豈非用夏變夷者乎？夫蒙古，夷狄也，乃能興道學之教，而堂堂大宋乃禁錮道學，指爲僞學，使天理民彝之在人心澌滅殆盡，以陷於夷狄禽獸之歸，尚爲不變於夷狄耶？欲其不亡，難矣。元儒劉因詩云：「王綱一紊國風沉，人道方乖鬼境侵。生理本直宜細玩，著龜千古在人心。」蓋嘆宋也。書曰：「商俗靡靡，利口惟賢，餘風未殄。」後之主教化之責者，可不獨觀而深省之，以救流俗之弊乎？

○元成宗大德十一年，武宗即位。七月，制加孔子號曰「大成」，制曰：「先孔子而聖者，非孔子無以明；後孔子而聖者，非孔子無以法。所謂祖述堯舜，憲章文武，儀範百王，師表萬世者也。可加『大成至聖文宣王』，遣使闕里，祀以太牢。於戲！父子之親，君臣之義，永惟聖教之遵；天地之大，日月之明，奚罄名言之妙。尚資神化，祚我皇元。」

臣若水通曰：自有生民以來，聖神之倫衆矣，而未有孔子。自有孔子以來，帝王之尊之者多矣，而未有如元武宗者。至矣！備矣！傳之萬世，而無以有加矣！然則天理之在人心，豈以華夷間耶？夫元以此而開教化之原，此所以能自立其國乎！不然，則雖有天下，不能一朝居也。

○元大德十一年八月，賜諸王孝經。中書右丞孛羅帖木兒以國字譯孝經進。詔曰：「孔子微言，王公庶民皆當由是而行。」命刻板模印，諸王公以下咸賜之。

臣若水通曰：孝經乃曾參與師孔子問答之辭，自天子至於庶人，孝事父母之道，立教之大本也。其道始於立身，中於事親，終於事君，自家而國而天下，通于神明，光于四海，天之經，地之義，而民之行，固有不可一日不講者。況夷狄之俗無父無君，而諸王家世驕貴，尤其所易犯。此義不明，則亂臣賊子不可勝誅矣。元武知其然，乃譯而頒之諸王，使其知愛親則不敢惡於人，知敬親則不敢慢於人。愛敬始于事親，而德教加于百姓，則雖堯舜之聖，何以加此？惜乎元武徒知尊崇其書，而未有以立天下之大本，又何以經綸天下之大經乎？

聖學格物通卷之四十八

立教興化下

○宋儒周敦頤通書曰：聖人立教，俾人自易其惡，自至其中而止矣。

臣若水通曰：教者，所以覺人之良知而歸於中正者也。中正也者，天理也。良知，即人心之本體也。人之性質一而已矣，中正則善，偏邪則惡。邪者惡者易，則中者善者正矣。故至其中則正，正則天理至矣。易惡非拔其本有也，至中非益其所無也。堯之於變，舜之風動，禹之不距朕行，湯之彰信兆民，文武之於昭丕冒，洪範之剛克柔克，其道豈外求之哉？皆易惡至中之教爾。故人君之立教，豈外於一心邪正善惡之間哉？

○周敦頤曰：「十室之邑，人人提耳而教且不及，況天下之廣、兆民之衆哉？曰：純其心而已矣。」

臣若水通曰：國家之本在君，君之本在身，身之本在心。純心也者，感化人心之本也。心有不純，則其本先已失矣，將何以爲教乎？故吾心純，則有感而天下應，放諸四海而準矣。是之謂操約而施博，教不必耳提面命於天下，而天下勸者也。人君立教興化，可不知其本乎？書曰：「民心罔中，惟爾之中。」故人君之教在純其心，欲純心者，必自中始焉。

○伊川程頤曰：知道者多，即道明。知者少，即道不明也。知者多少，亦由乎教。以魯國言之，止及今之一大州，然一時所出大賢十餘人，豈不是有教以致然也？

臣若水通曰：道者天理是也，此乃人心之所本有也，夫豈難知？惟物欲不蔽，本體澄徹，則爲聖人之生知也。其次有氣拘物蔽者，必待教而學之，去其蔽道者，而道體自見矣。知道者漸多，則明以相養，習以成化，如覩青天，如覩日星，有不待言說而道自顯然矣，是由於教之行與不行爾。魯國之地未爲大也，而一時大賢輩出，後世之遠，天下之大，未多見其人焉。今之天下即古之天下，今之人心即古之人心，其人才之多寡相懸，何也？在教學之興廢所致矣。故師道立則善人多，有志世道者，當以立教爲急務焉。

○程頤曰：爲政之本，莫大於使民興行。民俗善，而衣食不足者，未之有也。水旱螟蝗之災，皆不善之致也。

臣若水通曰：中庸曰：「致中和，天地位焉，萬物育焉。」使民興行，非上有以分而與之也。中和者，人人之所同有也；善行者，人人之所同有也。感發而興起之，致其中和之德，在一念之間爾。致中和，則民俗善、庶草蕃、百穀登、萬物若，而衣食足矣。是故一念之善，景星慶雲、祥風瑞日至矣；一念之惡，則災星厲氣、凶荒札瘥生矣。爲人君者，可不謹其教化之原哉？

○唐棣問：「祭起於聖人制作以教人否？」伊川程頤曰：「非也。祭先本天性，如豺有祭、獺有祭、鷹有祭，皆是天性，豈有人而不如鳥乎？聖人因而裁成禮法，以教人爾。」

臣若水通曰：聖人之制禮以教人也，蓋本之天理爾。天理者，天性也。故三千三百，無一而非性也，豈但祭祀爲然哉？故祭所以報本，至於豺、獺，亦有然者矣，豈教使之然哉？君子於此，可以知天性矣。聖人之教，裁成天性之自然者也。人君欲立天下之教者，非得於天性之極致，其孰能之？

○程氏遺書曰：教人者，養其善心而惡自消；治民者，導之敬讓而爭自息。

臣若水通曰：邪正，不兩立者也，故善心生則惡念消，敬讓興則爭訟息。故教人者，在使之體認天理而已；治民者，在感發其天理之念而已。天理日長，則人欲日消，而惡與忿爭日化矣。苟舍其本而欲治其末，徒事刑法以制之，吾恐欲民無惡而犯者日多，欲民息爭而爭者日熾，其端不可得而窮也。噫！盍亦深探其本哉。

○張栻作南康軍新立濂溪祠記有云：秦漢以來，言治者汩於五霸功利之習，求道者淪於異端空虛之說，而於先王發政施仁之實、聖人天理人倫之教，莫克推尋而講明之。故言治者若無預於學，而求道者反不涉於事，孔孟之書僅傳，而學者莫得其門而入，生民不克睹乎三代之盛，可勝嘆哉。

臣若水通曰：心與事不可離，則學與政不可二。臣於他章張載之說盡之矣。今張栻之言，蓋與脗合。夫言治而不本於學，則終於雜霸，而天下無善治。求道而不涉於事，則淪於空寂，而天下無真儒。故學也者，道之本也；治也者，道之用也。道一，則二者不可偏廢也。故哀公問政，而孔子告之以達德達道之學；子路問政，而孔子告以先之勞之而無倦。然則聖人所以垂世立教之本，其意深矣。

○横渠張載曰：凡學，官先事，士先志。謂有官者，先教之事；未官者，使正其志焉。志者，教之大倫而言也。

臣若水通曰：張載之言官先事，謂有官者先教之治民、事神之事也。士先志，謂未官者先正其志，使爲他日治民、事神之本也。蓋各就其所先務言之，可謂切矣。雖然，體用一原，心事無二，合内外之道也。學之道，未有離事而爲志者；仕之道，未有舍志而爲事者。故曰：「學而優則仕，仕而優則學。」言學與仕兼資，在力優爲之爾。學者宜潛心而玩索焉。

○劉蕡曰：事天地以教人恭，奉宗廟以教人孝，養高年以教人弟長，字百姓以教人慈幼。

臣若水通曰：恭、敬、慈、孝，人心之所同然者也。上行之則下效之，此無他故矣，蓋其所同然者，有不期然而然爾。故先王事天地、奉宗廟、養高年、字百姓，皆盡吾性之不容已者爾。民之恭敬孝慈之化，豈非感發其所同然者乎？故立教者得其心之所同然者則幾矣。

○國朝丙午三月，命江淮行省平章韓政率指揮顧時業。皇祖謂之曰：「公卿貴人子弟，雖讀書多，不能通曉奥義，不若集古之忠良、姦惡事實，以恒辭直解之，使觀者易曉，他日縱學無成，亦知古人行事，可以勸戒。其民間農工商賈子弟，亦多不知讀書，宜以其所當務者，直辭解説，作務農、技藝、商賈書，使之通知大義，可以化民成俗。」至是書成，命頒行之。〔一〕

臣若水通曰：賈誼曰：「胡越之子，生而同聲。及其長也，累重譯而不能相通者，其習使之然也。」故士風民俗，在素教習之而已爾。我皇祖有見於此，故於公卿貴人子弟，則集古事實以爲勸戒之規；於農工商賈子弟，則作務農技藝書以爲化成之具。立教興化，規模弘遠，此其所以定丕丕之基，而垂千萬年無疆之休也。聖子神孫，宜玩索焉。

〇洪武五年四月，太祖皇帝以海内晏安，思化民俗，以復於古，乃詔有司各行鄉飲。於是禮部奏：「取儀禮及唐宋之制，又采周官屬民讀法之旨，參定其儀。在内應天府及直隸府州縣，每歲孟春正月、孟冬十月，有司與學官率士大夫之老者行之於學校，在外行省所屬府州縣亦皆取法於京師。其民間里社以百家爲一會，或糧長或里長主之。百人内以年最長者爲正賓，餘以齒序坐，每季行之於里中。大率皆本於正齒位之説，而賓興賢能，春秋習射，亦可通行焉。所用酒殽毋致奢靡。若讀律令，則以刑部所編申明戒諭書兼讀之。其武職衙門，在内各衛親軍指揮使司及指揮使司，凡鎮守官，每月朔日亦以大都督府所編戒諭書率僚佐讀之。如此則衆皆知所警，而不犯法矣。」制曰：「可。」

臣若水通曰：臣伏讀我聖祖此制，乃周官之法先王之遺意也。是故鄉飲之禮，所以尊高年，老老而長長也；尚有德，别賢良，異姦頑，善善而惡惡也，所以敦風化也。賓興賢能，所以鄉舉而里選也；春秋習射，所以觀德而成材也；讀律讀戒諭，所以警其怠也。立教興化之道，官民文武可謂兼備矣。臣竊惟飲射讀律之禮，至今行之不替，甚爲教化之助也。惟賓興賢能一事，先王之政最爲首務，今則莫之行爾。所取者特文辭之末技，取非所用，用非所取，國家何賴？惟聖明慨然以祖宗之法爲必可行，先王之治爲必可復，講求脩舉之，則賢才出而天下治矣。

○洪武初，高原侃爲監察御史，言：「京師人民循習元氏舊俗，凡有喪葬，設宴會親友，作樂娱尸，惟較酒殽厚薄，無哀戚之情。流俗之壞至此，甚非所以爲治。且京師者天下之本，萬民之所取則，一事非禮，則海内之人轉相視傚，弊可勝言！况送終，禮之大者，不可不謹。乞禁止，以厚風化。」太祖皇帝可其言，乃詔禮官定官民喪服之制。

臣若水通曰：曾子曰：「人未有自致者也，必也親喪乎。」故親喪者，乃出於人之至情所自致者也。元主中國，由蒙古之故俗，喪葬宴會，設樂娱尸，喪服失制，可謂有人心乎？風俗之壞至此極矣！三綱淪，九法斁，天地神明厭之而不可解。我聖祖起而掃除之，定官民喪服之制，夷俗一朝而改觀焉，真可謂功加百王，啓無疆之休者矣。但法久易弛，今京師之吏民猶有此習，餘風未殄。伏惟聖明脩廢舉墜，大復祖宗之法，以追蹤三代之治，天下萬世幸甚。

○洪武八年，御製資世通訓成，上謂侍臣曰：「人君者，爲臣民之主，任治教之責。上有帝王，道與天同。今朕統一寰宇，晝夜弗遑，思以化民成俗，復古治道，乃著是書以示訓戒爾。」侍臣皆曰：「此臣民萬世之寶也。」

臣若水通曰：天生下民，作之君、作之師。人主體上天君師下民之心，則所以治而教之者，自不容已矣。皇祖之心，其天地之心乎！有是心故不能無是言，此資世通訓之所以作也。觀於此書，君師之道盡矣。今日法守道揆，朝信道、工信度，治隆俗美，有不由於此乎。

○洪武二十四年七月壬辰，上御謹身殿，觀大學之書，謂大臣曰：「治道必本於教化，民俗之善惡，教化之得失也。大學一書，其要在於脩身。身者，教化之本也。人君身脩，而人化之。好仁者耻於爲不仁，好義者耻於爲不義，如此則風俗豈有不美，國家豈有不興？苟不明教化之本，致風俗陵替者，民不知趨善，欲國家長治久安，不可得也。」

臣若水通曰：聖祖觀大學書，以爲其要在於脩身，至哉皇言！蓋與大學古本默契矣。大學古本者，孔氏之全書，未經改本之前，載在漢儒十三經之中。自明明德於天下，逆推其功本於格物，又自物格順循其效，至於天下平。是格物乃大學一篇之本始功夫要約處也。下文又曰：「自天子至於庶人，一是皆以脩身爲本，其本亂而末治者否矣。其所厚者薄，而其所薄者厚，未之有也，此謂知本，此謂知之至也。」是則以脩身釋格物矣。聖祖謂大學一書其要在脩身者，誠爲獨見，深契古人，而治化之本端不外是矣。嗚呼，旨哉！

○洪武二十年閏六月，太祖皇帝謂禮部試尚書李原名曰：「尚齒所以教敬，事長所以教順。虞、夏、商、周之世，莫不以齒爲尚，而養老之禮未嘗廢，是以人興於孝弟，風俗淳厚，治道隆平。曩者朕詔天下行養老之政，凡耆民年八十以上，鄉黨稱善，貧無産業者，月給米五斗、酒三斗、肉五斤。九十以上，歲加帛一疋、綿一斤。若有田産能自贍者，止給酒肉絮帛。其應天、鳳陽二府富民，九十以上賜爵社士，八十以上賜爵里士，咸許冠帶，復其家。尚慮有司奉行不至爾，其以朕命申之。」

臣若水通曰：播棄黎老，商之所以亡也；善養其老，而周之所以興焉。一興一亡，昭然可見矣。我皇祖之養老也，著之詔令，以告天下。又慮有司奉行不至，而敕禮部申命之。親親之仁，敬長之義，達之天下矣，宜其教化大行薄海内外，以繼堯舜三代之治也。子孫萬世之法，其在兹矣。

○太祖御製大誥曰：鄉飲酒禮，不過申明古先哲王教令而已。所以鄉飲酒禮，序長幼、論賢良、别姦頑、異罪人。其坐席間，年高有德者居於上，年高純篤者並之，以次序齒而列。其席間有曾違條犯法之人，列於外坐，同類者成席，不許干於良善之席。主者若不分别，致使貴賤混淆，察知或坐中人發覺，主者坐以違制。姦頑不由其主，紊亂正席，全家移出化外。嗚呼！斯禮古先哲王之制，妥良〔民〕〔二〕於宇内，亘古至今，興者鄉里安、鄰里和、長〔幼〕〔三〕序，無窮之樂。

臣若水通曰：此聖祖鄉飲酒之禮也。鄉飲之禮，所以老老也，所以善善而惡惡也。老老之化行，民知有長幼矣；善惡之分嚴，民知從事於善矣。是故刑賞不必加於天下，而天下知勸懲者，其惟鄉飲酒之禮乎。

○國朝太祖登極之初，制曰：「凡孝子順孫、義夫節婦、志行卓異者，有司正官舉明，監察御史、按察司體覆，轉達上司，旌表門閭。」

臣若水通曰：此太祖旌奬之制也。旌奬亦教化之一端，是故旌一孝子、一順孫，則凡天下之爲人子爲人孫者，皆孝順矣；旌一義夫、一節婦，則凡天下之爲人夫爲人婦者，皆節義矣。何也？上有好者，下必有甚焉者矣。

○國朝太祖御製教民榜曰：每鄉每里，各置木鐸一箇。於本里内選年高或殘疾不能生理之人，或瞽者，持鐸循行，俱令直言叫喚。其辭曰：「孝順父母，尊敬長上，和睦鄉里，教訓子孫，各安生理，毋作非爲。」如此每月六次，其持鐸之人，秋成隨多寡資助糧食。

臣若水通曰：遒人以木鐸徇於道路，此先王教化盛典也。今木鐸之辭，言近而指遠，藹然孝友慈睦之風矣。語曰：「天將以夫子爲木鐸。」有元之世，彝倫攸斁。我太祖應時而出，重整中華之正統，載復萬世之綱常，豈非上天厭胡元之亂，而特眷命以爲木鐸，繼天立極也耶？此在聖子神孫脩舉之無斁可焉。

○教民榜：父母生育之恩至大，其鞠育劬勞，詳載大誥。今再申明：民間有祖父母、父母在堂者，當隨貧富，奉養無缺。已亡者依時祭祀，展其孝敬。爲父母者教訓子弟，爲子弟者孝敬伯叔，爲妻者勸夫爲善。如此，和睦宗族，不犯刑憲，父母妻子朝夕相保，豈不安享太平？

臣若水通曰：人之至情，莫過於父子夫婦之間。情之至故親之至，親之至故相保愛者至，而相摩於道義之行矣。舜命契曰：「百姓不親，五品不遜。汝作司徒，敬敷五教。」太祖親民之心，其堯舜之心乎。此令一出，則民知胥保惠教誨之道，百姓親彝倫叙矣。其脩道之教，以致中和、位天地而育萬物者，端在此乎。

○教民榜：鄉里人民，貧富不等，婚姻死葬，誰家無之？今後本里人户，凡遇此等，互相賙卹。每户出鈔一貫便是百貫，每五貫便是五百貫。雖有貧者，亦可措辦。如此，則衆輕易舉，行之日久，鄉里自然親愛。

臣若水通曰：凡人相與之情，莫善於親，莫不善於疏。親則如痛癢之相關，疏則如秦、越之肥瘠也。故我聖祖同里死喪相賙之令，所以親之也。孟子「鄉田同井，出入相友，守望相助，疾病相扶持，則百姓親睦」，王政然也。滕文公不能行之於昔，而我聖祖行之於今，其仁民之政蓋與三王同符矣。

○教民榜：民間子弟或七八歲，或十一二歲，欲心未動，良心未喪，早令講讀大誥三編。誠以先入之言爲主，使知避凶趨吉，日後皆成賢人君子，爲良善之民，免貽父母憂慮，不犯刑憲，永保身家。

臣若水通曰：善教者禁之於未發，豫養之也。大誥之作，懼民之麗于刑，蒙而養之，期于無刑。此聖祖之仁，其與禹泣罪人，成湯祝網，異世而同符者哉。

校記：

〔一〕按明通鑑等書，務農、技藝、商賈書之書成刊行在元至正二十六年（一三六六年，丙午年）十一月，其書爲儒士熊鼎、朱夢炎等人所輯，與韓政、顧時並無關。故此條必有錯簡。

〔二〕「民」，據嘉靖本補。

〔三〕「幼」，據嘉靖本補。

聖學格物通卷之四十九

事長慈幼

○詩豳風七月：五月斯螽動股，六月莎鷄振羽。七月在野，八月在宇，九月在户，十月蟋蟀入我牀下。穹窒熏鼠，塞向墐户。嗟我婦子，曰爲改歲，入此室處。六月食鬱及薁，七月亨葵及菽。八月剥棗，十月穫稻。爲此春酒，以介眉壽。

臣若水通曰：此詩周公陳后稷、公劉風化之所由，以告成王也。而此詩豳風之五章、六章，見敬老慈幼之道至矣。二章皆歷叙其自秋而冬，時物改易而歲寒已至。其五章曰「嗟我婦子，曰爲改歲，入此室處」者，老者嘆嗟語其婦子，言今歲暮而將改，天寒，可以休息而入處於奥矣。此可見老者慈幼之仁也。其六章曰「爲此春酒，以介眉壽」者，眉壽謂年老，有毫眉秀出也。少者當十月穫稻之時，以此新穀釀爲來春之酒，以進壽觥於親長，致頌禱之意，以助眉壽矣。此可見少者事長之義也。仁義固人心之天理，然而爲流俗所陷溺者多矣。邠民長幼之間，至誠懇惻，藹然慈孝之交孚，豈無所自而然哉。蓋由公劉之治其國也，推仁義之心，以行仁義之政，老老幼幼，各得其所。故仁義之化薰蒸於一國，而國人化之，亦各老其老而幼其幼，天理民彝日用由之而不知爾。嗚呼！邠乃西戎之地，公劉以一心治之，而其民風土俗如此之美，有非聲華文物之都所可及者。況御中土而有天下者，能舉斯心加諸彼，老吾老以及人之老，幼吾幼以及人之幼，何時雍之治不可致哉？

○禮記王制曰：凡養老，有虞氏以燕禮，夏后氏以饗禮，殷人以食禮，周人脩而兼用之。五十養於鄉，六十養於國，七十養於學，達於諸侯。

臣若水通曰：養老者，如三老、五更及致仕者，與庶人之老有德者皆是也。養之之禮，春夏飲，養陽氣也；秋冬食，養陰氣也；春入學釋菜，合禮也；秋頒樂，合聲也；季春大合樂，天子視學也。燕禮何也？獻既畢，坐飲酒至醉，其牲用狗，行於寢也，尚和也。饗禮何也？體薦而不食，爵盈而不飲，立而不坐，尊卑行獻畢而止也，尚嚴〔一〕也。食禮何也？有飯有殽，設酒不飲，以食爲主，行於廟也，尚養也。兼之何也？春夏用燕饗，秋冬用食也，兼和嚴以食也，故食得其正也。是以和而不流，其周之盛德乎。鄉也者，鄉學也；國也者，國中小學也；學也者，大學也。養於鄉、國、大學，明長長也。達於諸侯，自天子達也，長長老老之政同也。

○孟子：葵丘之會，三命曰：「敬老、慈幼。」

臣若水通曰：此齊桓葵丘之會申明王禁之辭也。蓋有國者，不知敬老，則無以達吾親親之心；不知慈幼，則無以達吾幼幼之心，而王者仁義之道息矣，其何以爲國哉？然敬老、慈幼，皆根於天性之固有，人心之所同也。爲君者，能體物我同體之意，因人心之同而敬慈施於老幼，則上老老而民興孝，上恤孤而民不倍矣。其於治國也何有哉？

○孟子曰：五畝之宅，樹牆下以桑，匹婦蠶之，則老者足以衣帛矣。五母鷄、二母彘，無失其時，老者足以無失肉矣。百畝之田，匹夫耕之，八口之家足以無饑矣。

臣若水通曰：此孟子言文王養老之政如此。每夫五畝之宅，二畝半在田，二畝半在邑。於宅牆之下植之以桑，使匹婦供其蠶事，爲繭繅、爲布帛，則五十非帛不暖之老者可以有所衣矣。每夫養母鷄五、母彘二，於孕字之時而不失，如於仲春之月，毋用牝育之牲，則七十非肉不飽之老者可以有所肉食矣。每夫受田百畝以耕之，則秋收之餘，私田之入，上自父母，下及妻子，凡八口者，可以仰事俯育而無饑矣。夫文王養老慈幼之政，不假乎他，不過推其父母萬物之心，制常生之産以惠之爾。有天下者，可不思因民之所利而利之哉？

○左傳隱公元年：叔段入于鄢，公伐諸鄢。五月辛丑，大叔出奔共。書曰：「鄭伯克段于鄢。」段不弟，故不言弟。如二君，故曰克。稱鄭伯，譏失教也，謂之鄭志。不言出奔，難之也。

臣若水通曰：叔段不弟，如二君，是無事長之義矣。鄭伯失教，志殺其弟，是無友愛之慈矣。此宋儒呂祖謙所以深誅其心術之微而不可逭乎。惟大舜之仁心，篤於親愛之誠，故能處傲象而烝乂不格姦也，可以爲事長慈幼之法矣。

○陳文帝天嘉四年夏四月乙未，周主幸太學，以太傅、燕國公于謹爲三老，設三老席於中楹，南向。太師宇文護陞階設几，大司馬豆盧寧正舄。帝跪設醬，跪授爵豆以酳，親爲袒割。

臣若水通曰：三代之學，所以明人倫也。故曰庠者養也。養老之禮，其古之帝王教天下以孝弟之義歟。此義廢之久矣，周武獨能折節而躬行之，豈非後世之一快覩哉。其不能追先王治化之隆者，不能擴充其善念以達之國家爾。曾子曰：「所藏乎身不恕，而能喻諸人者，未之有也。」吾於武帝不能無憾焉。

○唐太宗貞觀十一年三月，以禮部尚書王珪爲魏王泰師。上謂泰曰：「汝事珪當如事我。」泰見珪輒先拜，珪亦以師道自居。珪子敬直尚南平公主。先是，公主下嫁，皆不以婦禮事舅姑。珪曰：「今主上欽明，動循禮法。吾受公主謁見，豈爲身榮，所以成國家之美爾。」乃與其妻就席坐，令公主執笄，行盥饋之禮。

臣若水通曰：笄，竹器也，以盛棗栗服脩。盥，以盤水沃洗手也。婦以特豚饋夫，弟子之事師長，婦之事舅姑，禮也。王珪傅皇子以師道自居，其婦公主行執笄盥饋之儀，蓋教之以孝弟之道也。其爲慈愛，孰大於是？是故太子從其教，以之治天下則平也；公主安其分，以之閑有家則齊也。禮之有益於人大矣，後之爲君師者，可不以禮慈愛其世子、公主乎？

○班固白虎通曰：君幼稚，唯考不黜者何？君子不備責童子也。禮，八十曰耄，九十曰悼。悼與耄，雖有罪不加刑焉。

臣若水通曰：考，謂撻之示懲也。不黜，不退之也。耄，老而衰憊之貌。悼，可傷也。君子不備責童子，何也？以其幼也。悼、耄有罪不加刑者，何也？以其老也。老老之教不行，民弗知有長矣；慈幼之教不行，民弗知恤孤矣。弗恤弗長，則仁孝之風幾乎息矣。故觀於此，可以見古人慈幼事長之風矣。

○劉向說苑：景公探爵鷇，鷇弱，故反之。晏子聞之，不待請而入。景公汗出惕然，晏子曰：「君胡爲者也？」景公曰：「我探爵鷇，鷇弱，故反之。」晏子逡巡北面再拜而賀曰：「吾君有聖王之道矣。」景公曰：「何也？」晏子曰：「君探爵鷇，鷇弱故反之，是恤[二]幼也。吾君仁愛，禽獸之加焉，而況於人乎？此聖王之道也。」

臣若水通曰：景公以爵弱而反之，藹然惻隱之心矣。晏子賀之，以成其恤幼之仁，可謂善矣。齊宣王不忍牛之觳觫，孟子曰「是心足以王矣」。由是心也，苟能體認擴充之，可以保天下矣。惜乎二君聞二臣之言，而不能行也，噫！

○宋儒程顥策云：老吾老以及人之老，幼吾幼以及人之幼，此純王之心也；使老者得其養，幼者得其所，此純王之政也。尚慮其末也，則又尊國老而躬事之，優庶老而時養之，風行海流，民陶其化，孰有怠於親而慢於長者哉？虞、夏、商、周之盛王由是道也，人倫以正，風俗以厚，鰥寡孤獨無不得其養焉。

臣若水通曰：人君體同胞之義，則於老無所不兼敬也，於幼無所不兼愛也。故由老老之心，而老老之政行焉；由幼幼之心，而幼幼之政行焉。夫以純王之心，行純王之政，不越乎親長慈幼之間爾。夫豈人之所不能哉？不爲爾。爲君者在立志焉。

○伊川程頤曰：閭閻小人，得一食必先以食父母。夫何故？以父母之口，重於己之口也。得一衣必先以衣父母。夫何故？以父母之體，重於己之體也。至於犬馬亦然，待父母之犬馬必異乎己之犬馬也。獨愛父母之子，却輕於己之子，甚者至若仇敵。舉世皆如此，惑之甚矣。

臣若水通曰：父母與己之身，父母之子與己之子，皆同氣者也。故愛則皆愛，慈則皆慈，亦各盡其心，遂其天性而已矣。於此有一薄焉，則無所不薄矣。後世兄弟賊恩，仇敵同氣，其亦不仁甚矣。

○或曰：「事兄盡禮，不得兄之歡心，奈何？」程頤曰：「但當起敬、起孝，盡至誠，不求伸己可也。」曰：「接弟之道如何？」曰：「盡友愛之道而已。」

臣若水通曰：孝慈之道，各欲自盡其心爾。舍是心而有間焉，則己私勝之也。程頤之言，真可爲事長慈幼之法也歟。

○張載西銘曰：尊高年，所以長其長；慈孤弱，所以幼其幼。

臣若水通曰：仁人之心，無親疏内外之間也。而其由親以及疏，自内以及外者，亦天理之當然爾。故吾之長長之，而高年無所不尊，則天下之長無不長之矣；吾之幼幼之，而孤弱無所不慈，則天下之幼無不幼之矣。驅天下長長幼幼，而歸之仁人長者之域，是即所謂與天地萬物一體者矣。施無不博而濟無不衆，故堯舜之道，孝弟而已矣。此在人君自盡其心爾。

○楊時謂：李夔知杭州錢塘縣事，有兄弟爭財而訟者，累政不能決。公至，取案牘焚之，諭以同氣至情，財不足言。兄弟感泣，拜於庭而去。異日，公復過錢塘，二人猶求見公以謝。

臣若水通曰：孩提之童，無不知愛其親，及其長也，無不知敬其兄，天之性也，故謂之良知良能。爭財致訟，情欲相攻，而天性滅矣，豈刑獄之所能回哉？李夔一言而兄弟感悟，其賢於五刑三千者矣。何也？得心之本然故也。

○張栻謂：吴芾少而孝友，既孤，事母訓弟，有聞于其鄉。母病瞽踰紀，芾精意療治，一日復明如初，人以爲孝誠之感也。

臣若水通曰：孝弟之至，通于神明，感乎天地。蓋人與天地、鬼神、萬物之氣一也，是以能感格。王祥之鯉、孟宗之笋，物固有然者，而況於吾親一體之間乎。宋吴芾母瞽踰紀，積誠精治，一日復明，乃其感應之必然者也。然則人子事親，其可不盡孝誠也哉？

○顏之推曰：父子之嚴不可以狎，骨肉之愛不可以簡。簡則慈孝不接，狎則怠慢生焉。

臣若水通曰：父子主恩也，是以愛生焉。相處以敬，相接以禮，愛之至也。狎與簡者，可謂之至愛乎？曲禮曰：「君臣上下，父子兄弟，非禮不定。」詎不信夫？

○國朝洪武三年二月，太祖皇帝行後苑，見巢鵲卵翼之劬，喟然歎曰：「禽鳥劬勞若是，況人母子之恩乎！」乃令群臣有親老者，許歸養。時故元鎮撫陳興被俘來京，恩待甚厚，興言有母在嵩州，年八十餘，欲求歸養。即賜白金、衣帽，遣之。興辭，太祖顧謂侍臣曰：「孝弟之性，天下皆同。陳興雖武夫，聞朕言即愴然思歸。朕始不知其有母，若知之，肯令其違遠耶？人壽不過百歲，今其母年已八十餘，萬一不得相見，興有無窮之痛。興歸，母子相見，其樂宜何如？」侍臣曰：「陛下以孝治天下，推測人情，無微不燭，非惟一家之老者得所，天下之惸獨鰥寡，皆蒙其惠矣。」太祖曰：「人情莫不愛其親，必使之得盡其孝。一人孝而衆人皆趨於孝，此風化之本也。故聖王之於天下，必本人情而爲治。」

臣若水通曰：記曰：「親親而仁民，仁民而愛物。」齊王不忍牛之觳觫，孟子謂其恩足以及禽獸而功不至於百姓。太祖皇帝因巢鵲卵翼而感母子之恩，令群臣歸養，且及於亡國之俘，使全母子之愛，非自其天性孝友中來耶？是親親、仁民、愛物、仁孝，上下周洽，立慈孝之教於天下，所謂皇建有極也。聖子神孫，當以聖祖爲法焉。

○國朝李貞尚皇姊長公主。貞性孝友，母太夫人性嚴，微忤其意，輒加叱責。嘗侍養，值母怒，投其食器於地，貞徐拾之，恭敬愈至。有弟四人，父既没，求分財異居。貞語之曰：「父没而母在，苟分財異居，老母得無不可於意乎？先人田廬，俱俟老母百歲後隨所欲取之，吾不較也。」諸弟皆愧服。

臣若水通曰：孝弟者人之天性，各欲自盡者也。故親雖不慈，而子不可以不孝；弟雖不敬，而兄不可以不友。古人處變之道，固如是也，李貞其殆庶幾者乎。

○國朝李文選早喪父，事母莫氏至孝，具甘旨，候寒温，晨昏不少懈。母喜則喜，母或不樂，則拜問其故，致婉辭以慰之，必母喜乃止。尤能友愛其兄弟，鄉黨稱之無間言。

臣若水通曰：李文選事親處兄弟之道，皆本於天性之自然者也。孟子曰：「人有所不學而能者，其良能也；所不慮而知者，其良知也。」文選其近是耶，是足以表風俗也矣。

校記：

〔一〕「嚴」，原作「言」，據嘉靖本改。

〔二〕「恤」，嘉靖本作「長」。

聖學格物通卷之五十

使衆臨民

○易臨象曰：澤上有地，臨；君子以教思无窮，容保民无疆。

臣若水通曰：臨卦上坤下兑，故爲澤上有地之象，上臨下者也。君子體此以盡臨下之道，以兑水之能入物而教之以趨於善，資深逢原，日新不已也，奚有窮焉。以坤地博厚之能容物保民，以遂其生，包含徧覆，无遠弗届也，奚有疆焉。盡是二者，而臨下之道得矣。爲人君有臨下之任者，不可不取法焉。

○明夷象曰：明入地中，明夷。君子以莅衆，用晦而明。

臣若水通曰：聰明睿知，足以有臨；文理密察，足以有别，此自然之明照也。孟子曰：「所惡於智者，爲其鑿也。」鑿則傷於明，而非自然之覺矣。明夷一卦，有明入地中之象，則傷於明，而以察察之私智臨乎民，民有不安矣。君子〔一〕觀此象以臨民，當神明內蘊，無作聰明而自用晦，故民之是非邪正，無能遁其情矣。語曰：「察見淵魚者不祥，智料隱慝者有殃。」爲上莅衆者警之。

○書虞書大禹謨：臯陶曰：「帝德罔愆，臨下以簡，御衆以寬；罰弗及嗣，賞延于世。宥過無大，刑故無小；罪疑惟輕，功疑惟重；與其殺不辜，寧失不經。好生之德，洽于民心，兹用不犯于有司。」

臣若水通曰：此臯陶以民不犯法，歸功於舜得臨御之道也。愆，過也。簡者，不煩之謂。嗣與世，皆謂子孫也。延，遠及也。過者，不識而誤犯也。故者，知之而故犯也。辜，罪也。經，常也。臯陶言臣庶不干正民協于中者，非予之功，乃帝之德無過也。上煩密則下無所容，帝則臨之以簡；御者急促則衆擾亂，帝則御之以寬。刑罰則父不及子，爵賞則遠及其世，其惡惡短而善善長也。過誤所犯，雖大必宥；不忌故犯，雖小必刑，即所謂眚災肆赦、怙終賊刑也。與其殺之而害無罪者之生，寧姑全之而自失於刑法之常，此其仁愛忠厚之至，皆所謂好生之德也。此德流衍洋溢，漸涵浸漬，有以入于民心，則天下之人無不愛慕感悅，興起於善，而自不犯于有司也。夫帝舜之德大矣至矣，而臯陶贊之不過曰「簡」、曰「寬」、曰「好生」，何耶？夫天地之大德曰生而已矣，乾坤之廣大曰易簡而已矣，聖人者體天地之大德，而法其易簡，故其並生之心與天地準。故天地並育並行，而萬物不悖；聖人並生，而萬民不犯，職此故也。後世法網愈密，而犯法益衆，盍亦反求其本矣。

○周書無逸：徽柔懿恭，懷保小民，惠鮮鰥寡。自朝至于日中昃，不遑暇食，用咸和萬民。

臣若水通曰：此周公舉文王保民之勤，以告成王也。徽、懿，皆美也。昃，日昳也。柔謂之徽，則非柔懦之柔；恭謂之懿，則非足恭之恭。文王有柔德而徽，有恭德而懿，其德之盛及於民，於小民則懷保之，愛之如赤子也。於鰥寡則惠鮮之，垂首喪氣者賚予賙給，使之有生意也。自朝至於日之中，自中至於日之昃，一食之頃，有不遑暇，欲舉天下之民而咸和之，使無一不得其所也。文王之拳拳於民一食不暇者，皆自其視民如傷一念之仁發之也。爲人君者臨民撫衆，當以文王之心爲心。

○周書君陳：無依勢作威，無倚法以削。寬而有制，從容以和。

臣若水通曰：此成王命君陳治洛之言也。依勢倚法，皆好惡有加之意，所以戒其偏也；寬而制、和而從容，皆並行之意，所以勉其中也。此數言者最爲精密，心若苟偏，喜怒予奪，毫髮私意之萌，即非公理也，即是作威以削。君陳之世，當寬和之時也。然寬而有其制，則不偏於寬矣；從容以和之，則不偏於和矣。夫戒其偏、勉其中，而後可以成中和之政也。

○詩大雅靈臺：經始靈臺，經之營之。庶民攻之，不日成之。經始勿亟，庶民子來。

臣若水通曰：此詩述民樂之詞，而此章見民樂文王之作臺也。經始，經營之始。靈臺，臺名。亟，急也。言文王始爲靈臺，經營之時，庶民皆來趨事赴功，而供土木之役，則成之有不待終日矣。文王憂民之勞，則戒以經始不可如是之急也。於是庶民感文王之仁，如子趨父之事，赴父之功，自有不能遏焉。夫文王之作靈臺，不免勞乎民也。斯民樂之而不怨，豈其情邪？君民相體，惟此心而已矣。故經始勿亟，文王之心，真父母之心也。庶民子來，斯民之所以體父母之心也。君民一體，如父子一心，故歡欣踴躍，自有以鼓動其心，而自忘其勞也。爲民父母者，可無愛民之心乎？誠使臨民使衆，如文王勿亟之心，則民亦有子來之心，至於危難變急之中，尚可以得其死命而不忍去者，況土木之勞奚怨哉。後之人主無愛民之心，視民如草菅，至有閭閻弗食弗息，愁苦怨極，猶且土木煩興，戰鬬弗息，使之展轉而死。爲民父母如此，豈望下民如子弟之衛父兄哉。及其一夫作難，四方瓦解，如驪山之役徒，反爲仇讐，倒戈之民，血流漂杵，可不懼哉。

○商頌長發：受小球大球，爲下國綴旒，何天之休。不競不絿，不剛不柔。敷政優優，百禄是遒。

臣若水通曰：此詩宋儒朱熹以爲祫祭之詩也。小球大球，小國大國所贄之玉也。旒，旗之垂者也。言爲天子而爲諸侯所係屬，如旗之縿爲旒所綴著也。競，强也。絿，緩也。優優，寬裕之意。言湯之負荷天命在於得人，而得人之道在得其中而已。故過剛則猛，猛則民殘；過柔則寬，寬則民慢，皆非得中之道也。惟湯執中，故其敷政於民者不競而過於强，不絿而不及以緩。故不競則不剛矣，不絿則不柔矣，優優乎大道之中，此人心之所以歸，天命之所以集也。雖然，湯之政所以得其中者，豈外於一心哉？蓋心之本體，中正而已。湯惟聖敬日躋，顧諟明命，不失乎此心之本體，故政之所施，一中正之本體流行而不息爾。後之爲政者，不求此心以立中正之體，徒欲事事以求其中，雖偶有所合，議擬之際，不覺已墮於過不及之偏矣，安能恒其中耶？故善爲政者，必本諸心以先立其大者。

○禮記王制曰：凡使民，任老者之事，食壯者之食。

臣若水通曰：此古者御衆臨民役之之恕也。任老者之事，言輕也；食壯者之食，言厚也。任輕而食厚，則民心得矣。夫人情莫不欲逸，苟食重而任輕，則所欲與聚而民心歸矣。是故靈臺之役，庶民有子來之詠；申國執戍，而一時有揚水之嗟，則亦可以見民心之向背也。嗚呼，鑒諸。

○雜記：孔子曰：「張而不弛，文武弗能也；弛而不張，文武弗爲也。一張一弛，文武之道也。」

臣若水通曰：夫道，中而已矣；或弛或張，亦中而已矣。故偏於張則過，偏於弛而不及。天地之否泰，日月之盈虧，寒暑之往來，則固有然者矣。故久於勞則力憊，久於息則志逸而淫。文武之治，陰陽合道，剛柔同德，天理之中正也。使民如此，則天下之民悅，而願爲之使矣。

〇緇衣：君民者，子以愛之，則民親之；信以結之，則民不倍；恭以莅之，則民有孫心。

臣若水通曰：子者，慈也；孫者，遜也。夫慈信恭敬，君民上下同心者也。以慈感慈，則民心親；以信感信，則民心固；以恭感恭，則民心讓。使民親遜而不倍，惟上之所以臨御而感之者何如爾。

〇論語：子曰：「道千乘之國，敬事而信，節用而愛人，使民以時。」

臣若水通曰：此章夫子雖爲道千乘之國而言，然治天下之道，亦不外此。敬者主一，信者實心，節用者量入爲出，不濫費也。愛人者惠鮮子惠，仁乎民也。時使者，凡有力役必以農隙之時，不違其春耕、夏耘、秋收之時也。五者事雖不同，皆在人主之一心爾。誠能存此愛民之心，則施諸政事之間，無非此心之形見，而事自能敬，民自能信，人自能愛，用自能節，不時使民斷有不忍爲者矣。故君心正而萬事理矣。然則五者固爲爲治之要，而君心者得非出治之本乎？

○子曰：臨之以莊則敬，孝慈則忠，舉善而教不能則勸。

臣若水通曰：此聖人答季康子之言也。然康子之意，在欲使民之自盡，而聖人之説，惟欲其以身而先民。蓋以身教者從，以言教者訟，故吾之臨之者，敬存於中而莊見乎外，瞻視容貌之尊嚴，威可畏、儀可象，則民興起其敬上之心矣。孝於親、慈於衆，孝足以爲民之效，慈足以結民之心，則民興起其忠上之念矣。善者舉之以歆動其善心，不能者教之以善誘其志向，則善者益善，而不能者亦勉於善矣，民豈有不勸乎？是故御衆臨民之道，在之爲人上者躬行心得之間爾，夫豈外慕而遠求之哉。

○孟子曰：得其心有道，所欲與之聚之，所惡勿施爾也。

臣若水通曰：孟子此言得民心者，在聚其所欲而勿施其所惡爾。蓋如富壽安逸，是人之所欲者，亦我之所同欲。必由我之所欲，而知人之所欲，則必生之、厚之、扶之，節其力所以聚其欲也。貧夭危勞是人之所惡者，亦我之所惡。必由我之所惡，知人之所惡，則必不傷其生，不困其財，不危其身，不盡其力而勿施之可也。是則民之好惡，不外乎吾之好惡，而民心可得矣。夫好惡，民之心也，亦我之心也。欲得民之心，必得吾之心，則民心在是矣。然則臨民之道，豈不於吾心而得之哉？

○孝經曰：言思可道，行思可樂。德義可尊，作事可法。容止可觀，進退可度。以臨其民，是以其民畏而愛之，則而象之。故能成其德教，而行其政令。

臣若水通曰：言思可道者，度民之可道而後言，則言有物也。行思可樂者，度民之可悦而後行，則行有恒也。德義可尊者，凡立德行義必得大中之道，爲民之所共尊也。作事可法者，舉行政事必合至中之規，可爲民之所共法也。容止威儀必中乎禮而可觀，進退動静皆有定則而可度也。如是而臨民，民其畏威懷德而取象之，是故德教成而政令行矣。

○國語周語：内史過曰：「先王知大事之必以衆濟也，故祓除其心，以和惠民。考中度衷以莅之，昭明物則以訓之，制義庶孚以行之。祓除其心，精也；考中度衷，忠也；昭明物則，禮也；制義庶孚，信也。然則長衆使民之道，非精不和，非忠不立，非禮不順，非信不行。」

臣若水通曰：祓，猶拂也。考中度衷者，考省己之中心，以度人之中心，恕以臨之也。物，事也；則，法也。庶，衆也。制義庶孚者，當制立事宜爲衆所信而行之也。夫不得其民不足以濟事，不得其心不足以得民，故君子使民如承大祭，而不敢忽焉。精以和之，忠以立之，禮以順之，信以行之，夫然後得其心而得其民。以之圖事，何事不濟哉？晉侯背外內之賂而怠棄四者，吾知其遠不來、近不和，而大事去矣。有天下者，慎無以丘〔二〕民之微而忽易之也。

○漢宣帝地節四年十二月，渤海太守龔遂入爲水衡都尉。先是，渤海左右郡歲饑，盜賊並起，二千石不能擒制。上選能制者，丞相、御史舉遂。上拜爲渤海太守，召見，問：「何以治渤海，息其盜賊？」對曰：「海瀕遐遠，不霑聖化，其民困於饑寒而吏不恤，故使陛下赤子盜弄陛下之兵於潢池中爾。今欲使臣勝之耶？將安之也？」上曰：「選用賢良，固欲安之也。」遂曰：「治亂民如治亂繩，不可急也。唯緩之，然後可治。臣願丞相、御史且無拘臣以文法，得一切便宜從事。」上許焉，加賜黃金。乘傳至渤海界，郡聞新太守至，發兵以迎，遂皆遣還。移書敕屬縣，悉罷逐捕盜賊吏，諸持鉏鉤田器者，皆爲良民，吏毋得問，持兵者乃爲盜。遂單車獨行至府，盜賊聞遂教令，即時解散，棄其弓弩而持鉤鉏，於是悉平。遂乃開倉廩假貧民，選用良吏慰安牧養焉。遂見齊俗奢侈，好末技，不田作，乃躬率以儉約，觀民農桑。民有帶持刀劍者，使賣劍買牛，賣刀買犢，曰：「何爲帶牛佩犢？」勞來循行，郡中皆有畜積，獄訟止息。

臣若水通曰：民不可以威制，而可以恩感者，得其心也。龔遂治渤海之盜，以恩信代兵甲，而羣盜化爲良民，可以爲使衆臨民者法矣。

○漢宣帝神爵三年八月，東郡太守韓延壽爲左馮翊。始，延壽爲潁川太守，潁川承趙廣漢搆會吏民之後，俗多怨讎。延壽改更，教以禮讓。黄霸代延壽居潁川，霸因其迹而大治。延壽爲吏，尚〔三〕禮義，好古教化，接待下吏恩施厚而約誓明。或欺負之者，延壽痛自刻責，曰：「豈其負之，何以至此。」吏聞者自傷悔，至自剌自剄。其在東郡三歲，令行禁止，斷獄大減，由是入爲馮翊。延壽出行縣至高陵，民有昆弟相與訟田自言。延壽大傷之，曰：「幸得備位，爲郡表率，不能宣明教化，至令民有骨肉争訟，既傷風化，咎在馮翊。」因閉閤思過，於是訟者自悔，願以田相移，終死不敢復争。郡中翕然相敕厲不敢犯。延壽恩信周徧二十四縣，莫復以詞訟自言者。推其至誠，吏民莫忍欺。

臣若水通曰：延壽守潁川，崇尚教化，接待下吏，恩厚約明。或欺負之，則痛自刻責。及入爲馮翊，民有争田，閉閤思過，郡中翕然。所謂其身正，不令而從者矣。昔孔子爲政於魯，有訴其子不孝者，孔子不治而季孫尤焉，季孫未知聖人之道者也。故暴母之陳元可使泣血而從善，鸞鳳之德過於鷹鸇遠矣。治天下者，豈徒以法律爲哉。

○漢光武建武七年冬，南陽太守杜詩政治清平，興利除害，百姓便之。又脩治陂池，廣拓土田，郡内比屋殷足。時人方於召信臣，南陽爲之語曰：「前有召父，後有杜母。」

臣若水通曰：詩曰：「愷悌君子，民之父母。」言其仁政之施，足以盡使衆臨民之道也。杜詩南陽之政，無愧於所謂愷悌矣。召父、杜母之德，可以爲千萬世臨民者之法矣。

○漢獻帝初平四年，北平田疇奉使長安，得報馳還，謁祭劉虞墓。北歸無終，率宗族及他附從者數百人，掃地而盟曰：「君仇不報，吾不可以立於世。」遂入徐無山中，躬耕以養父母。百姓歸之，數年間至五千餘家。疇謂其父老曰：「今衆成都邑，而莫相統一，又無法制以治之，恐非久安之道。疇有愚計，願與諸君共施之，可乎？」皆曰可。疇乃爲約束，相殺傷、犯盜、争訟者，隨輕重抵罪，重者至死，凡三十餘條。又制爲婚姻嫁娶之禮，興學講授之業，班行於衆，衆皆便之，至道不拾遺，北邊翕然服其威信。

臣若水通曰：莅衆之道，禮、法二者而已。田疇立法制以爲維持之具，具禮教以爲化導之本，此威信所以行於邊郡，而翕然化服也。後世有專以法把持天下，而不知禮教之具，其如民心之服何哉？居上臨下者，尚留意焉。

○唐高祖武德元年九月丁未，上嘗曰：「王者視四海如一家，封域之内，皆朕赤子。」

臣若水通曰：仁者以天地萬物爲一體，四海一家，非體仁者不能與於此也。「四海困窮，天禄永終」，堯之所以光被。「四方有罪，罪在朕躬」，湯之所以永清。君天下者，不師堯、舜、禹、湯之仁，而欲保安至治，雖有所施，皆不過意見而已，何以體四海一家之仁哉？

○唐太宗貞觀二十一年二月辛卯，上曰：「朕於戎狄所以能取古人所不能取，臣古人所不能臣者，皆順衆人之所欲故也。昔禹帥九州之民鑿山槎木，疏百川注之海，其勞甚矣，而民不怨者，因人之心，順地之勢，與民同利故也。」

臣若水通曰：湯武之得天下，順乎天而應乎人，蓋天人之心一也。太宗順民之欲，民皆忘勞，故能攘夷狄而臣服之，以成振古所無之功。然則君臨天下者，盍亦順民之所欲哉。

○劉向說苑曰：聖人之於民也，其猶赤子乎！饑者則食之，寒者則衣之，將之養之，育之長之，惟恐其不至於大也。

臣若水通曰：如保赤子，言保民也。傳曰：「民吾同胞，物吾與也。」有同胞共與之仁，則保赤子之心自不容已矣。民之視其君，猶赤子之視其父母，饑寒疾苦，罔不仰望焉。爲人上者，苟能誠心愛民，如慈母之保赤子，則必爲之求順其欲矣。非天下之至仁，曷足以語此？今聖明好學，體行仁道，所以子臨億兆之道，當不外聖心而自得之矣。天下臣民，幸孰大焉。

○柳宗元郭橐駝傳曰：駝業種樹，凡長安豪富人爲觀游及賣果者，皆爭迎取養。視駝所種樹，或移徙無不活，且碩茂蚤實以蕃。他植者雖窺伺傚慕，莫能如也。有問之，對曰：「橐駝非能使木壽且孳也，能順木之天，以致其性焉爾。凡植木之性，其本欲舒，其培欲平，其土欲故，其築欲密。既然已，勿動勿慮，去不復顧。其蒔也若子，其置也若棄，則其天者全而其性得矣。故吾不害其長而已，非有能碩茂之也；不抑耗其實而已，非有能蚤〔四〕而蕃之也。他植者則不然，根拳而土易，其培之也，若不過焉則不及。苟有能反是者，則又愛之太恩，憂之太勤，旦視而暮撫，已去而復顧，甚者爪其膚以驗其生枯，搖其本以觀其疏密，而木之性日以離矣。雖曰愛之，其實害之；雖曰憂之，其實讎之。故不我若也，吾又何能爲哉？」問者曰：「以子之道，移之官理可乎？」駝曰：「我知種樹而已，理非吾業也。然吾居鄉，見長人者好煩其令，若甚憐焉，而卒以禍。旦暮吏來而呼之曰：『官命促爾耕，勗爾植，督爾穫。蚤繰而緒，蚤織而縷，字而幼孩，遂而鷄豚。』鳴鼓而聚之，擊木而召之。吾小人輟饔飧以勞吏者且不得暇，又何以蕃吾生而安吾性耶？故病且怠。若是，則與吾業者其亦有類乎？」問者嘻曰：「不亦善乎。吾問養樹，得養人術。」傳其事，以爲官戒也。

臣若水通曰：堯典曰：「疇若予上下草木。」聖人盡人物之性，在順之而已矣。柳宗元橐駝之論，蓋本諸此。方今之弊日甚矣，蓋使司一局面也，分守一局面也，監司一局面也，分巡一局面也，州府一局面也，縣邑一局面也，是所謂一羊而九牧者也。上有所令，則下必承之，而擾民耗財，又不特一吏，不但如饔飧勞吏而已也。是故長吏之不才者既多端以迫之，而吏胥之尤不才者，復藉其威以害之，而令之所頒，況非促耕督穫之意乎。聖明明見萬里之弊，慎擇守令以任之，或命群臣各舉所知，以充厥任，舉得其人者賞之，失其人者罝而弗賞。聖明必親疏其名于屏風以驗之。三載考績，守令有功者加賞，而舉者亦賞焉。或服采以章之，或爵命以榮之，而九載則超以擢之。如是則舉者實得其人，爲之守令，無弗奮庸熙帝之載矣。夫守令得人，天下未有不治者。故人主當博訪廣詢以爲天下計，而又清心以昭賢否之鑒，然後近習不得而惑焉，臣不勝願望之至。

○宋儒程頤曰：常見伯淳所在臨政，便上下響應，到了人衆後便成風，成風則有所鼓動。天地間只是一箇風以動之也。

臣若水通曰：天之生人，同此心、同此理而已矣。故人心，誠而已。臨政者以至誠感之，則民無不應；民無不應，則化行而俗善矣。程顥所在臨政而上下響應者，豈非得其心之同然哉？爲政者當思所以感之者何物，然後可也。易曰：「聖人感人心，而天下和平〔五〕。」豈無所本哉？

○楊時謂：莫表深莅官臨政，嚴而不苛，寬而有制，故吏畏其威，民懷其德，決滯訟，去民瘼，洞照幽隱，雖逢其族，迎刃立解。世之名能吏者，皆自以爲莫及也。

臣若水通曰：書稱「不剛不柔，厥德允脩」，言得中也。表深臨莅，嚴而不苛，寬而有制，其近是乎。政寬則民慢，慢則糾之以嚴；政嚴則民殘，殘則濟之以寬。非寬嚴合德，得其中者也。寬嚴得中，政是以和，此二者之所以不容於偏廢也。伏惟聖明推而達之天下焉。

○張栻云：今之爲吏，其號爲能者，則或以察爲明，以刻爲公，以不恤爲能任；而其號爲賢者，則又或以姑息爲惠，以縱弛爲寬，以磨稜爲善處。故其能適以賈怨貽毒，撅害邦本；而其賢反以流弊基禍及其後。曰：嗟乎，此豈真所謂賢能也哉？

臣若水通曰：政貴有恒。所謂恒者，得中道之常也。故過則爲察、爲刻、爲不恤焉；不及則爲姑息、爲縱弛、爲磨稜焉。皆足以戕其國本，禍其邦家，以傷忠厚和平之氣也。使無過、無不及，則剛柔中正，可以納民於皇極之福矣。此有天下者不可不慎抑揚之權、黜陟之典也。

○國朝憲綱：凡按察司官斷理不公不法等事，果有冤抑者，許赴巡按、監察御史處聲冤。監察御史枉問，許赴通政司遞狀，送都察院伸理。都察院不與理斷或枉問者，許擊登聞鼓陳訴。

臣若水通曰：君之於民，一體者也。民之情鬱而不伸，其猶四肢之氣失其平而爲疾者乎。愛身者，順其氣而通之；愛民者，達其情而安之，斯已矣。舜命士曰：「惟明克允。」張釋之亦曰「廷尉，天下之平也」。司刑法者，尚其念諸。

○憲綱：凡國家政令得失，軍民利病，一切興革等事，並聽監察御史、按察司官，各陳所見，直言無隱。若建言創行事理，必須公同評議，互相可否，務在得宜，方許實封陳奏。

○憲綱：風憲爲朝廷耳目之司，宣上德、達下情，乃其職任。所至之處，須訪軍民休戚，及利所當興、弊所當革者，隨即舉行，或有水旱災傷，當奏者即具奏。不可因循苟且，曠廢其職。

臣若水通曰：臣伏讀憲綱二章，仰見祖宗達上下之情，明利弊之故，拳拳爲民之深意也。夫天生民不能自治，而作之君。程頤曰：「爲民立君，所以養之也。」君不能獨治，而委之臣，使興利而革弊，正以順民情而安民生，養之大者也。所欲與聚，所惡勿施，其興革之謂與！爲風憲者，當以第一義視之，斯可無負於上天付託〔明〕〔六〕主，〔明〕〔七〕主付託人臣之至意也。

校記：

〔一〕「君子」，嘉靖本作「人君」。
〔二〕「丘」，原作「立」，據嘉靖本改。
〔三〕「尚」，原作「上」，據嘉靖本改。
〔四〕「蚤」，原作「密」，據柳河東集改。
〔五〕「平」，原作「本」，據嘉靖本改。
〔六〕〔七〕「明」，據嘉靖本補。

聖學格物通卷之五十一

正朝廷上

○易乾：九五，飛龍在天，利見大人。

臣若水通曰：重乾，爲乾健之至也。九爲陽德剛健，居五爲中正，具剛健中正之德，變化不測，有龍之象。五爲君位〔一〕，履帝位而有天下，龍之飛于天，所謂大人也。此心此德，人人所共有，故興起其秉彝之心，天下快覩而願見之，以其有中正之德澤天下，而足以爲人之所賴者也，其見之不亦利乎。由是言之，人之利見大人，以其有龍德中正也。彼有是位而無是德者，民將遠之矣。故朝覲訟獄者，不之堯之子而之舜，不之舜之子而之禹，其利見大人之謂乎。

○乾彖曰：首出庶物，萬國咸寧。

臣若水通曰：聖人具體乾道，有元亨利貞之德，出類拔萃，卓冠羣倫，而高拱於穆清之表，居臣民之上，所謂首出庶物也。而萬國之臣民蒙聖人之澤，感而化之，各遂其生，各復其性，而無不安寧，外寧其生，内寧其性，所謂萬國咸寧也。是則聖人具中正之德，極其裁成輔相之功，猶乾道之變化也，澤及於民，生養遂而成性復，猶萬物之歸根復命也，此聖人之利貞也。聖人體具乾剛中正之德，運諸朝廷之上，則朝廷正而天下治矣。

○履象曰：剛中正，履帝位而不疚，光明也。

臣若水通曰：否德忝位，則疚也；剛健中正，德之至也。有是德而受命尊履帝位，故不疚也。然其所以不疚者，以其德之光明爾。陽剛中正，故光大而高明，足以居帝位而臨御朝廷，以爲臣民之瞻仰，又何疚乎。

○離象曰：明兩作，離；大人以繼明照于四方。

臣若水通曰：離爲火。重離，兩火相照，故曰繼明。日月爲明。離，日之象也。離之相麗而作，日之至明，容光必照也。大人體此象，其德之明緝熙而不已，猶日之繼也。四方之遠，庶物之繁，無有能遁其情者矣。中庸曰：「唯天下至聖，爲能聰明睿知，足以有臨。」日月所照，莫不尊親。凡日之所照，大人之德亦照之也。夫明德人人所同有，人惟蔽於氣禀物欲之私，則失其明矣。不明不足以照物，豈足以立朝廷而臨天下耶？故朝廷四方之極，君德以高明爲主。未至於明者，其亦反求諸心之所同有者，明之而已矣。

○鼎象曰：木上有火，鼎；君子以正位凝命。

臣若水通曰：鼎卦上離下巽，以木出火，有烹飪之象，故爲鼎。君子觀鼎之象，知鼎爲法象之器，其形端正，取之以自正其位，以凝承休命。位者，天位也。天之道，正也。居其位而體天道之正，隨所居之位而正焉。正其心，則思無邪也。正其身，則正顔色、動容貌也。正其事，紀綱法度也。與天合德，而天命聚於我矣。故人君以此而正位凝命，以臨朝廷，立四方之極，如鼎之定而不遷矣，可不慎歟。

○書周書洪範：凡厥庶民，無有淫朋，人無有比德，惟皇作極。

臣若水通曰：此箕子衍皇極之疇告武王也。淫朋，邪黨也。人，有位之人。比德，私相比附也。言庶民無有邪黨，在位之人無有私相比附者，惟人君立極於上。皇極立則朝廷正矣，斯有以化臣民之心，使之大公無私爾。淫朋、比德，皆私心爲之也。堯舜之時，公道大明，人皆以堯舜之心爲心者，以堯舜執中之化也。人君居臣民之上，可不謹於心術之微、公私之辨，以立朝廷大中至正之矩乎！

○召誥：其惟王位在德元，小民乃惟刑用于天下，越王顯。

臣若水通曰：此召公告成王之言也。位，君位也。德元者，謂爲德之首也。刑，儀刑也。越，猶於也。顯，明也。言居天下之上，必有首天下之德。君德既立，則朝廷以正，而小民觀感興起，皆儀刑用德於下，所謂羣黎百姓徧爲爾德，是天下小民之德，皆王之德也。於王之德，豈不益光顯矣乎。

○詩大雅棫樸：追琢其章，金玉其相。勉勉我王，綱紀四方。

臣若水通曰：此詩詠文王之德也。追，雕也。金曰雕，玉曰琢。相，質也。勉勉者，勉而又勉，純亦不已之意。我王，謂文王也。大者爲綱，小者爲紀。四方之本在朝廷，朝廷之本在紀綱，紀綱之本在君心。故棫樸詠文王之德，言其如金玉之質，而有雕琢之文，蓋其勉而又勉，純亦不已，而爲四方之綱紀也。蓋文王之心，純乎天理，故運之於綱紀，大之而綱人倫統體常張而不弛，小之而紀政事節目常理而不亂，所以維持統御乎四方者，如金玉雕琢之文章也。以此觀之，人主欲正乎朝廷，在先正乎紀綱。欲正紀綱，在先正乎一心，使天理之本體大公至正，廣大高明，足以爲紀綱之本。而後施之紀綱者，皆此心之管攝運用，罔不振肅者矣。紀綱振肅，則體統尊嚴，朝廷罔不正矣。朝廷者，四方之極也。朝廷正，而四方敢有不正者乎？故曰：人主一心，萬化之源。苟欲正紀綱以正朝廷，而不先正此心以立其本，則枝葉雖茂，本根已蹶；形體雖安，命脈以危，其如紀綱朝廷何哉。

○春秋成公十六年：曹伯歸自京師。

臣若水通曰：書曹伯者，王與其伯也，因魯史之文也。書「歸自京師」，譏王之不罪其罪，而成其爵也。京師者，朝廷也。朝廷，四方之極而命德討罪之所從出也。其言自京師，王命也。言天王之不誅有罪而釋之，歸以成其爲伯也。負芻殺世子而自立，王不能因晉之執，置諸刑典，討罪之權不行矣。而使復國，則命德之典何在焉？命德討罪之典壞之於朝廷，又何以爲天下之共主哉。

○禮記王制：天子無事與諸侯相見，曰朝。考禮正刑一德，以尊于天子。

臣若水通曰：此諸侯朝天子之事也。天子無他事，故諸侯各以其期見于天子，是之謂朝。其來朝之事豈徒然哉，亦爲述職而行也。故又考禮正刑一德，以尊天子。禮者五禮，天子嘗因天秩而五庸之矣，於是考諸侯之禮合於天子之禮否歟。刑者五刑，天子嘗因天討而五用之矣，乃正諸侯之刑合於天子之刑否歟。德者，天子嘗因人之固有而教之矣，又一諸侯之道德以同風俗，果合於天子歟。如是則天子之禮刑道德，諸侯奉承而不敢違，是所以尊天子者至矣。天子尊則朝廷尊矣，臣民賴天子朝廷之尊以安者也。我朝稽古爲治，三年一朝，天下岳牧、郡縣之臣，萃而覲之於天子，固所以述職也，而銓衡亦嘗有殿最之課矣。今天下車同軌、書同文，王制所謂禮刑，固不待考正而自同矣。獨一道德以同風俗者，則在明天子之主盟斯道，而輔臣宜贊襄之，以成一德之化，天下幸甚。

○郊特牲：君之南鄉，答陽之義也；臣之北面，答君也。

臣若水通曰：君，即天子也。答，對也。南鄉，南面也。陽盛於南方，長養萬物之地也。人君對時育萬物，故南面以對陽也。人臣北面以朝君者，對君育養之德也。君南面、臣北面，上下之位定，而朝廷正矣。

○玉藻：朝辨色始入，君日出而視之，退適路寢聽政，使人視大夫。大夫退，然後適小寢釋服。

臣若水通曰：辨色，謂初明之時可辨顏色也。視之，視朝也。詩曰「夜向晨，庭燎有輝」，即臣之辨色入朝也，所以防微也。又曰「東方明矣，朝既盈矣」，即君之日出視朝也，所以優尊也。然入而臣先於君，明分守也。退而使人視大夫，大夫退而後退小寢釋服，君後於臣，妨怠荒也。君無怠荒，而羣臣守分，則朝廷尊矣。漢唐以來，或五日、或三日、或旬日始朝。我祖宗以勤爲治，無日不朝。仰惟聖明，早朝晏罷，退御便殿，延訪政事，可謂遠追帝王，近遵成憲者矣。持此始終如一，不替益虔，豈不休哉。

○哀公問：孔子對曰：「政者，正也。君爲政，則百姓從政矣。君之所爲，百姓之所從也。君所不爲，百姓何從？」公曰：「敢問爲政如之何？」孔子對曰：「夫婦別，父子親，君臣嚴，三者正則庶物從之矣。」

臣若水通曰：正政者，所以正朝廷也；正三綱者，所以正政也。君爲臣綱，父爲子綱，夫爲妻綱。三綱正則五倫正，而爲政之道得矣，此朝廷之所以尊乎。

○仲尼燕居曰：以之朝廷有禮，故官爵序也。

臣若水通曰：朝廷，禮法之所出也。故禮用之朝廷，則上下辨，名分嚴，尊卑有等，是故官爵序也。然則朝廷之禮，其可以不肅乎。

○坊記：天無二日，土無二王，家無二主，尊無二上，示民有君臣之别也。

臣若水通曰：何以天無二日？日者，天之陽精也，陽一而已，故日無二。何以土無二王？王御土中者也，土中一而已，故王無二。何以家無二主？主者，家之尊也，其本一而已，故家主無二。故三才之道，一而已矣。天之尊在一日，土之尊在一王，家之尊在一父，何二尊之有哉？如此則君臣上下之等威以别，而朝廷尊矣。

○表記：朝極辨，不繼之以倦。

臣若水通曰：朝廷之上，君臣上下，貴極辨其分而不可紊。久則弛而有倦，則紀綱弗振，而奸邪得以窺伺矣。雖然，嚴上下之分，而必通上下之情，然後有都俞吁咈之美也。苟一于嚴，則秦皇尊君卑臣之儀，其可法乎？而夫子云然者，特感於春秋君弱臣强之弊，故傷之也乎？

○周禮大宗伯：以九儀之命，正邦國之位。壹命受職，再命受服，三命受位，四命受器，五命賜則，六命賜官，七命賜國，八命作牧，九命作伯。

臣若水通曰：儀猶等威也，每命異儀也。位者，貴賤之位也。何以謂「受職」？始爲正吏受職事，如王之下士、列國之士、子男之大夫之職是也。何以謂「受服」？受皮弁之服，如王之中士、列國之大夫、子男之卿之服是也。何以謂「受位」？始有列位爲王之臣，如王之上士及列國之卿位是也。何以謂「受器」？始有祭器也，如王之下大夫，及公之孤有祭器者是也。何以謂「賜則」？則者，未成國之名也，王之下大夫出封則加一等，而賜以百里、二百里之地也。何以謂「賜官」？王六命之卿，始得具臣治家邑也。何以謂之「賜國」？王之卿出封加一等，爲侯伯之國也。何謂「作牧」？侯伯有功德，則加命之得專征伐，爲一州之牧也。何謂「作伯」？上公有功德者，加命爲二伯，是之謂方伯也。夫命也、受也、賜也、作也，皆出於朝廷，主於宗伯。所謂「天下有道，禮樂征伐自天子出」，而朝廷正矣。

○司士：正朝儀之位，辨其貴賤之等。王南鄉；三公北面東上；孤東面北上；卿大夫西面北上；王族故士、虎士在路門之右，南面東上；大僕、大右、大僕從者在路門之左，南面西上。司士擯〔二〕，孤卿特揖，大夫以其等旅揖，士旁三揖。

王還，揖門左，揖門右。大僕前，王入内朝，皆退。

臣若水通曰：朝儀者，王視朝於路門外之儀也。東上，其次以東爲上也；西上，以西爲上也；北上，以北爲上也。王族故士者，王之族故爲士而宿衛者也。虎士者，虎賁之士也。大僕者，侍御之長也。大右者，司右也。大僕從者，小臣祭僕之類也。擯者，詔王出揖也。特揖者，孤卿尊也。旅揖者，大夫卑也。旁揖者，士又卑也。還揖左右者，在路門左右者，皆南面者也。大僕前者，自本位而前，正王視朝之位也。内朝者，路門之内聽政處也。君臣上下貴賤之等，其秩然而朝廷尊矣。

○論語：子路曰：「衛君待子而爲政，子將奚先？」子曰：「必也正名乎。」子路曰：「有是哉，子之迂也，奚其正？」子曰：「野哉，由也。君子於其所不知，蓋闕如也。名不正則言不順，言不順則事不成，事不成則禮樂不興，禮樂不興則刑罰不中，刑罰不中則民無所措手足。」

臣若水通曰：名者，實之表也。其名正則實正，實正則朝廷正，遠近莫不一於正矣。故孔子因仲由之設問，而告以正名爲先。仲由未達於爲國以禮之道，遂疑其迂闊而遠於事情，非今之急務也。孔子乃責其不能闕疑而告之，以爲使名有不正，其實俱亡，所以言不順、事不成、禮樂不興，刑罰不中，其流之弊不可勝言。故正名分者，所以正治之本而塞亂之源也。夫子此言，豈特爲衛國之所當先耶？於凡有國家者，舍此不可以自立矣。觀其脩春秋而於踐土、河陽之役去實以全名，曰與其名存而實亡，猶愈於名實之俱亡，是以周室雖微，諸侯强盛，以齊楚大國卒不敢侮，所謂植遺腹、朝委裘而不亂者，豈非以名分素明而民志素定哉，此圖治者所當究心也。

○國語周語：祭公謀父曰：「先王之訓也，有不祭則脩意，有不祀則脩言，有不享則脩文，有不貢則脩名，有不王則脩德，序成而有不至則脩刑。於是乎有刑不祭，伐不祀，征不享，讓不貢，告不王。於是乎有刑罰之辟，有攻伐之兵，有征討之備，有威讓之令，有文告之辭。布令陳辭而又不至，則又增脩於德，無勤民於遠，是以近無不聽，遠無不〔三〕服。」

臣若水通曰：祭，畿内之國，周公之後，爲王卿士。謀父，字也。邦甸之内，有違闕不供日祭者，先脩意以自責，畿内近，知王意也。言，號令也。文，典法也。名，謂尊卑職貢之名號。序，謂上五者次序也。已成而有不至，則有刑誅。讓，譴責也。告，謂以文辭曉告之。地遠者，臯輕也。夫大君立極以風四方，故必自治而後治人也。是故下有不祭、不祀、不享、不貢、不王之違，上有脩意、脩言、脩文、脩名、脩德之政，未嘗舍己而勤人也。是以近無不聽，遠無不服。先正謂朝廷四方之極，其是之謂歟？君天下者，可不正心以正朝廷，立四方之極乎。

○晉語：僖負羈曰：「愛親明賢，政之幹也；禮賓矜窮，禮之宗也；禮以紀政，國之常也。」

臣若水通曰：負羈，曹大夫。幹，楨榦也。宗，本也。紀，理也。夫親親賢賢，國之大政也。而有賓窮之禮焉，所以行其政也。故曰：國君無親，國以爲親。故不親其親，則不能明賢矣。不親親明賢，則不能禮賓矜窮矣，其於禮政夫何有？晉重耳出亡於外，而國相多從之，是終必有興者。曹伯舍之而不禮，是棄愛親明賢、禮賓矜窮之義，其能久立乎？君子聞僖負羈之言，可以知朝廷之體。

○漢文帝寵幸鄧通，賞賜累鉅萬。申屠嘉嘗入朝，而通居上旁，有怠慢之禮。嘉奏事畢，因言曰：「陛下愛幸羣臣，則富貴之。至於朝廷之禮，不可以不肅。」罷朝，嘉坐府中，爲檄召通詣丞相府，不來且斬。通恐，入言上。上曰：「汝第往。」通詣丞相府，免冠徒跣，頓首謝。嘉坐自如，弗爲禮，責曰：「夫朝廷者，高帝之朝廷也。通小臣，戲殿上，大不敬，當斬，吏合行斬之。」通頓首出血，不解。上度丞相已困通，使使持節召通而謝丞相曰：「此吾弄臣，君釋之。」

臣若水通曰：朝廷之不正，近貴壞之也。漢文以堂堂帝王之貴，寵幸鄧通之微臣，朝廷解體而堂陛陵夷矣。幸而申屠嘉之守法，使朝廷尊如泰山，文帝雖曲護通，而終不罪嘉之守法，此朝廷之所以反正歟。

○漢武帝元朔元年，徐樂上書，言天下之患在於土崩，秦之末世是也。間者關東五穀不登，民多窮困，重之以邊境之事，推數循理而觀之，民不安者，土崩之勢也。故賢主獨觀萬化之原，明於安危之機，脩之廟堂之上，而銷未形之患也，其要期使天下無土崩之勢而已矣。

臣若水通曰：廟堂者，政事之所出也。朝廷正，則萬事正而民心定，而無土崩之患矣。徐樂謂賢主獨觀萬化之原，其原在脩於朝廷，自君心之正始也。惜乎武帝樂其言而不能用也。

○漢元帝永光二年，匡衡上疏曰：「治天下者，審所上而已。教化之流，非家至而人說之也。賢者在位，能者在職，朝廷崇禮，百寮敬讓，道德之行由内及外，自近者始，然後民知所法，遷善日進而不自知也。」

臣若水通曰：治在風化而已，家至人說，則堯舜之聖不能以遍也。故賢能任職，百僚敬